高素质农民培育
百名典型

《高素质农民培育百名典型》编写组 编

中原农民出版社
·郑州·

图书在版编目（CIP）数据

高素质农民培育百名典型 /《高素质农民培育百名典型》编写组编．—郑州：中原农民出版社，2023.9
ISBN 978-7-5542-2479-3

Ⅰ．①高… Ⅱ．①高… Ⅲ．①农民教育－素质教育－教材 Ⅳ．①D422.6

中国国家版本馆CIP数据核字（2023）第173560号

高素质农民培育百名典型
GAOSUZHI NONGMIN PEIYU BAIMING DIANXING

出 版 人：刘宏伟
总 策 划：刘宏伟
策划编辑：陈彩彩
责任编辑：连幸福　张晓冰
助理编辑：骆　歌
数字编辑：张俊娥
责任校对：尹春霞　肜　冰
责任印制：孙　瑞
美术编辑：杨　柳
装帧设计：陆跃天

出版发行：中原农民出版社
　　　　　地址：郑州市郑东新区祥盛街27号　邮编：450016
　　　　　电话：0371-65788199（发行部）
经　　销：全国新华书店
印　　刷：河南美图印刷有限公司
开　　本：787 mm×1092 mm　1/16
印　　张：24.5
字　　数：380千字
版　　次：2023年9月第1版
印　　次：2023年9月第1次印刷
定　　价：86.00元

如发现印装质量问题，影响阅读，请与印刷公司联系调换。

序

  党的十九大提出实施乡村振兴战略，党的二十大提出加快建设农业强国。习近平总书记在 2022 年中央农村工作会议上强调，强国必先强农，农强方能国强。河南省委、省政府明确要求加快建设农业强省，并在建设农业强国上展现河南新担当、新作为。河南省农业农村厅全面贯彻落实中央和省委、省政府重大决策部署，科学擘画了农业强省建设"1716"施工图、时间表。目前，方向已明确，路径已清晰，重点在落实，关键在人才。一大批有文化、懂技术、善经营、会管理的高素质农民队伍，就是能把宏伟蓝图变成美好现实的不可或缺的中坚力量。

  近年来，河南坚持把高素质农民培育作为解决"谁来种地、谁来兴村"问题的重要抓手。省农业农村部门牵头并协同省人力资源和社会保障部门、省乡村振兴部门和省教育部门等，同向发力，大胆探索，务实重干，先后在制度创新、机制创新和政策创设等方面，积累形成了教育培训、评价管理与政策支持、跟踪服务相结合，技能培训与学历教育相衔接，素质能力提升与延伸服务相协同的培育新机制，创新构建了农民教育培训高质量发展新格局。目前，河南省已累计培育 141 万名高素质农民，他们活跃在重要农产品稳产保供、脱贫攻坚成果巩固拓展、宜居宜业和美乡村建设等前沿阵地，成为中原广袤大地上一道靓丽的风景线。

  新时代，新征程，全面推进乡村振兴、加快建设农业强省的大幕已经拉开，号角已经吹响。新形势、新任务对亿万农民群体的综合素养提出了新期盼、新要求，也迫切需要加快推进高素质农民培育转型升级、提质增效，其中一个重要的基础性工作，就是要系统编撰一套菜单式、模块化、实用性、实效性的高素质农民培育教程。河南省农业农村科技教育中心（河南省农业广播电视学校）联手河南农业职业学院，积极组织全省农业广播电视学校系统、部分高素质农民培训机构和省现代农业产业技术体系等多方力量，从100多万高素质农民群体中遴选出百名典型，集中编写了《高素质农民培育百名典型》一书，并由中原农民出版社正式出版。

本书集中展示了多年来河南省高素质农民培育和中职学历教育成果，百名典型涉及粮食大宗农产品、现代畜牧业、农业社会化服务及乡村服务业、现代设施农业、一二三产业融合发展、乡村新产业新业态、绿色发展及农业品牌、农产品加工流通八大类产业，以及种养大户、家庭农场、农民专业合作社、农业企业、农业产业化联合体、农村集体经济组织六大类主体。收录的经营项目示范性强、影响力大、地域特色鲜明，遴选的经营模式可借鉴、可复制、可推广。

本书与《高素质农民培育通识教程》《高素质农民培育生产技能教程》珠联璧合，互为补充，共同构成了河南省高素质农民培育综合素养类基础规划教材体系，是高素质农民培育不可或缺的工具书、参考书。

河南省农业农村科技教育中心（河南省农业广播电视学校）主任（校长）

2023年9月

目 录

王满想："满园红"葡萄串起致富梦 1

楚维向：小鸽子，大产业 4

樊留栓：药材种植"樊憨子" 7

李庆元："良心牌"核桃油 11

罗贵媛：我的田园梦 15

孙　蕾："树莓女王"的农业情怀 19

杨　晔：土里刨食新花样，特色种植富农家 23

张　锋：发展数字农业，助推乡村振兴 28

周厚刚：久久为功，建设活力新农村 31

川宇农业："栾川印象"，品牌浇铸幸福路 34

周正祥：一片小茶叶，富一方百姓 38

王德士：濮阳黄兔品牌开创者 41

詹齐斌："水墨詹堂"致富带头人 45

毛保旭：方城黄金梨，涅槃幸福梨 49

王春丽：从黑小麦到生态农业 51

王偌飞：智慧农业富乡亲 54

张亚博、张亚钊："麻花兄弟"的麻花梦 59

李永真：小蛋鸡，大产业 63

李　芳：博士返乡，数字农业 67

吕庆丰：麦田育金种 ... 71
朱乐军：卸甲归田，筑梦乡村 ... 75
孙继周：红薯致富经 ... 79
张厚山：蔬菜种植，助力乡村振兴 ... 82
谷勇军：科技赋能，鲜花铺就致富路 ... 87
彭　飞：土里刨金，服务"三农"有担当 ... 90
崔国平：黄金梨，"黄金梦" ... 93
王尚瑞：程宇奶牛，不止奶牛 ... 97
史学涛：福利养殖，科技赋能 ... 101
李国良：迎河柑橘富一方 ... 104
余中海：昔日泥瓦匠，今日领路人 ... 108
赵　海："高科技"奏响农业新华章 ... 112
刘国栋："土专家"的"三农"情怀 ... 117
秦文向："粮牧果药"立体循环农业 ... 122
贺体磊：水果产业之路 ... 126
汤新红：立志做现代农业 ... 130
仇冬生：把握时代脉搏，助力乡村振兴 ... 134
郭　霞：巧媳妇，致富通 ... 137
赵建峰：为了一个金色梦想 ... 140
白冰洋：小甘薯，大产业 ... 144
崔顺梅：兴粮节粮，巾帼力量 ... 147
韩振磊：双轮驱动，助力农业现代化 ... 150
刘建华：吃红糖、喝酵素，这个农场厉害了 ... 155
闫鑫磊："新农人"，新希望 ... 159
马　超：退伍军人的"马妈妈农场" ... 162

华远贵：让茶树开出致富花 ……………………………………………… 166
张庭莲：激活村庄的"草精灵" …………………………………………… 171
杨占通：下岗后创业，走出农业发展创新路 …………………………… 176
顾永胜：让黄土地开出"致富花" ………………………………………… 181
郭全兴：高素质农民培育助我成功 ……………………………………… 185

成小凛：培训有实招，致富有底气 ……………………………………… 188
刘玉杰：从"小农民"到"大国农匠" ……………………………………… 191
邵金伟：竹筒粽子致富路 ………………………………………………… 195
郭彦玲：返乡编织田园梦 ………………………………………………… 199
吕妙霞："草莓西施"的创富带富路 ……………………………………… 203

李合斌："蜂流才子"和他的甜蜜事业 …………………………………… 208
吉利端：走生态养殖之路的巾帼羊倌 …………………………………… 213
马明盼：牛粪上的甜瓜"赫赫香" ………………………………………… 218
陈静晓："牧羊女"变身"领头羊" ………………………………………… 223
陈瑞生："超鸡笨蛋"成就绿色梦想 ……………………………………… 227

徐明凯："养鸽大王"的新玩法 …………………………………………… 231
王　飞：一路学习，成就梦想 …………………………………………… 234
喜耕田农机专业合作社：专心社会化服务 ……………………………… 237
杜焕永：小创新，大机遇 ………………………………………………… 242
郭新霞："苹果姐"的苹果情 ……………………………………………… 247

徐红飞：让高素质农民成为体面的职业 ………………………………… 251
李民杰：凤凰涅槃，浴火重生 …………………………………………… 255
赵德平：返乡种葡萄，共谱致富梦 ……………………………………… 259
马文昌：年利润500万元的家庭农场 …………………………………… 263
王豪歆：转型筑未来 ……………………………………………………… 267

陈培贤：重振"中国第一米" ... 271

吴振邦：稻鳅共作，共同富裕 ... 275

申彦兵：先人一步，与众不同 ... 279

张淑琴：田园梨大姐，直播带货达人 ... 284

王宏业：做深土地文章，谋求共富道路 ... 289

李治国：种粮大户有担当 ... 292

高　波：特色西瓜致富梦 ... 295

徐方子：现代农业技术创新应用的"领头雁" ... 299

术志闯：颖水仙桃，甜蜜致富路 ... 303

牛　超：扎根沃土"正阳牛" ... 306

马元志：用心种出"放心粮" ... 309

孙学朋：庄头岭上的领路人 ... 313

张甲庚：走好新时代农业发展之路 ... 317

朱传海：育良种，多种粮 ... 320

姜丽丽：在"多彩田园"里"种教育" ... 324

杨天其：天赐蔬菜，助力乡村振兴 ... 328

刘威风：蔬菜致富之路 ... 331

李彩霞：靓红石榴，点亮乡村 ... 335

娄洪滨：千年小米醋，酿出致富路 ... 340

王绿坡：高素质农民，乡村振兴带头人 ... 343

薛　皓：用柴鸡蛋打造"金蛋" ... 346

张杏杏：青春汗水，浇灌出沃地农场 ... 349

燕洋洋：岭区小伙儿的致富路 ... 353

董中波：小菜苗，40亿元大产业 ... 356

李金海：农业技术送田间 ... 359

郭俊玲：果树种植高手的致富路 ··· 362
鲁吉学："吉尔木"铺就致富路 ·· 366
陈阳阳："00后"小伙儿的农场 ·· 368
凌冬远："韭菜女王"正青春 ·· 371
王向东："柘桑王"，传统的新生 ··· 374
姚新领：创新农业服务模式 ·· 377

更多典型 ·· 380
后　记 ·· 381

王满想:"满园红"葡萄串起致富梦

推荐语: 王满想,中共党员,夏邑县十佳新型职业农民。他带领18位农户成立夏邑县满园红葡萄种植专业合作社,发展葡萄种植380多亩,年收入700多万元。说起这些年的创业经历,王满想有3个"没想到":没想到最反对他回乡创业的父母,后来都成了他最坚强的后盾;没想到县农业广播电视学校、北岭镇政府给返乡创业者提供了那么多支持;没想到乡村创业的舞台如此之大。

创业抉择

1998年,王满想初中毕业。随后,他辗转于几个工厂之间,打了2年工。

在打工的时候他常常想,人生的路有千万条,与其漂泊在城市里打工,不如回乡创业。

但是他年纪轻轻,一没资金二没经验,只能作罢。

后来他做了几年生意,有了点积蓄,加上父母年龄越来越大、家里的孩子需要陪伴,就下决心返乡创业。

2013年,春节过后,王满想种植了6亩红提,产量和价格都不错。他看到了希望,终于做出勇敢的决定——流转土地种植葡萄。家人强烈反对,但王满想坚信命运会因知识和本领而改变。

他先后到郑州果树研究所等地进行考察,意识到种植葡萄绝非易事,不仅需要一定的资金投入,还要常年承受风吹日晒的辛苦。

天底下哪有随随便便的成功呢？王满想心里已经有了主意。

创业意志

"看准的事就要干，干就干好！"

通过市场调查，王满想选了几个有潜力的葡萄品种。

2014 年，刚过完春节，王满想就东挪西借筹集资金，在距县城十几千米的后仇庄正式开始了创业。他边学边干，精心培育葡萄。看到一串串花蕊，他似乎看到了成功的希望。但事与愿违，由于地域差异、缺乏技术，他的葡萄几近绝产。辛勤的努力，竟然换来一场空。

正在此时，夏邑县农广校在仇庄村举办高素质农民培训班，王满想赶紧报名参加。他积极向老师求教，潜心研读农广校免费提供的学习资料。在农广校教师的指导下，他摸索出了适宜的种植方法，开始扩大种植面积。后来，王满想又参加了高素质农民培养中专学历教育，他勤学习、常请教，全身心地扑在事业上。最后，他终于种植出一串串味道香甜、颜色诱人的特色果品。

他带动合作社成员及周边村民大力发展葡萄生产。在脱贫攻坚期间，他常年带动贫困户 30 人在葡萄园打工，帮助了他们脱贫致富。

发展壮大

王满想在经营中发现，葡萄采摘园并不少见，要想脱颖而出，必须与众不同。

在农广校领导的启发下，王满想在葡萄品种、种植方法上下了苦功夫，终于掌握了市场规律、找到了目标消费群体。

这县么好的葡萄，如何包装？怎样打开高端市场？

在包装制作上，起初做 5 千克普通包装，但是投放市场效果并不好，这种包装既不利于运输，也不利于提高产品档次。他在客户的建议下，委托专业公司设计、制作新款包装，推出 3 款包装样式：3 公斤小包装，4 串礼品装，6 串精包装。多样化的包装得到广大消费者的认可，无公害葡萄销售量明显提高。随着市场的逐步打开，王满想又扩大了种植规模。

共同富裕

一些村民看到王满想种植葡萄挣了钱,也要跟着他种。面对父老乡亲脱贫致富的强烈愿望、充满期待的热切目光,他总是无偿帮助,并且毫不保留地传授技术。来的人多了,王满想又有了想法:这样一家家种植户单打独斗,抗击市场风浪的能力太小了,不如把大家团结起来一起种。他的想法得到了县农广校、北岭镇政府的赞赏。在各方支持下,王满想通过合作社统一管理、统一技术、统一采购、统一品牌、统一销售。在他的悉心指导下,乡亲们很快尝到了甜头。

王满想的葡萄园被评选为夏邑县十佳现代农业产业园,所创办的基地被指定为北岭镇扶贫基地。王满想也被评选为夏邑县十佳返乡创业青年、河南省文明学生等。在镇党委的培养下,王满想也光荣地加入了中国共产党。

码上链接典型人物

楚维向：小鸽子，大产业

推荐语：楚维向，中共党员，商丘市宁陵县人，河南天明鸽业有限公司董事长，全国农村青年致富带头人，中国农村电商致富带头人，河南省优秀农村实用人才，河南省返乡创业之星，商丘市劳动模范，商丘市青联副主席，宁陵县工商联副主席，中国大学生创业导师，河南省青年创业导师。中央电视台《乡村振兴面对面》等栏目曾对他的创业事迹进行过多次专访报道。

一只鸽，带动一个产业大发展

楚维向毕业于河南农业大学。

2009年的一天，楚维向在南方出差，一道香喷喷、肉质细嫩的烧乳鸽引起了他的兴趣。

后来，他通过考察发现，肉鸽养殖具有投资少、风险小、收益高等特点，市场前景看好，是一个致富的好门路。楚维向决定返乡创业，搞肉鸽养殖。

没想到，他满怀希望回到家乡，却遭到父母的强烈反对。而他早已认定了这条路，毅然决然地当起了新型职业农民。

创业从来都不是一帆风顺的。

楚维向不懂养殖技术。于是，他天天上网查资料，不断外出参观、考察，终于摸索出了一套独具特色的鸽子养殖技术。

2013年，一场禽流感差点击碎了他的创业梦。

受禽流感的影响，他整整一年没有卖掉一只鸽子，白送都没人要。5 000

多对鸽子天天得吃，楚维向一直在砸钱，愁得吃不下饭、睡不着觉，到了崩溃绝望的边缘。当时支撑他坚持下去的，只有一个信念："剩"者为王。市场有市场的规律，禽流感疫情过后市场缺口大，肉鸽价格就会暴涨，坚持到底才会胜利。他的积蓄耗尽了，又借债20多万元投了进去。

不出他所料，2014年2月肉鸽市场回暖，价格一路攀升，终于给了他一个大大的回报。他说："其实，挫折并不可怕。你遇到了，你战胜了，它就是你人生宝贵的财富。只有经历了，你才能一步步成长，一点点收获。"

目前，楚维向的河南天明鸽业有限公司年繁育推广高产种鸽10万对，年出栏乳鸽50万只，年销售鸽蛋100万枚，养殖规模位居全省第二位，是豫东最大的种鸽养殖基地。公司先后获得"中国科技型中小企业""河南省农业产业化重点龙头企业""河南省农村青年致富带头人培训基地""乡村产业振兴带头人实训基地""商丘市扶贫龙头企业"等荣誉。

从500对种鸽起步，发展成为一家大型现代化的养殖企业，这就是楚维向对青春和奋斗最好的诠释。

一面旗，引领乡亲走上致富路

楚维向以肉鸽养殖为产业基础，采取"公司+合作社+农户"运营模式，发挥产业优势，带领大家致富，现已辐射带动全国养鸽户3 000余家，年创经济效益1.6亿元。

在脱贫攻坚期间，楚维向积极担当，发挥自身优势，创新采用产业带动、企业代养、转移就业等多种带贫模式，带领全镇600多户贫困群众靠肉鸽养殖走上了致富路。例如，他与贫困户签订肉鸽养殖、回收协议，实行"六包"模式，帮助357户1 142人脱贫致富；他还采用"托管代养"带贫模式，即政府出资、合作社代养、贫困户收益，让210户贫困户享受分红，脱贫致富。

在不断扩大规模、提升效益的同时，楚维向注重农业的绿色循环高质量发展。他建立了"绿色养殖–鸽粪处理–粮食种植–喂养肉鸽"为主线的循环模式，形成独具特色的绿色产业。

多年来，楚维向开展了一系列创业、就业培训，先后举办技能培训200余次，受益农民学员上万人，为"人人持证、技能河南"贡献了一分力量。

"做给农民看，带着农民干，帮着农民赚"，这是他一向坚守的做事原则。楚维向说："作为一名青年党员，努力践行心中的誓言，帮助乡亲们脱贫致富，这是我的初心，也是我的使命。"

一腔情，助力乡村振兴做表率

谈起乡村振兴，楚维向浑身充满了斗志。

"现在，我们的任务是大力繁育肉鸽新品种，在养殖品种的'特'和'优'上做文章，不断扩大养殖规模，做大做强肉鸽产业。"

"我们的目标是以产业带就业，以就业促发展，给村民提供更多的就业岗位，为群众拓宽更广的增收渠道。"

"我们打造了'百鸽鲜'品牌鸽蛋，并通过了无公害农产品认证，利用电商平台实现线上销售，把鸽蛋卖向全国。企业还积极探索，善于创新，开发了风味小吃申氏手撕鸽，延长了产业链，提升了鸽子的附加值。"

"生逢盛世，肩负重任。我将牢记习总书记的嘱托，积极进取，追求进步。在今后的工作中，我要立足自己的岗位，勇于自我革命，为乡村振兴尽一分微薄的力量。"

"不负韶华，不负时代，不负人民，释放青春能量，放飞创业梦想，这就是我们青年一代的青春誓言！"

码上链接典型人物

樊留栓：药材种植"樊憨子"

推荐语：樊留栓，嵩县源生中药材专业合作社理事长，洛阳市农民田间学校联合会理事，洛阳市中药材行业本土专家，注册了"山憨子"商标。他经过不断学习和实践，成功地将山上的一些特色野生中药材引下山来种植。2022年，在他的主导下，嵩县黄精获评为全国名特优新农产品。合作社种植黄精、柴胡、桔梗、苍术、山茱萸等中药材1 400亩，建立中药材示范基地200亩。合作社为国家农民合作示范社、国家中药材产业技术体系综合试验站示范基地、河南省中小学中医药研学示范基地。

活到老，学到老

樊留栓是嵩县2015年认定的第一批新型职业农民，也是车村镇群众公认的"能人"。

车村镇地处伏牛山脉腹地白云山脚下，属深山区，地跨长江、黄河、淮河三大水系，呈"南山北岭中河川"之势。境内四季分明，槲叶、银杏、板栗、核桃等林果产品品质纯正，山茱萸、柴胡、桔梗、杜仲等药材品种达1 800余种，素有"天然药库"之美称。

1988年，樊留栓率先在车村镇街道上开办了土特产中药材收购营销门店。他重质量、讲信誉、广交朋友，经过几年的打拼，积累了丰富的商业资源，与很多大型中药材市场建立了较为可靠的合作关系，生意越做越大，客户纷纷上门采购，他再也不用四处推销了。

樊留栓搞定了销路,但产品的问题却让他很头疼。

以前他出去推销,有啥卖啥,卖完为止。现在需求上来了,人家要啥他得有啥,啥时候要他都得有。他的中药材都是收购来的,质量、品种、数量都很难精确控制。慢慢地,门店的生意就不好做了。

樊留栓对未来有些迷茫,他认识到了自己能力的差距,渴望学习新知识、开阔视野。

2012年,嵩县农业广播电视学校(农广校)开展新型职业农民创业培训,樊留栓积极报名参加。听了老师对国家政策的分析和对"三农"问题的深入解读,他觉得思路更加开阔了,坚定了以土地经营为本的经营理念。

于是,他结合当地的实际和自己的经验,与几个志同道合的伙伴组建了嵩县源生中药材专业合作社。合作社林药兼作,既生产以嵩胡为主的道地中药材,也生产绿化苗木、园林花卉。

尝到学习甜头的樊留栓,对每一次培训机会都很珍惜。

"活到老,学到老"是樊留栓最常说的一句话。

2014年11月,他又报名参加了嵩县农广校举办的新型职业农民培育学习班。他主动担任班长,协助班主任搞好各项工作,在课堂上积极参与互动交流,讲述自己的创业经历、见解与看法,带动更多学员主动学习。

"老樊,你现在已经是个老板了呀。产业做得这么大,来这里学习半个月,得少收入万把块吧?"有学员这么问。

老樊呵呵一笑:"你们不懂啊。创业难,守业更难,不学习咋中呢?何况现在是信息社会,变化得很快,只有不断吸取新知识、新技术,才能壮大我这点产业。"

经过努力学习和专家的指点,老樊转变了观念,增强了能力,取得了一系列成果:他积极申报自主创新的林下经济专用树种"源生柳春香",获得专利;合作社生产的"伏牛山珍"系列产品,成功注册"山憨子"商标;合作社被河南省命名为"中药材种子种苗繁育基地",被河南农业大学确定为中药学教学实习基地。

大家富才算富

近年来,合作社的经营业绩蒸蒸日上。许多群众也开始学着种植中药材,车村的中药材市场蓬勃发展,中药材产业已成了当地的经济支柱之一。为了更好地带动周边农户发家致富,发挥规模优势,他吸收了更多的社员。他还和嵩县农广校联合,在合作社建立了农民田间学校和农民书屋,聘请专家定期为农户们进行技术培训和指导。

如今,合作社有理事会成员8人、青年骨干技术员21人,辐射带动农户280户。合作社产业项目不断拓展,除了繁育、种植和销售山茱萸、桔梗、丹参、

黄精、苍术、天麻、猪苓等中药材种苗外，还因地制宜开发了速生竹柳、垂柳、红叶杨、红叶石楠、黄杨、女贞、五角枫、白皮松、华山松等生态性能良好的绿化苗木。

奋斗之路，永不停歇

目前，合作社有中药材种植基地1 100余亩，林药间作经营面积300亩，辐射带动社员林业间作600余亩，年创利润800万元以上。随着经营规模的扩大，合作社常年雇用季节帮工100人左右，工人年均增加收入7 000元。

合作社办公楼内的墙上，挂满了省、市、县、镇各级政府颁发的荣誉牌匾，有"河南省农民林业专业合作社""洛阳市市级农民专业合作社示范社""嵩县农民专业合作达标社""嵩县优秀农民专业合作社""车村镇优秀农民专业合作社"……

在樊留栓看来，这些荣誉只是自己圆梦路上的一个个闪光的逗号。

他计划进一步规范合作社现有的种植基地，进行规模化生产，扩大林农间作生产模式，走生态农业道路。他想认真做好野生中药材种苗繁育基地工程建设，保护野生中药材的生态环境。使中药材种植走上规模化、品牌化、网络化生产道路，是他更加远大的梦想。

码上链接典型人物

李庆元："良心牌"核桃油

推荐语：李庆元，内乡县政协常委，牧鑫生物科技有限公司总经理。他在投身公益事业的同时，看到乡亲们种植的核桃卖不出去，便马不停蹄地跑市场、搞调研，最后决定上马核桃深加工生产线，生产核桃油。他不忘初心，始终把群众的利益放在首位，几乎是以一己之力挽救了当地岌岌可危的核桃产业。

返乡扶贫

李庆元是内乡县马山口镇岳岗村人，年轻时创业失败，后来去外地闯荡了20多年，小有所成。

2015年，全国打响了脱贫攻坚战役。那时的内乡县是秦巴片区的特困县，李庆元想出一分力，便回到家乡岳岗村。

脱贫攻坚期间，他先后在各项公益事业上投入近1 000万元，大致如下：

他投入200万元，为村民们安装了路灯，硬化了入户路面，建设了自来水工程，解决了村民的行路难、吃水难问题。

他投入500万元，成立了内乡县西李洼生态农业专业合作社，建起了电商扶贫基地、扶贫车间。合作社采取"基地＋农户＋电商"的模式，筛选本地产的蜂蜜、金丝皇菊、杞菊茶、小香菇、山野菜、王场粉条、马山铁锅等29种商品，通过中国社会扶贫网及淘宝、京东、拼多多等电商平台销售了约1 350万元。扶贫车间共吸纳20多户贫困户务工，每人月均收入都在1 500元以上。

他投入250万元,为全村60岁以上的老人,以及闫岗村、岳岗村、唐河村、杏树坪村的贫困户,送上米、面、油、棉衣、慰问金、浴券等。

他每年都为全县的优秀教师赠送20万元的学习、生活用品。

纾困解难,搞核桃油深加工

内乡县属于丘陵山区,"七山一水二分田"。从2010年开始,县里依靠丘陵山坡面积大的优势,大力发展核桃产业,在余关镇、赤眉镇、赵店乡等8个乡镇种植核桃10万多亩。全县干核桃年产量近3万吨,使5 000多户贫困户走上脱贫致富的小康之路,成为全县脱贫致富的支柱产业。

在2019年9月的一次扶贫产业视察中,身为县政协常委的李庆元了解到,由于持续干旱,全县10万亩核桃产量低、个头小、坏果多。当时全国核桃种植面积急剧扩大,市场上供过于求,干核桃的价格从每斤10元猛跌到3元以下。但是果农们就算降价也难卖出去。大部分果农几乎血本无归,有的拿干核桃当柴烧,有的拿起斧头准备砍树,有的甚至因为产生了债务纠纷而准备告状……辛辛苦苦发展起来的核桃产业岌岌可危。

李庆元出身农村,对核桃种植户的惨状感同身受。但是他也很明白,在相当长的时间内,核桃供大于求的局面不会改变。

当天,李庆元就和县里相关部门的领导一起,展开讨论。他脑中灵光一闪:

能不能拉长产业链条,把滞销的核桃加工成核桃油?

在随后的半个月内,他快马加鞭,走访了十几家国内知名的粮油食品加工企业。他发现核桃油在市场上属于高端产品,在食用油市

场中属于蓝海市场，前景广阔。

经过慎重考虑和详细的市场考察，他决定立即动手。

决心一下，豪情万丈的李庆元注册成立了牧鑫生物科技有限公司，申请注册了"马山口"商标。他先后投资 600 万元，购买了核桃油深加工所需的生产、检测、化验等成套设备，建立了扶贫生产车间。

然后，他拿着现金到全县核桃生产区收购核桃，不论好坏、不看大小、不讨价还价，统一高价收购，有多少收多少，当场结算。不到 2 个月的时间里，李庆元累计收购 100 余万斤滞销核桃，花了 500 万元，多支出 100 多万元。

核桃收上来了，下一步就是加工成核桃仁。原本可以通过机械把核桃剥开，效率也高，但李庆元选择用人工在车间内砸核桃，为的是给乡亲们增加一笔收入。他临时用工 1 000 多人次，其中贫困人口约占一半，人均每天收入 80 元。

公司采用物理冷压榨的方式，经过 16 道工序 168 小时的精心提炼，生产纯核桃油、花生核桃调和油、菜籽核桃调和油，年生产能力 2 500 吨，产值 5 000 万元。这些油的各项指标都达标，还通过了 ISO 质量体系认证，深受市场好评。

为此，县政府特意举办了马山口核桃油扶贫产品新闻发布会，把马山口核桃油确定为全县重点扶贫产品和旅游名品。

群众心中的"良心牌"

看到马山口核桃油在市场上逐步有了名气,外地的不少核桃销售商纷纷找上门来,想给李庆元供货。他们提供的核桃的价格远比内乡本地的低,但李庆元毫不犹豫地拒绝了。他说,当时创办这家公司,就是为了解决家乡核桃的"卖难"问题,没有别的想法。

每到核桃收购季节,李庆元都奔波在内乡的核桃主产区,以市场价收购群众的滞销核桃。然后挑选优质的加工成核桃油,将质量差的加工成活性炭,每年为果农、务工群众增加收入近2 000万元。在脱贫攻坚期间,此举使5 000多户贫困户实现了持续增收。

由于收购价格稍高,公司还没有盈利。但是,马山口核桃油的品质一直过硬,先后荣获"中国优质农副产品""中国著名品牌""中国绿色健康食品"等荣誉称号。当地群众称他的产品是"良心牌",也纷纷购买,而且作为礼品向外赠送。

李庆元说:"钱放在银行里只是数字,只有让钱来帮助别人,发挥扶贫济困、振兴乡村的作用,才叫财富。"

县委书记说:"李庆元以一己之力、炙热的扶贫情怀挽救了内乡的扶贫产业,造福了万余名果农。在内乡乡村振兴的路上,他功不可没。"

码上链接典型人物

罗贵媛：我的田园梦

推荐语：罗贵媛，重庆人，河南省乡村出彩巧媳妇，荣获河南省2020年高素质农民创业创新大赛三等奖、"凤归中原"返乡创业大赛商丘分赛一等奖。她创办了夏邑县太平镇兴旺家庭农场，农场被评为河南省返乡创业助力脱贫攻坚优秀项目、河南省示范家庭农场以及商丘市"巧媳妇"创业就业工程基地、商丘市农业标准化示范生产基地、商丘市"双学双比"巾帼建功种养殖示范基地、夏邑县"妇女田间学校"等。

为梦想，千里行

"80后"重庆妹子罗贵媛从小就有一个梦想：有一片属于自己的土地，种上自己喜欢的果树，春天开花，夏天结果，秋天收获，冬天赏雪。

2007年，毕业于四川农业大学的她，来到重庆的一家农业公司工作。2010年时，她结识了河南夏邑小伙儿班庆伟。

不久，淳朴可爱的罗贵媛怀着对田园牧歌生活的憧憬，嫁给了班庆伟，成了河南媳妇。二人一起回到夏邑县，返乡创业。

班庆伟家里2008年就流转了80亩土地，种植果树。罗贵媛嫁过来后，很快就融入了婆家的大家庭。大学时所学的知识也有了用武之地：修剪果树，喷洒农药，施肥，采摘……罗贵媛样样在行，简直成了农场里的技术指导员。

2014年，农场经营面积也逐渐扩展到350余亩。她还鼓励丈夫和小叔子参加农业技能培训、高素质农民培育，提升生产技能。

为了让水果提早上市，获得更高的溢价，罗贵媛和丈夫班庆伟建了温室大棚来种植果蔬。由于采取标准化生产的方式，加上科学的管理，每个温室大棚的年纯收入都在 20 万元以上。

经营农场不但需要过硬的专业知识，还需要有敢于创新的勇气。2015 年，一场大风刮毁了农场的水泥立柱大棚，严重的倒春寒摧残了正在开花的桃树，桃子肯定要绝收了。全家人痛定思痛，拿出所有的积蓄，并多方筹款，自己动手建设了 2 座钢架大棚、1 座 100 吨的恒温保险库。它们不但能抵御 10 级大风、防御倒春寒等自然灾害，还能促使大棚里的桃、杏提前上市，实现更多的经济效益。

思路活，干劲足

农场地势较低，在多雨的年份积水严重，甚至发生涝灾，"种啥啥不收"。经多次商议，全家人最终一致通过了罗贵媛的方案：把 70 亩的低洼地整理成浅塘，种藕、养鱼、养虾。同时，浅塘还能有效净化鹅池排放的污水，完善农场的生态循环系统。70 亩荷塘规模不小，是夏邑周边最大的赏荷胜地。荷花盛开时这里风景宜人，成了红极一时的网红打卡点。

农场种植了桃、杏、葡萄、李、梨、苹果、柿子等 40 余种果树，种植了温室大棚"8424"西瓜、羊角酥甜瓜，还有各种优质蔬菜。很多品种既有温室种植也有露地种植，通过科学控制种植规模和成熟时间，实现果蔬的四季不间断供应。

农场在果树下养殖，散养土杂鸡 3 000 只和四川白鹅 2 000 只，种养结合，生态循环发展。

农场遵循自然农法种植，强调原生态，不施化肥、农药，水果挂在树上长到自然熟，地里的绿色蔬菜也要长到最佳时间，其品质赢得了游客的赞赏，成了绝佳的广告。建成的农场真可谓"春有百花秋有果，夏有荷花冬有藕。兴旺农场走一走，养生长寿乐悠悠"，周边群众纷纷慕名过来采摘。罗贵媛也很欣慰，她觉得自己的田园梦已经初步实现了。

为了拓展销路,罗贵媛和丈夫班庆伟商量,于2014年底注册了"班氏"商标。他们创建了网页,同时借助农产品电子商务平台进行宣传、销售,很快就打开了产品销路。他们设计包装、接订单、跑物流,将农场里的好产品销到了全国各地。

2022年,农场整合开发了农耕研学、自然教育、田园露营、休闲垂钓、乡村采摘等项目。其中,农耕研学活动以农业知识教育、农耕历史文化宣讲、生态环保科普、传统手工制作等为主。农场与周边30多个幼儿园展开了长期合作,让孩子来农场认识农作物,体验农事,并自己动手采摘、制作食物,效果很好。

2022年,看到露营市场火爆,农场建设了夏邑县"一帐营地",主打休闲康养、旅居露营。营地配备了面包窑、萌宠馆、天幕、帐篷、草坪等,吸引了周边大量游客,位列商丘市露营场所网络排名第一名。

共致富,有担当

2011年,为了更好地带动乡邻共同致富、抱团闯市场,罗贵媛成立了夏邑县兴旺生态果蔬专业合作社。采取"农户+基地+合作社"的形式，通过免费技术培训和跟踪指导，辐射带动周边6个村50多户妇女发展特色种植、休闲采摘产业面积600余亩。在脱贫攻坚期间，农场在用工旺季吸纳50余名妇女就业，其中贫困妇女30多人、留守妇女20多人，人均月收入1 500元以上。

由于农场是夏邑县农广校的实训基地，罗贵媛创办了农民田间学校，搭建就业平台，开展技能培训，服务全国新型职业农民。学校通过现场观摩教学、交流创业心得，激励了上万名新型职业农民扎根农村，投身乡村产业振兴。

码上链接典型人物

孙蕾:"树莓女王"的农业情怀

推荐语:孙蕾,洛阳市人大代表,洛阳德泽农林科技开发有限公司总经理,伊川德泽农林种植农民专业合作社社长,洛阳市五一劳动奖章获得者,洛阳市三八红旗手,荣获2021年度洛阳市高素质农民创业创新大赛一等奖、河南省高素质农民创业创新大赛三等奖。她的公司,是一家集树莓新品种引进、研发、生产、销售、加工、推广及旅游为一体的科技型现代化农业企业,申报发明创造专利1项、实用新型专利4项。她的公司每年4~11月都有树莓挂果,收益高于传统树莓种植10倍以上。

缘起:情定树莓行业

孙蕾出生于豫东平原,在商丘农村生活了20年,对田园充满热爱。

"每当看到庄稼成熟、果子挂满枝头,我的脸上就满是丰收的喜悦。"孙蕾说,"每当脚踩在土地上,我就觉得踏实。"

孙蕾之前从事了20多年的酒店管理工作,对新、奇、异食材有着职业养成的好奇心。2013年的一次俄罗斯之行,她结识了树莓:"我发现很多西点上都点缀着一个小红帽似的水果,了解后得知是树莓。"

树莓,中医称为覆盆子,是药食同源植物,在我国主要作为中药材使用。树莓营养丰富,还含有丰富的天然抗氧化物,如鞣花酸、花青素、叶酸等,被联合国粮农组织称为第三代黄金水果。

孙蕾考察后发现,树莓在国内的市场缺口很大,觉得这是个商机。

2014年10月,孙蕾与合伙人一起,在伊川县吕店镇后庄村流转土地500亩,成立了洛阳德泽农林科技开发有限公司,创建了德蕾有机树莓生态园,专业种植有机树莓、黑莓。

梦想:打造中国树莓品牌

孙蕾:"当时,中国的小浆果鲜食市场被国外品牌占有,国内没有自己的优良品种,我的梦想是打造中国树莓品牌。"

但是,创业哪有那么容易!

跨行让她吃尽了苦头,刚开始便遭遇当头一棒。当时她采购了2万棵树苗,种上后第一年不结果,第二年畸形果,第三年还是畸形果。原来引进的是假苗。3年时间,白白损失了100多万元。她没有气馁,查找原因、总结经验后,又投资3 000余万元,建成高标准日光温室大棚13座、日光大棚27座、20亩连体大棚2座,园区实现了现代化种植。

打造中国树莓品牌,有一系列的工作要做。从品种引进到技术掌握,从区域示范到大面积推广,孙蕾带领团队进行了扎实的工作。

她多次跟随专家团队到俄罗斯、德国、瑞士、波兰等国考察学习,学习国外种植园的精细化管理、先进设施改良经验；和中国林业科学研究院（林科院）树莓项目组专家团队合作，引进国外优良鲜食树莓品种，进行示范种植。

要想做好有机品牌，就必须做好土壤改良。从2014年建园起，孙蕾就对土地进行了深耕，采取人工除草、旋耕除草的方式以草养草，大量使用牛粪、羊粪、秸秆等，将其发酵后入田……增加土壤有机质含量。

在虫控、草控、水肥管理上，她坚持不使用化学合成的化肥、农药和除草剂，还建立有机缓冲隔离带。

从2017年起，她的公司连续5年通过北京中绿华夏有机食品认证中心的有机认证，开创了有机树莓、有机黑莓鲜食种植先河。

只要是为了公司发展，孙蕾都会毫不犹豫地大胆投入："创新需要付出，一切为了成功。"引进树莓、黑莓种苗，她先后调整了6次；她拆建了4次大棚设施，历经3年摸索出了规范种植模式。

目前，孙蕾的公司已成为囊括有机树莓种植、深加工、生产、销售、观光、采摘为一体的现代化农业企业。定位"零添加、原生态"的"莓日素养"深加工系列产品，先后获得第14届中国国际有机食品博览会金奖产品、"一带一路"国际农业合作博览会优质奖、第24届中国农产品加工业投资贸易洽谈会优质产品奖等。有机鲜食树莓成功进入北京、上海、广州的精品连锁超市，树莓冻果已出口到欧洲国家。

孙蕾的公司先后获得"全国巾帼现代农业科技示范基地""河南省农业产业化重点龙头企业""河南省返乡创业示范园""河南省有机食品示范基地""河南省巧媳妇工程返乡创业示范基地""河南省绿色食品示范基地""洛阳市巧媳妇乡村旅游示范基地"等荣誉称号。

利他：义不容辞的社会责任

由于生态园是有机种植，除草、修剪、采摘、鲜果分装等环节的用工量很大，再加上是"全国巾帼现代农业科技示范基地""河南省返乡创业示范园""河南省巧媳妇工程返乡创业示范基地"，孙蕾决定拿出部分利润来带动周边村庄发展。

脱贫攻坚期间,园区每天平均用工115人,其中固定聘用建档立卡贫困户65人,农村妇女占90%以上,园区工人实现年人均收入3万元;公司聘用和培养地方妇女,积极为女工开展培训教育,让当地更多"巧媳妇"发挥自身价值,自立自强。

伊川县妇联主席沈继莹介绍说:"吕店镇是个贫困镇,孙蕾总经理一直配合河南实施的'巧媳妇'工程,在各级妇联和县、乡党委、政府支持指导下,积极开展就业脱贫工作。现在庄园周边村子100多个贫困户参与分红,已帮助60多个贫困户脱贫。"

午后的园区,工人在采摘树莓,50岁的张桂香开心地说:"我是邻村后庄的,来这里上班4年多了。忙时,一个月能赚2 000来块钱,还不耽误照看老人、做家务,俺家的地还能通过流转收租金。家里生活有了很大的改善!"

码上链接典型人物

杨晔：土里刨食新花样，特色种植富农家

推荐语：杨晔，中共党员，河南昌佳农业发展有限公司董事长，全国脱贫攻坚先进个人，全国粮食生产先进个人。他采取土地流转托管、土地农机入股分红、订单种植回收、保障劳务用工等方式，建立起企业与广大农户长期稳定的利益联结机制，创建产业联盟2个，联结新型农业经营主体100多家，让脱贫群众跟着经营主体走、经营主体跟着市场走。他带动发展优质弱筋小麦10万亩、优质水稻8万亩、稻渔综合种养5万亩。公司逐步成长为河南省农业产业化重点龙头企业及高新技术企业。

土里刨食，刨出高素质农民

"每次回乡探亲，看到家乡土地撂荒严重，乡亲们辛苦忙碌一年却挣不到什么钱，我就感到很痛心！"杨晔这样感慨。

2013年，杨晔不顾亲友反对，返回魂牵梦萦的家乡淮滨县，创办田湖种植专业合作社。他流转2 000多亩土地，搞起了水稻规模种植，期盼能带领乡亲闯出一条致富路。

然而，现实很快让他陷入迷茫：常规水稻规模种植效益低下，"土里刨食"难致富！为了寻求突破，他多次到湖北、江苏等地考察，尝试着把水稻种植和水产养殖有机结合起来，发展稻渔综合种养。

一次偶然的机会，淮滨县农广校负责人动员他参加高素质农民培训，他就

抱着试一试的态度去了。

没想到这一去，他就被牢牢地吸引住了：讲课内容远超他的想象。课堂上，每个老师各有侧重，既有理论高度又贴合农民的实际需求，既讲种植也讲管理和营销，涉及方方面面、各个环节。他收获很大："去之前，脑子一片空白。但老师简简单单一堂课，就给了我灵感。思路一下子打开了，也知道下一步该怎么干了。"

培训班聚集了一批优秀学员，也给大家提供了交流的平台。他说："上课的时候，老师会让我们上去交流，讲各自的产品和技术；课后，感兴趣的学员还会加上联系方式再次交流，这对我帮助很大。"

更重要的是，这次培训更新了他的观念：原来农业早就不是传统的"面朝黄土背朝天"了，而是机械化、生态化、信息化的现代农业，这翻天覆地的变化冲击了他的认知。

尝到甜头的杨晔从此更加积极了，连续参加了河南省"三区"人才科技培训、农业职业经理人孵化班、河南省高素质农民培训、乡村产业振兴带头人培育"头雁"项目等，先后获得了新型职业农民培训证书、河南省高素质农民培育证书等，被评为全国农民教育培训"百优保供先锋"等。

通过学习，他成了远近闻名的"高素质农民"和"信阳市拔尖人才"。

土里刨食，刨出优质农产品

学到了技术之后，杨晔迫不及待地展开了实践。他在优选良种、优选种植模式、优化种植管理和优化服务方面狠下功夫，取得了不俗的成效。

优选良种。

在优质水稻种植方面，公司经过反复试种，筛选出"南粳46"晚香粳型稻种，全生育期长达180天，营养蓄积全面，所有理化指标完全达到绿色优质稻米质量标准。米粒饱满晶莹，食用松软有度，油亮筋道，香味浓郁。

在优质小麦种植方面，公司积极完善条件，取得种子生产经营许可证。公司与河南农业大学、江苏省农业科学院（农科院）合作，引进"扬麦13""扬麦15""扬麦30"等多个优质弱筋小麦品种，创建优质弱筋小麦种子繁育基地、科技示范基地5处，年繁育推广优质弱筋小麦良种1 000余万斤。

优选种植模式。

公司依托丰富的水资源创建稻渔种养基地2 000余亩，发展稻渔（鳅、虾）综合种养。鱼虾粪便为水稻提供生态肥料，稻田环境为鱼虾提供天然饵料，巧妙实现了"一水两用、一地双收"的循环生态农业模式。

优化种植管理。

公司严格按照绿色种植管理规程，规范化管理，标准化生产，采用人工除草、物理杀虫、生物防治等方法防控病虫害，施农家肥等有机肥，确保了稻米的优良品质。公司生产的"淮原香"稻虾米、稻鳅米取得了绿色食品证书，先后被认定为省、市级知名农产品品牌。

优化服务。

公司下设为农服务中心，配套建设粮食存储库（占地面积）8 000平方米、日烘干能力200吨烘干车间一栋、农资周转库（占地面积）5 000多平方米、可储存5 000余吨种子的专用库一栋、农民培训电商教室800平方米，配备各类农机设备200余台。为农民提供智能配肥、农资直供、农机农技服务、统防统治、烘干仓储、农民培训及稻渔综合种养配套服务等全程一体化农业社会化服务。

举办优质水稻化肥减施增效、弱筋小麦调优丰产技术等技术培训6场次，培训学员2 600人次以上，繁育推广优质弱筋小麦良种900万余斤，孵化鱼（虾、鳅）苗2亿尾，直供化肥2 000吨、农药30吨，飞防面积30万亩以上。

土里刨食，刨出全产业链

杨晔说："传统农业为什么效益低下？就是因为产业链条单一，种小麦的只卖小麦，种水稻的只卖稻谷。农业要增效、农民要增收，必须从过去单一的卖资源转变到卖产品、卖品牌、卖文化，构建全产业链，实现一二三产业融合发展。"

在昌佳农业园里，一粒稻谷先是从种子储存库里被请进了育秧工厂，再乘坐插秧机走下大田；几个月以后又从稻渔综合种养基地第一车间出发，足不出园来到生态大米加工厂，瞬间变身为晶莹剔透、香甜可口的"淮原香"绿色大米；然后又在园区里拐个弯，来到电商中心走向千家万户……一条从田间地头到厨房餐桌的全产业链已打通，链条每向前延伸一段，农产品就向食品迈进一步，产业价值就翻一番，农民收入也增1倍。

农业承载着田园生活、乡愁文化。昌佳农业在发挥农产品保障功能，让消费者吃饱吃好、吃健康、吃愉悦的同时，近年又投入1 000多万元建设淮滨县田湖现代观光休闲农业产业园，进一步拓展农业文旅链条。产业园以构建集生产、加工、科技、营销及文旅功能于一体的全产业链经营模式为主线，以乡土文化、农耕文化、稻作文化为魂，拓展农业生态价值、休闲价值、文化价值等多重功能，推动优质水稻产业生产、加工、服务、旅游发展，实现一二三产业融合发展，形成以"二产"带稳"一产"、"三产"带强"二产"、"一产"带活"三产"的发展格局与形态。

走进田湖产业园，可以赏荷塘、稻田生态美景，住"稻花香里"农家民宿，吃小龙虾、泥鳅及生态大米等特色美食，品稻作农耕文化。

土里刨食，刨出金疙瘩

脱贫攻坚期间，杨晔不忘党员民营企业家的责任，牵头成立了"稻渔种养党建联盟"和"稻渔种养产业联盟"，在"双联盟"的驱动下，完善了产业链，延伸了价值链，挖掘了利润链。党建联盟链接党组织27个，聚集党员187名，呈现出社员跟着能人走、能人跟着党员走、党员带着群众富的良好局面。

在党建联盟的引领下，产业联盟吸纳106家新型农业经营主体，成立了淮滨县稻渔综合种养社会化服务中心，搭建了资源共享平台，在全县范围内构建起"产业抱团共进，党建引领共赢"的产业发展新局面。探索创新出土地流转得租金、基地务工得薪金、入股分红得股金、发展产业得现金的"四金"帮扶新模式。带动周边乡镇1 686户脱贫巩固户年持续增收5 000元以上。

展望未来，杨晔表示，将继续肩负行业使命，以生产健康、安全、绿色农产品为己任，以带动农民增收为目标，围绕"生态绿色农业+"全产业链发力，叫响"淮原香"生态大米品牌，不断提高产品附加值，积极引导"土里刨食"向规模化、标准化、品牌化发展，为构建产业化、市场化、集团化的农业企业而努力奋斗！

码上链接典型人物

张锋：发展数字农业，助推乡村振兴

推荐语：张锋，中共党员，淮滨锦绣江淮现代农业有限公司董事长，信阳市第十一批拔尖人才，信阳市优秀乡土人才，河南省科技特派员，2018年河南省新型职业农民创业创新大赛二等奖获得者。他建立多功能智慧育秧工厂，使水稻育秧成苗率达到95%以上，高出常规育秧成苗率近2倍；建立农作物病虫害实时监控物联网系统，全程溯源打造品牌价值；他建立极飞和大疆飞防基站，定制大数据管理平台，实现数字化、信息化、智能化的管理；他建立终端智能配肥站，开展测土配方施肥，降本增效，对促进粮食稳定增产和农民持续增收意义重大。

淮滨锦绣江淮现代农业有限公司成立于2017年5月，是一家中小型科技企业，也是高新技术企业。在"三化"协同方面，公司的做法主要如下：

标准化种植

建立多功能智慧育秧工厂，在实现集中规模化育秧的同时，能够实现控光、控湿、控温和操作自动化、管控智能化、育秧集中规模化，可有效避开"倒春寒"风险，使水稻育秧成苗率达95%以上，常规育秧成苗率提高近2倍。工厂化育秧能为周边农户提供5 000亩以上的优质水稻秧苗，并对农户提供机械化插秧服务，解决农民的种地难问题。

数字化管理

建立农作物病虫害实时监控物联网系统，在稻渔综合种共养、优质水稻种植2个基地安装远程监控摄像头，实时监控农作物生长情况和病虫害发生情况。

全程数字化管理，建立农户种植档案，实现耕地、生产资料、农机作业、生产管理全过程生产信息可溯源。

在农产品收获时期，公司有序进行订单回收，回收后进行烘干，烘干以后送入为农服务中心标准粮仓，最后送到加工企业进行生产，确保农产品质量。

公司通过订单农业，全程参与农业生产数字化管理，单种、单打、单收，全程溯源保证食品安全。

数字农业提高了农产品品质，为打造农业品牌创造了条件。2020年，公司生产的大米通过了国家绿色食品认证，被评为信阳市知名企业品牌。2021年又被评为河南省知名农产品品牌。

绿色化发展

建立植保无人机飞防基站，定制大数据管理平台，实现数字化、信息化、智能化的管理。

植保无人机和地理信息技术的应用,对推动农事服务标准化有重大的意义。公司建设固定导航基站,结合无人机测绘与AI技术,实现了智能航线规划与精准喷洒,建立起完备的农田导航网络,完成了精准、规范的无人机植保作业。

随着无人机测绘技术的普及与数字农业基建设施的完善,为农服务中心更好地实施了标准化的农事服务。飞防基站全面覆盖全县土地面积,为淮滨县80万亩优质弱筋小麦统防统治保驾护航,2021年为公司完成26万多亩优质弱筋小麦统防统治服务。

建立终端智能配肥站,配料、混料、包装3个工艺过程连续作业全由电脑控制,通过公司智慧农业云中心数字化田间管理,实现管理精准化,向农民提供数字化、智能化的配肥直供服务,指导农民科学施肥,真正达到企业降成本、农民增收入的效果。

为农服务中心充分开发移动终端农业大数据资源,实现配方、生产、施用一体化的智能、精准、便捷服务。开展测土配方施肥,可使化肥作用发挥到最大、污染降到最低,充分普及测土配方施肥技术,促进经济合理施用肥料,增加产量又降低成本,对促进粮食稳定增产和农民持续增收具有十分重要的意义。

2021年公司生产优质水稻配方肥和优质弱筋小麦配方肥1 500多吨,为化肥"减施增效"做出了应有的贡献。

码上链接典型人物

周厚刚：久久为功，建设活力新农村

推荐语： 周厚刚，信阳市兴达生态农业开发有限责任公司负责人，河南省劳动模范，河南省青年致富带头人，农业农村部高素质农民培训优秀学员，国家级示范社理事长。他主持开展翔鸽岭生态循环农业、一二三产业融合发展项目，以发展生态农业、建设美丽乡村为目标，积极构建现代农业产业联合体和田园综合体服务乡村振兴。

发展生态农业，打造产业联合体

周厚刚的家乡位于信阳市浉河区十三里桥乡。这里是丘陵地区，梯田地块狭小，人均地少。2000年后，家乡的青壮年劳力纷纷外出务工，田地撂荒。村组面貌凋零破败，乡村渐渐失去活力。

2004年，周厚刚结束在城市已经发展起来的事业，毅然决然地返回家乡，发展现代生态循环农业。他流转了2 600多亩土地，因周边地形宛如一只翱翔的鸽子，便取名为翔鸽岭生态园。

返乡创业之初，周厚刚就坚持生态循环发展理念，在建设万头规模化养殖圈舍时，同步建设了1 000立方米的大型环保沼气池及发酵床。此举实现了粪便无害化处理，同时变废为宝，把原本是污染源的排泄物转化成有机肥料，用于发展绿色有机农产品的生产；还把沼气用于发电和生产生活，节省化肥和燃料支出。

他从养殖起步，通过种养结合、农牧结合，逐步发展了生态化猪、羊、林下鸡、鱼的养殖和绿色茶叶、蔬菜、水果、苗木种植，形成一个农业生产的生态循环体系，大幅提升了农产品质量和价值，为实现农业生产现代化、产业化、无害化、生态化奠定了坚实的基础。

公司自身的发展只是一个起点和基础，通过公司示范、引导、扶持来带动周边乡村农民共同发展现代化、产业化农业，实现农村经济的可持续发展、生态环境的有效保护和永续利用，最终达到经济效益和社会效益双赢，这才是周厚刚内心的目标和心愿。人说十年磨一剑，经过19年的努力，周厚刚创建了省级农业产业化重点龙头企业和产业化联合体，通过"公司＋基地＋合作社＋农户"的模式带动了2 000多户农户共同发展，辐射带动基地产业规模达1万多亩，实现了户年均增收2万元。

公司和联合体还与河南农业大学、中国农科院郑州果树研究所、信阳农林学院等机构建立了协作指导关系，依托专家、教授的人才优势组建科技顾问团队，请他们来公司现场培训，传授种植、养殖的先进技术。

2015年，公司建设了农民田间学校，培训高素质职业农民2 653人次。

三产融合发展，引领乡村振兴

在取得可喜成绩的同时，周厚刚锐意进取，加大投入，进行产业升级，促进了一二三产业融合发展。

"一产"方面。他投资建设了茶叶、水果等绿色种植示范基地、农机和植保服务中心，完善"一产"产业化链条，增强了对合作社、家庭农场、普通农户的服务能力，夯实"一产"基础。

"二产"方面。他先后建设了茶叶加工厂、农特产品加工厂、冷库和仓储中心，建立起完备的产品生产管控体系，扩大了"二产"规模，提升了农产品的加工能力和产品附加值，拓展了订单服务规模，增加了公司和农户的经济效益。

"三产"方面。他增建了农产品自营店、加盟店、展示大厅和线上销售中心，完善了翔鸽岭商标体系。他还完善了翔鸽岭生态园的观光农业和乡村旅游体系，建设了游客接待服务中心。

目前，在翔鸽岭生态园内，农、林、牧、渔各业科学组合，环境清新优美。生态养殖场、有机茶园、果园、花圃、水塘、湿地、楼台亭榭相映成趣，形成了一个良性循环的生态农业系统。生态农业生产、生态农业观光旅游、休闲度假已经初具规模，可提供餐饮住宿、农事体验、私家菜园、垂钓采摘、拓展培训、文艺表演、书画笔会、民俗观摩、露营度假、农产品采购等服务，年接待游客3万余人，是河南省四星级复合型乡村旅游经营单位、浉河区全域旅游推荐点，显现出良好的经济效益和社会效益。

增进凝聚力，共建美丽乡村

2020年，经过村民推荐和组织遴选考察，周厚刚成为叶湾村的名誉村主任。

为增强村"两委"的凝聚力，周厚刚组织公司，在捐资乡村公益的基础上，每年资助村集体5万元发展集体经济。他以村"两委"为核心，带动引导村民关心乡村人居环境和乡村文化建设；整治改造乡村生产、生活、生态环境，为农户整修住房、建设排污处理设施；创建孵化园引导帮扶青壮年回流创业。新面貌增进新活力，这两年返乡创业搞水果种植、搞农家乐、搞民宿、搞养殖的家庭农场不断涌现。

他在翔鸽岭生态园建设了乡村科普教育基地，利用多媒体文化教室、图书室等硬件设施推动乡村文化建设，让农民通过学习提高科学技术水平和文化素养。农户通过与城市休闲度假游客的接触和交流，了解、接触了城市的新观念，不断缩小与城市生活间的差距。

从农村到城市，再从城市回归农村，周厚刚不仅实现了人生的跨越，也践行了建设秀美家乡的梦想。

码上链接典型人物

川宇农业:"栾川印象",品牌浇铸幸福路

推荐语: 农业品牌是农业高质量发展的重要标志。"栾川印象"创建于2017年,是栾川县委、县政府主导创建的优质农产品区域品牌,也是栾川乡村振兴的主导产业之一,由洛阳市川宇农业开发有限公司负责运营。

创新模式,闯出致富好路径

栾川县地处豫西伏牛山腹地,素有"四河三山两道川,九山半水半分田"之称,独特的地理环境和气候优势,孕育了高山玉米糁、红色猕猴桃、土蜂蜜、食用菌等一大批优质农产品。过去,由于营销跟不上,这些农产品一直销售不畅,挫伤了群众的生产积极性,影响了产业帮扶工作的有效开展。

2017年伊始,洛阳市委提出要"打造好栾川印象农副产品名片,带动山区百姓脱贫致富",洛阳市川宇农业开发有限公司(后称川宇农业)应运而生。

川宇农业推行"品牌+企业+基地+群众"的产业帮扶模式,从产品溢价、扩大就业、扶持创业等方面对农户进行精准帮扶,使农户在生产、创业中实现增收。

产品溢价。川宇农业通过产品溢价,使原来滞销的农产品转变为好卖的"香饽饽",带动农户增收。例如,白土镇王炼沟村的毕海生,常年种植柿子树3亩,年产鲜果4 000斤,过去由于缺乏销路,只能眼巴巴地看着它们烂在树上。"栾川印象"品牌带动柿王醋业("栾川印象"品牌共建企业)借势扩大了生产规模

后，以每斤0.8元的保护价敞开收购。毕海生不仅卖光了自己种植的柿子，还在周边代收鲜柿1万余斤，直接收入近万元，逐渐摆脱贫困，走上了致富之路。

扩大就业。川宇农业引领企业发展，为山区群众打开了就业门路，使农户在就业中增收。例如，在品牌建设中，与庙子镇黄柏村签订帮扶协议，安排60余户困难群众就业，人均增收6 000元以上。

扶持就业。川宇农业引导农户以劳力、土地、技术等自身资源在基地创建中参股分红，使农户在生产创业中致富。例如，潭头镇秋林村的马双贵身有残疾，找不到合适的创业门路，生活艰难。"栾川印象"通过建设土蜂蜜养殖基地，免费为其提供土蜂群6箱，定期安排专业人员进行技术指导培训，对采割的蜂蜜进行保护价收购。仅此一项就使他当年创收4 200元，帮助他走上了创业之路。

脱贫攻坚期间，川宇农业集结了13家农产品加工企业，在全县15个乡镇共改扩建农产品加工生产线23条，发展扶贫基地27个，通过溢价、就业、创业及务工等方式带动1 751户农户实现增收目标，受益群众5 250人，成为一项支柱产业。

农旅融合，搭建产业发展新平台

近些年，栾川县依托山区优势，大力发展休闲农业乡村旅游产业，先后打造了"荷香小镇""王府竹海""牛堡文化园"等30余个特色旅游点，年接待游客70万人。

这70万人是一个重要客户群体。川宇农业立足游客资源，大力开发旅游产品，积极搭建产销平台，推进区域品牌与乡村旅游产业的有机融合。

加快旅游商品转化。川宇农业通过深入挖掘地域文化、提炼产品故事，对产品包装、规格、品质进行提升等措施，推进农产品向旅游商品有效转化，先后研发了果冻杯土蜂蜜、糖水板栗、卤香菇、卤猴头菇、五香核桃等旅游快销品，备受欢迎。

完善乡村销售网络。川宇农业与家庭宾馆、民宿等建立合作供货机制，利用节日庆典、旅游旺季举办产品展销会，加快产品销售。如2019年中国农民

丰收节期间,川宇公司组织6家涉农企业70余款产品,先后在陶湾镇协新村、西沟村向游客展销,效果很好。

推动产业基地升级。引导生产企业利用农业种植基地,建设配套设施设备,实现农业基地与休闲旅游服务业融合发展。例如,君山红酒业有限公司以周边"铁路小镇""老虎园"为依托,围绕原有的红色猕猴桃种植基地建设儿童游乐场,把农产品种植区转变为休闲农业乡村旅游的配套服务区,吸引大量游客观光采摘、休闲度假,吃、住、行、游、购、娱一条龙,实现了企业、村集体和农户的多方共赢。

建立机制,稳固持续引领增收

川宇农业对农业合作社、种植户的生产进行严格管理,加强品牌宣传,督促企业建立健全生产管理制度、操作规程和生产档案记录,落实标准化管理措施。以农业产业升级为原点,以优质农产品为基础,以产业基地为支撑,以"溯源准入,检测准出"为原则,通过"区域品牌带动企业-企业发展产业基地-基地带动产地群众"的产业振兴模式,优化了产品结构,增强了企业活力,发展了产业基地,增加了农民收入。通过产品溢价、扩大就业、扶持创业等措施,全面践行乡村振兴战略,使群众在生产、创业中实现增收。

品牌创建以来,共为社会提供了2 000余个就业岗位,累计实现销售额突破2亿元,带动关联产业发展实现10亿元,推进了全县农业产业的高质量发展。

品牌创新之路

一二三产业融合发展是国家对农业现代化提出的明确要求,也是乡村振兴的未来走向,涉及面广,复杂性强,实际操作难度大。

"栾川印象"品牌建立后,从农产品销售终端入手,通过市场调节,调动种植、养殖、加工、物流、仓储等环节有效衔接,带动销售龙头企业、生产企业、合作社、专业大户和农民群众优化组合,使农业链条不断延伸,业务范围不断拓展,产业层次不断提升,从而实现"种养加"深度融合及产供销一条龙发展。

通过品牌引领,带动栾川槲包、三川玉米糁、白土柿子醋、秋扒土蜂蜜等一大批具有栾川标志符号的农产品走向了全国各地,走出了一条区域品牌引领山区农业发展的创新之路。

"栾川印象"品牌的快速发展,得到了社会各界的广泛关注和认可,川宇农业先后荣获"河南省省级扶贫龙头企业""河南省农业产业化重点龙头企业""河南省科技扶贫基地""第四届'中国创翼'创业创新大赛全国一等奖""洛阳市消费扶贫示范基地""洛阳市五一劳动奖状""洛阳市青年文明号""洛阳市工人先锋号"等荣誉称号。

码上链接典型人物

周正祥：一片小茶叶，富一方百姓

推荐语： 周正祥，高级农艺师，商城县其鹏茶叶专业合作社理事长，全国共享乡村振兴实践指导师，全国乡村振兴青年先锋，中国最受欢迎特聘农技员，河南省返乡创业之星，河南农村青年致富带头人标兵，河南省五一劳动奖章、河南青年五四奖章获得者。为了提升当地茶产业效能，周正祥带头引进5 200万株茶叶良种，提供给周边茶农试种。在制作工艺上，他把信阳毛尖传统工艺相关环节拆分为12道工序，引进小型杀青机、理条机，升级绿茶生产线，实现商城高山茶标准化、现代化生产。

使命感成就大事业

2008年大学毕业后，周正祥回乡创业，开启了他作为制茶世家第五代传承人的茶农生涯，扎根农村发展茶产业。

要想做出高品质的茶叶，就必须扎根田间地头，与茶农打成一片，与茶叶真正融合。手工制茶时，需要双手不停地炒制原料，锅很烫，越害怕烫手就越烫手，只有克服了身体的本能反应，才算是入门。回忆起初学手工制茶的日子，周正祥说："那会儿累得站着都想睡觉，走路就像踩着棉花，晕晕乎乎的。"

但作为手工制茶技艺的传承者，他乐在其中："近年来机器炒茶已经普及了。但是，两只手做出来的东西，有些地方是科技无法取代的。"

周正祥认为，父辈们一天加工超过10千克的原料，连续作业20小时，一干就是几十年，靠的就是这份传承的使命感。

在第五届全国茶叶职业技能竞赛之茶叶加工（绿茶）竞赛总决赛中，周正祥凭借出色的制茶技艺，用 2.5 千克原料，分 10 锅连续做了十几个小时，最终获得铜奖，并获评为国家级制茶技师，成为商城县家喻户晓的青年茶人。

后来，他成了中国农村青年致富带头人协会理事，建起 100 亩商城高山茶示范基地，引进 5 200 万株国家级茶叶良种，提供给茶农试种；编制《商城高山茶种植规程》，每年进行 5 期推广培训；以"合作社+基地+农户"模式带动群众增收，常年雇用 300 余劳动力在茶场务工，辐射带动周边 6 个乡镇 2 000 余户茶农转化为产业工人，帮助他们增收致富。

服务创新带来科技增益

周正祥是河南省科学技术协会代表、信阳市科学技术协会代表，他创新服务模式，用自己的方式走进每个茶农的内心。

2018 年，他主动应聘了县政府茶叶方面的特聘农技员。以他为骨干的服务团队，每年入户服务达到 300 次以上，每年组织当时的贫困户和种茶大户免费进行 2～4 次的培训，累计惠及茶农 1.2 万人次。

作为全国"来抖音学农技"的特约作者，他还经常利用新媒体手段，录制视频教程发到中国农技推广 APP、微信群、视频号上，广泛传播、线上答疑，真正做到线上线下同步结合，把技术送到家，彻底解决了农业技术推广"最后一公里"的问题，实现了茶园每亩纯收益 4 000 元以上。

利益联结，带动周边发展

脱贫攻坚期间，周正祥创新模式，采取 3 种途径有效带动贫困户增收。

土地流转。每亩茶园的租金可使贫困户增收 600 元。

"公司+基地+农户"的模式。帮助贫困户每年每亩增收 1 800 多元。

"三次就业"。在茶叶种植环节，实现第一次就业，年人均工资达到 4.07 万元；参与鲜叶采摘、加工，实现第二次就业，每天收入可达 100～200 元；在茶企从事制茶、包装、剪梗等工作，实现第三次就业。

经过十几年的不懈努力，其鹏茶叶专业合作社目前已发展成为集茶叶种植、生产、加工、科研和销售等业务于一体的综合性茶企，拥有茶园面积达8 000余亩、社员1 380户、大基地3处、协会2个，被评为国家级示范合作社，通过了"两品一标"（绿色食品、有机农产品和农产品地理标志）认证。周正祥本人也先后荣获"全国乡村振兴青年先锋""全国向上向善好青年""河南省高素质农民培训优秀讲师"等众多荣誉。

作为返乡创业青年代表，在2022年2月3日，他还被中央电视台的《新闻联播》栏目进行报道。

码上链接典型人物

王德士：濮阳黄兔品牌开创者

推荐语： 王德士，中共党员，濮阳市联盛畜牧有限公司总经理，濮阳市农村青年创业致富带头人，全国学雷锋模范人物。他的公司的主要业务是豫丰黄兔品种培育、饲料加工、兔类食品开发、技术服务等，是全国最大的豫丰黄兔源种场。公司拥有100个销售网点，公司推出的濮阳黄兔食品已经成为濮阳的一张城市名片，连续被评为濮阳市第四届、第五届"中国农民丰收节"金奖农产品。

心怀故土，返乡创业

王德士，1981年出生于濮阳县王丁村的一户农家。父母以种地为生，抚养家里的4个孩子，辛苦程度可想而知。

1999年高中毕业后，懂事的他把已经收到的大学录取通知书悄悄放进抽屉里，怀着对绿色军营的向往，参军入伍了。凭着在部队的拼搏和努力，2002年，他以优异的成绩考入空军雷达学院。

2008年，王德士复员回到老家濮阳，开了两家家纺专卖店、一家装饰公司，经过5年多的发展，取得了一点成绩。

2014年初，王德士回老家时和几位儿时的玩伴闲聊。玩伴们说到老家需要发展，就问他是否有意愿回村里做事，王德士动心了。说实话，他虽然离开了老家，但对家乡的感情很深。不管是在部队还是复员后在城市做生意，这些年他一直希望有机会为家乡做点事。

回家能干什么呢？他通过考察发现，长期以来村里一直有养兔子的传统，好几个农民都是靠养兔为生，每家的养殖规模都很小，没能做成产业。能不能成立公司，走规模化、标准化养殖的道路？王德士回到市里把自己的想法告诉了爱人孟利敏，得到了爱人的支持。

2014年7月，濮阳市联盛畜牧有限公司正式注册成立了。村里的几个养殖户以现有的兔子和设备入股，本人到公司上班，除了工资收入，还可享受公司盈利分红。军校毕业的高才生王德士就这样返乡当起了农民，做起了"兔司令"。为了记录自己的养兔生活，他还注册了抖音号，起了一个响亮的名字：兔仔子创业志。

求师问道，终成一家

不以事久舍其志，不以众惑舍其行。路虽远行必至，事虽难做必成。

养殖业看起来门槛不高，但一踏进来，才发现后面有很多困难，想都想不到。场房好建，兔却难养。对王德士来说，最大的挑战在于饲养技术和生产管理。因为对养兔一窍不通，在技术方面，只能依靠以前养兔子的那几个农户。但是这几个农户以前最多也就养100多只。公司成立以后，按照标准化养殖的要求，一个人需要管理500只生产母兔，再按照老方法肯定不行。

该怎么办呢？

王德士从当时的市农业局、市农科院请来了养兔方面的专家，给厂里的工人现场指导。他还专门拿出了一个大棚，在专家指导下进行科学养殖，经过半年的比较试验，发现这个大棚的效益明显好得多，工人们这才心服口服地按照专家的指导科学养殖兔子。

通过不断学习和实践，王德士从当初的一无所知，成长为行家里手。后来，他凭着过硬的技术被市科技局选聘为河南省科技服务特派员。

几年的时间里，王德士几乎跑遍了全市，先后举办了养殖技术培训班11期，培训600人次，极大地提升了养殖户的技术和生产管理水平。

品种培育，科技强农

种源是农业的芯片，更是养殖企业的核心资产。

王德士带领公司，与河南省农科院、河南农业大学、濮阳市农科院、濮阳市畜禽改良站等，共同组建了豫丰黄兔产业研究院、豫丰黄兔生物遗传育种工程技术中心，开展生物育种、品种培育、营养配方、技术推广与培训等相关工作，誓将种源牢牢掌控在自己手中。

目前，公司繁育基地拥有豫丰黄兔核心种源5 000只，曾祖代豫丰黄兔10 000只，年培育父母代豫丰黄兔20万只，建有年产5 000吨饲料厂1座，现在是全国最大的豫丰黄兔源种场。公司先后被评选为濮阳市"豫丰黄兔现代农业科技示范园"、河南省"豫丰黄兔种子资源保护单位"、河南省"农民工返乡创业示范项目"。

敢于担当，产业富农

"乡村振兴有故事，豫见黄兔丰收美。"这是王德士请人写的一副对子，就在公司大门的两侧。

当一切朝着预想的方向发展的时候，新冠肺炎疫情来了，王德士通过采取减栏降耗、统购降本、技术增产、统销增利等措施减少损失。一方面他组织公司技术员成立了5个3人技术小组，为养殖户提供人工授精、疾病防治、生产管理、集中培训等全方位的科技服务，通过提高养殖技术生产水平，降低损失，增加收入。另一方面他通过组织养殖户建立联合体，实现饲料、药品统购以降低采购成本，出栏商品兔统销形成规模优势，提高议价能力。仅饲料采购一项每年就可为每个养殖户节约成本3 000元。

就这样，王德士带领他的近200个养殖户，挨过了漫长的困难时期。2023年上半年，他带领养殖户完成了扩群补栏工作，迎来了又一轮发展契机。

3年时间，濮阳黄兔成了一张响亮的城市名片，连续被评为第四届、第五届"中国农民丰收节"金奖农产品。王德士心中所畅想的"前端进行品种培育和配方饲料，终端创建品牌与推广，中间带动农户创业致富"这样一条稳健的现代化农业企业发展路径，正在逐步变成现实！

码上链接典型人物

詹齐斌:"水墨詹堂"致富带头人

推荐语:詹齐斌,中共党员,光山县晏河乡詹堂村党支部书记,光山县巨森家庭农场负责人。詹齐斌采取"村集体+基地+农户"模式,把村里闲散的撂荒地、滩涂地1 000多亩流转过来,全部种上了太空莲等,大力发展"荷塘经济"。他开展人居环境综合整治,"田园变公园",使詹堂村走出农文旅融合发展的道路,由昔日"三无"村变成了产业美、民居美、环境美、乡风美、生活美的"五美"村。

一个村庄,无私奉献的"孺子牛"

2011年之前,光山县詹堂村是全乡"闻名"的落后村。

全村没有一口能装水的塘,没有一寸平坦的水泥路,只有3台变压器,夏天连电扇、电视机都带不动,更别说空调了。村民靠种几亩薄田度日,经济落后,人心涣散,干群关系紧张。2011年之前的10年间,村"两委"班子换了3任。

为扭转詹堂村的落后困境,晏河乡党委经过认真考察,决定请在外创业的成功人士詹齐斌回村任党支部书记。2011年,乡领导多次到洛阳市找他商谈。而那时的詹齐斌经过多年打拼,已是拥有3家公司、总资产上千万的老总。

面对家乡领导动之以情、晓之以理的劝说,詹齐斌陷入了两难境地:一边是蒸蒸日上的事业,一边是贫穷落后却生他养他的故乡,怎么办?故乡是根,想到仍然在贫困线挣扎的乡亲们,詹齐斌最终被领导的诚心打动,毅然选择回到家乡带领乡亲们共同致富。

多年没回来的他，看到全村的状况远比他预想的还要糟糕很多。面对近乎一张白纸的贫穷落后村，詹齐斌在到任的第一次村"两委"班子会议上就坚定地说："我既然回来当这个村支书，再苦再累也不会退缩，不改变贫穷落后的面貌，誓不罢休。"朴实的话语，使村干部吃了定心丸，增强了凝聚力。

独具商业慧眼的詹齐斌意识到，单靠几亩薄田种粮食，詹堂村永远也乘不上飞速发展的列车，唯有发展产业才能让老百姓庄稼地里结出金疙瘩。于是，他利用自己在商界打拼多年积攒的人脉资源，先后引进油茶、五角枫、太空莲等产业。

为了让产业落地生根，增强自身发展动力，他积极对接光山县农广校，在詹堂村举办2022年高素质农民培训班，邀请市林科院专家、县农业部门技术人员、乡本土人才开展针对性的技术培训，带动周边村农户100余户参加学习，为产业发展做好了人才储备。

细节决定成败，在推动产业发展细节上，从制订土地流转方案到签订土地流转协议再到丈量土地，詹齐斌不知熬了多少个不眠之夜，全村8平方千米的土地上遍布着他的足迹。

目前，这些产业以吸纳就业、定期分红等方式，带动返乡农民工、退伍军人300余人在家门口就业，户均年增收万元以上。

一片产业，勤奋敬业的"老黄牛"

詹堂村地处大别山北麓，除了山地，就是分散在山间的水田，面积小，无法机械化耕作，村民也不乐意耕种，天干存不住水，一下雨就涝成"久水田"。

詹齐斌看在眼里，急在心里。2020年，詹齐斌带着村班子到湖南、江西等地考察，计划把这些闲散的撂荒地、滩涂地利用起来，发展村集体经济。

经过考察，詹齐斌发现完全可以将南方种植的莲藕引进回村里种植。当年他就把村民的撂荒地流转过来300多亩，每亩地付给群众300元，全部种上了太空莲。詹堂村种植的是太空莲，它具有生育期长、抗性强、花多、蓬大、结实率高、颗粒大、品质优等特点，较常规品种增产1倍以上。

太空莲喜光怕风，正适合在詹堂村栽种。刚开始詹齐斌也不懂技术，他一边虚心向供应商学习栽种技术，一边找到县农广校求助。在农广校的技术指导下，詹堂村将光照充足、水源条件较好的地块进行深耕细作，施入有机肥。当年栽种的太空莲生长良好，村里不仅收获了50多万元的莲子，还通过套养小龙虾收入5万多元。

初次尝到甜头的詹齐斌，更加坚定了发展太空莲种植的信心，他将全村的土地进行摸排，挨家挨户做好动员，算好收入账："莲田每亩下苗300~500棵，除了收获莲蓬、藕带、莲子以外，还能供深加工莲心茶、荷叶茶等产品，每亩经济收入能达到6 000元。"詹齐斌的话让群众深信不疑。

在村集体的带动下，詹堂村的莲藕种植面积迅速增加，2021年发展到500亩，2022年为800亩，到2023年已经突破1 000亩，并配套建设占地300多平方米的加工车间1座，引进加工企业1家。同时，结合人居环境综合整治，詹堂村在太空莲种植区域修建了栈道、休闲长廊，让"丑小鸭"一下子变成了"白天鹅"，不仅带来了丰厚的经济效益，还实现了"田园变公园"。

如今，詹堂村莲藕种植采用"村集体＋基地＋农户"的模式，形成了完整的产业链，人均年收入1万余元，彻底甩掉了贫穷的帽子，一跃成为远近闻名的富裕村。

一方水土，创新有为的"拓荒牛"

产业不断发展，村民的腰包逐渐鼓起来，如何实现农文旅融合发展，是詹齐斌一直关心的问题。

围绕"农业强、农村美、农民富"的目标，詹齐斌提出"享荷花、住民宿、品农家菜"的思路，打造"农业＋旅游"新业态，大力发展集休闲观光于一体的综合性现代农业。说干就干，他将村里常年闲置的房屋进行了翻修改造，二楼住宿，一楼做餐饮，又在本村找了3位善于做农家菜的妇女当大厨，集餐饮、住宿、休闲娱乐于一体的农家乐就这样营业了，可以一次性满足30人住宿、60多人就餐。

他大力改善基础设施建设，在詹堂村修建水泥路 40 多千米（其中产业循环路超 10 千米），修缮 110 多口水塘。每到荷花盛开的季节，四面八方的游客纷至沓来，边远的深山村顿时成了热门"打卡地"。为方便游客赏花游览，2022 年初，詹齐斌又在荷花田建起了长约 1 千米的亲水栈道，并沿亲水栈道修建了一条通向附近山岭的登山步道。

荷花开了，游客来了，赏荷塘美景、喝荷叶凉茶、品农家美食、选购莲子和莲心等衍生系列产品的络绎不绝，每天平均 1 000 多人，周末可达 5 000 多人。

詹齐斌依托得天独厚的生态品牌优势，做好"绿色"文章，实施"旅游+"战略，充分展示"水墨詹堂"的厚重文化、秀美风光、良好形象和发展成就，不断提升文化旅游管理服务水平，推动文化与旅游在更广范围、更深层次、更高水平上实现融合发展。

詹堂村的皮影戏有百年历史，是非物质文化遗产。詹齐斌组建詹堂村皮影戏剧团，培育 7 个戏班 60 多人从事皮影戏演出。他将皮影戏、大鼓书、跑旱船、担花挑等经典民间文艺融入山水间，每周定期在荷塘边、山村旁演出，既丰富了群众文化生活，又为游客带来不一样的非遗文化体验。

詹齐斌说："发展乡村振兴产业，首先要因地制宜，不能追求高大上，适合就是最好的，选准产业就锲而不舍地干下去；其次是培育高素质人才作为支撑，通过引进、培训等方式，让高素质农民成为创业创新的'领头雁'、贡献智慧的'排头兵'，为产业发展保驾护航；最后就是拉长产业链条，实现一二三产业融合发展，达到生态效益和经济效益双赢。"

码上链接典型人物

毛保旭：方城黄金梨，涅槃幸福梨

推荐语： 毛保旭，中共党员。他返乡创业，成立了方城县帝乡梨种植专业合作社。通过不断钻研理论知识，结合生产实践，他快速掌握了先进的种植技术。他对梨园进行棚架式管理，以独到的技术开发出高品位的黄金梨产品。合作社已发展成为国家现代农业技术体系梨产业示范园、南阳农业职业学院农民教育培训实训基地、农广校高素质农民培训实训基地等。中央广播电视总台和新华社等媒体，对他和合作社的事迹进行过专访。

大学毕业后，毛保旭曾在郑州打拼，搞婚纱摄影。

2017年，形势突发变化，婚纱摄影开始走下坡路，毛保旭决定回老家方城县博望镇种地。

博望镇土地肥沃、气候湿润，是黄金梨的生产地。2008年北京夏季奥运会上，博望黄金梨曾被定为特供品。由于这种梨口感好、肉厚无渣，很快便成了抢手货，客商从四面八方涌来购买，博望镇也因此声名远扬。

毛保旭承包土地种起了黄金梨。一开始，他不懂技术，采用传统的方式种梨，效益低下。于是，他就参加了省农业农村厅举办的高素质农民技术培训班、清华大学举办的"农业经理人"技能培训等。除此之外，他还经常到中国农科院郑州果树研究所、河南农业大学拜师学艺，学习果树种植科学技术。

他一边学习，一边把学到的新技术应用于实践，很快积累了一整套梨园管理技术，并自创梨树嫁接、土农药配方等新技术，有效提高了黄金梨的产量和

质量，并牵头对黄金梨进行了有机果品认证。

一个人能力有限，单打独斗很难成功，要想做大做强，就得成立种植专业合作社，就得提高农民朋友的技术。他应邀参加了南阳市农广校举办的南阳市田间联盟学校，将村里的果农集中在了一起，无偿将自己学到的种植经验共享给大家，带领大家共同致富。

为了更好地服务乡邻，毛保旭和其他种植大户联合成立了农业经理人团队。他们十分重视新技术的引进、创新、推广和产品销售，先后承担起12个村的技术指导、梨产品购销任务，为乡邻搭建起从冬春剪枝拉枝、病虫害防治、配方施肥、疏花疏果到梨果套袋、土农药配（熬）制、电商销售、梨果筛选分级、冷藏保鲜等全程无公害管理和销售的产业化平台。

这些高素质人才队伍的不断壮大，为全镇高质量农业发展提供了技术保障。就拿黄金梨产业来说，现在已经发展到38个村，总面积达2.3万亩，而且产量、质量逐年提高，科技含量占效益增长因素的15%以上。博望品牌的黄金梨已叫响全国，被农业农村部评为全国第十批农村特色产品。

码上链接典型人物

王春丽：从黑小麦到生态农业

推荐语：王春丽，先后成立了西华县喜俊喜家庭农场、西华县大喜岗黑小麦种植专业合作社、西华县喜俊喜食品有限公司。她先后被授予周口市"'乡村光荣榜'返乡创业好青年""河南省优秀农民工"等荣誉称号。从最初承包土地20亩，到如今流转土地近千亩，王春丽将黑小麦种植系统化、规模化，在黑小麦产业化道路上稳扎稳打。她在黑小麦种植、食品加工、流水线作业、人员销售等多个方面带动了乡村就业。从个人创业到带领全村及周边群众脱贫致富，再到乡村振兴带领村民共同致富，王春丽在创业路上书写出属于她的出彩人生。

寻土：黄土地生出"黑金子"

王春丽采取"企业+家庭农场+农户"的合作模式，大力发展订单农业，带领村民共同种植黑小麦，在签订合同时明确收购价，全程提供技术指导服务。从种植到食品加工生产再到后期销售，使农户年均增收5 000元以上，实现了企业、家庭农场、农户共同赢利的目标。

随着黑小麦产业愈加成熟，大喜岗村逐渐形成黑小麦品牌村。以村庄及县域命名的商标品牌"大喜岗"及"娲城大喜岗"，被认证为西华名优特产，成为家乡品牌的代言。大喜岗黑小麦酒、石磨面粉、土鸡蛋挂面、面叶、焦饼等美食也让大喜岗村逐渐成为"黑小麦标志村"。

由于该产业的可复制、可推广性较高，黑小麦产业一瞬间成为多数企业首选的方向。黑小麦农特产如雨后春笋般涌现出来，给企业带来了前所未有的压力。王春丽并没有坐以待毙，开始谋求多产业链的发展，提升产品的竞争力。

破土：平畴沃野出好"粮"

王春丽在管理模式上摒弃过去那种粗放、传统、零散的管理模式，采用规模化、规范化、现代化的经营模式，聘请农业专业技术人才作指导，充分发挥科学指导作用。在农作物种植中尝试生态种植、绿色生产，以有机肥料为主，减少农药的使用量，做到种地和养地相结合，农业生产与环境保护相结合。

农场围绕家畜和种养殖、农产品和深加工、农业生态循环的三大经营模式，打造了生态林木种植基地、鸡鸭养殖基地与鸳鸯养殖基地，以及黑小麦种植基地，形成了 3 条生态循环链。

林下放养生态循环链。通过放养家畜，实行一年养、一年种的生产方式。将家畜放入田地中，其粪便可转化为有机物，增加土壤肥力，待一年后再种植农作物。

发酵床生态养殖链。引入先进的设备技术，将垫料、牲畜粪便混合起来，让其发挥协同发酵作用。发酵床里的有益微生物菌群能将垫料、牲畜粪便合成可供牲畜食用的糖类、蛋白质、有机酸、维生素等营养物质，能增强牲畜的抗病能力、促进牲畜健康生长。使用 3 年后，垫料可形成直接用于果树、农作物的生物有机肥，循环利用，变废为宝。

大豆玉米带状复合种植链。通过加大玉米种植行距、缩小株距，充分利用大豆、玉米的高度差，可实现两种作物的协同共生。同时，大豆根瘤菌具有固氮和增肥的功能，还能为玉米生长提供养分，实现玉米不减产、多收一季豆的效果。

守土：誓为生态农业再奋斗 100 年

经过连续多年奋斗，王春丽收获了外界越来越多的肯定。她生产的农家土鸡蛋、土鸡、鸭、猪等售价远高于市场价，"农场+农户"的模式可带来年总收入 500 万元，实现了农场、农户双增收的目标。

同时，农场还引进了小香猪、孔雀、鸵鸟、野鸡、锦鲤等观赏动物，以及丁香、紫藤等观赏植物；搭建了蔬果大棚，种植小吊瓜、番茄、黄瓜、草莓等经济作物，探索"采摘+垂钓"的观光模式，提高园区的丰富性、多样性及盈利能力。

习近平总书记强调，耕地是我国最为宝贵的资源，保护耕地要像保护文物那样来做，甚至要像保护大熊猫那样来做。新时代新征程上，耕地保护任务没有减轻，而是更加艰巨。加强土壤污染防治，织密耕地保护网，大力推进节约集约用地，减少占用耕地，才能夯实国家粮食安全根基，助推绿色转型发展，让子孙后代从我们手中继承的土地仍是一片充满生机的沃土。

饭从粮来，粮从地出。她始终坚信净土产洁食，优良的土壤环境是保障耕地健康和农产品质量安全的基础和前提，誓为生态农业再奋斗 100 年。

码上链接典型人物

王偌飞：智慧农业富乡亲

推荐语：王偌飞，河南益民控股有限责任公司董事长，河南省颍山红农业开发有限公司董事长，河南省乡村振兴青年先锋，河南省十大科技兴农模范人物，荣获河南省2022年高素质农民创业创新大赛一等奖、河南省五一劳动奖章等。他运用数字化技术，研究制订出大数据精准农业解决方案，打造了一个上千亩的5G智慧辣椒种植应用基地，实现了辣椒种植规模化发展、数字化升级，水、肥、药、人工的成本减少50%，改变了辣椒种植传统模式，实现了辣椒全产业链数字化升级。

万亩辣椒基地

王偌飞的家乡漯河市有种植辣椒的传统，他小时候家里也种过辣椒。几年前，辣椒产业的人工和农资成本都很高，效率低下，以农户小规模经营为主，缺乏龙头企业带动，更没有机械化、规模化、标准化、智能化等科技赋能。

2019年5月，他带领一帮志同道合的同事，从深圳回到漯河，创立了河南省颍山红农业开发有限公司。公司定位为一家数字辣椒产业运营服务商，以麦椒套种为核心，通过应用5G、物联网、大数据、人工智能等先进技术，建成"物联网设备＋大数据分析＋精细化管理"模式的5G数字辣椒种植基地。在运营中，他和团队研发了"三化配套"的降本增效模式，即机械化、标准化和智能化。"三化"的出现变革了临颍辣椒传统生产方式，1年后基地面积发展至1万多亩。

机械化升级方面。他的公司联合中国一拖等公司共同攻关研发了5G无人

驾驶辣椒直播机、喷药植保机、收获机等专用机械,有效解决了传统辣椒播种、喷药施肥、收获等主要依靠人力、适种适收期劳动力紧缺、劳动强度大、成本居高不下等"老大难"问题。通过全程机械化,仅劳动力成本一项,每亩可节约开支 60% 以上。

智能化管理方面。他带领团队结合辣椒生长特性,研发田间智能水肥一体化灌溉、土壤墒情监测、气象环境监测、病虫害预警与防控等系统,构建"天－空－地"一体化的大田物联网数字化平台,对辣椒生长生态中的各关键因子进行数据监测、管理,结合农事经验和科研成果,实现对各环节的智能感知和精准管理,达到辣椒生态的数据化、网络化、智能化管理,打造辣椒最佳生长环境,降本又增收。

标准化种植方面。他和团队制定了小麦－朝天椒间作套作技术规范,在品种、育苗、水肥管理、绿色防控、采收等方面,提供标准化生产指导。实行统一供种、统一施肥、统一病虫害防控、统一技术服务,推进单品规模化种植和标准化生产。

加工与仓储园区

农业无加工,到头一场空。从地里采摘辣椒后,要将其干燥、分拣才能销售。

传统的干燥方式是自然晾晒，分拣主要靠人工，效率较低，产品标准化程度不高，卖不上价。王偌飞的解决方案是，在辣椒产地进行初加工和仓储，"链园"结合（产业链和产业园相结合）。

他和团队遍访全国优质的辣椒生产设备供应商，寻找最先进的辣椒烘干、初加工、分拣设备。功夫不负有心人，他们很快就找到了解决方案。

2022年，他的公司获批投资建设数字辣椒加工仓储园区，引入全国最先进的辣椒加工工艺、智能仓储技术，结合数字辣椒综合管理平台，实现加工仓储的数字化监管，推进辣椒加工仓储的数字化转型。

2022年10月，数字辣椒加工仓储园区建成并投产。经过实践证明，先进的生产工艺能够大大提升辣椒品质、提高生产效率。他的公司正在逐步制定辣椒产品数字化标准，推进辣椒产品标准化发展。

辣椒产地初加工车间的目标是开展订单化生产。通过全智能化生产线，对辣椒烘干环节的温度、时间控制、水分保持实现数字化精准管理，可根据下游客户的采购需求，通过智能控制系统，量身定做产品标准化规范，提升辣椒品质分级价值。

辣椒数字化智能冷库的目标是成为期货交割仓。一方面，通过物联网、智能控制等技术的运用，最大限度减少辣椒耗损、保证品质。另一方面，通过智能冷库数据的共享，可联动银行金融信贷、保险服务、线上线下交易、仓单质押、仓单交易、期货交易等环节，推动干辣椒作为期货产品早日上市。

联农带村利益联结模式

在壮大产业的同时，他的公司作为漯河市农业产业化龙头企业，探索形成了"多方分享"联农带村模式，让椒农分享产业发展红利，实现农民、村集体和企业共享收益。他创设的联农带村运营模式，曾被省委书记点赞。这种运营模式大致如下：

二次分红联农带村。企业保底农户基础收益（土地租金），农户另有收益分红，收益分红部分由农户、村集体和运营企业三方共享，企业50%、农户

30%、村集体20%。

托管服务增效共享。农户通过村集体将土地托管给企业运营管理,农户负责种和收环节,企业负责全生产过程的水、肥、药、电等管理,实现"农户干两头、企业管中间、集体托两家"。通过统一托管运营服务,农户亩均节约成本600元以上,村集体每亩增收50元管理费。

合作经营联农带村。公司将土地划分为300亩一个单位,招募新型经营主体负责种植,通过数字辣椒全产业链综合服务平台,同时为新型经营主体提供农资、农技、农机、农艺、金融、保险等社会化服务,收益部分按新型经营主体50%、企业20%、农户20%、村集体10%的比例四方进行二次分配。

立志成为农业领域的华为

在王偌飞看来,社会上对农民有种刻板印象,总是将其和苦、脏、累联系到一起,认为从事农业不高级,收入也不高,很多年轻人不愿再从事农业。但随着智慧农业的普及,农业生产中要用到不少高精尖设备,往往需要一定的技术,这已经不是传统农民概念所能涵盖了。对于培育"新农人",他很上心:"智慧农业需要新一代农民,'新农人'对农业有热爱、有技术、有理念,这跟产业

工人已经没什么两样。"

他在很多地方考察后发现，建基地的人通常不种地，种地的人不会用设备，结果建好的智慧平台难以大显身手。

2022年起，他和团队创立合作经营联农带村运营模式，解决了新型经营主体的资金问题和种植技术问题，使其可零成本带薪创业。通过运营实践，一个示范单位（300亩）每年有80万元以上综合收益，吸引了大量年轻人返乡当"新农人"。目前，已有50余名返乡青年加入，一心在广阔农村大展拳脚。

王偌飞说："我有一个梦想，那就是让数字辣椒红遍中国。"

他经常对团队讲，华为对手机智能化影响非常大，他们公司要立志做农业领域的华为。

码上链接典型人物

张亚博、张亚钊："麻花兄弟"的麻花梦

推荐语： 张亚博、张亚钊是一对双胞胎兄弟。2015年大学毕业后，兄弟二人回到家乡开始学习贡麻花制作技艺。兄弟二人通过直播带货、开发多口味麻花等方式，为乡村振兴开辟了新路子，注入了新动能。2022年1月，订单量暴增，达到27万单。他们的麻花事业带动全村300余人实现就业，使村集体总产值突破了3 000万元。多年来，中央电视台、河南电视台以及新华社及《人民日报》《河南日报》等媒体均报道了他们的先进事迹。

麻花里生出麻花梦

民权县王桥镇麻花庄村的特产——贡麻花闻名遐迩，迄今已有200多年的制作历史。据县志记载，清乾隆南巡至黄河渡口，阵风飘香，见路舍一翁烹麻花，芳香四溢，欲食之。随士奉与皇上品尝，香酥味美，赞入御膳。地方吏闻之，作贡品进献，受赏，钦封"麻花庄"。

贡麻花有4个特点：吃着香酥脆，点燃亮似灯，久存不变坏，遇水软而松。2019年，贡麻花被河南省商务厅评为河南老字号。2021年，贡麻花被评为河南省非物质文化遗产、河南省"一村一品"项目。

从有记忆以来，张亚博、张亚钊兄弟二人的生活中全是贡麻花的影子：吃的最多的零食是贡麻花，看的最多的场景是生产贡麻花，做的最多的就是在贡麻花厂里帮忙。甚至在上大学时，兄弟二人选择的都是和食品有关的专业。

他们深知传统贡麻花生产制作的不易,明白传统技艺更是丢不得,便决定把这个手艺传承下去,发扬光大。

"把贡麻花做大做强!"2014年大学毕业后,兄弟二人信心满满地回到家乡,进入父亲张瑞伟的麻花加工厂。

从家庭作坊到标准化工厂

入厂之后兄弟二人才发现,加工厂里一没标准生产车间、二没专业检测设备、三没固定销路。怎么保证生产质量?怎么做大做强?他们心里没了底。

经历短暂的彷徨之后,二人重振信心,开始跟随父亲学习制作贡麻花,成为河南省非物质文化遗产——商丘麻花制作技艺的第十代传承人。(贡麻花属于商丘麻花的一种)

掌握贡麻花制作技艺后,兄弟二人仍不满足,开始学习优秀食品加工企业的先进经验。他们结合自家工厂的实际情况,制订发展计划:制定食品企业生产车间卫生及个人行为规范,明确贡麻花生产卫生标准;配备了专业的质量检测设备,保证了产品质量;借钱新建了1座建筑面积约300平方米的标准化生产车间,在沿袭传统味道、口感的基础上,减少工人工作量,提高生产效率;开设网店,购买1辆家庭用越野车、2辆送货用的厢货汽车,不断开拓销路。

从群雄逐鹿到"江湖"一统

在麻花庄村,制作贡麻花是家家户户都会的传统手艺,村里有6家麻花厂、8家小作坊及诸多散户。按说产品这么有名,麻花庄应该是个富裕村,但实际上却是相当贫困。

究其原因,数十年来,村里各方经营户一直在无序竞争,各自为战,相互拆台,缺乏配合运作、共同出击的意识。

兄弟二人做了很多尝试,和各方经营户多次沟通,仍然没啥效果。因为虽然大家都想抱团发展,但是却谁也不服谁,没有合适的领头人。

转机出现在2017年底。来自河南省司法厅的杨永峰担任五里河村(麻花庄村前身）驻村"第一书记"后，进行了无数次的走访调研，找出了一条强党建与强产业相结合的发展路子。

2018年，村"两委"换届，班子成员从之前的3人充实到9人，平均年龄由67岁降到了35岁，多数是有闯劲、头脑活、学历高的年轻人。其中，哥哥张亚博当选为麻花庄村党支部组织委员。换届之后，基层党组织立马焕发出了生机与活力。

2019年3月，五里河村正式改名为麻花庄村；6月，麻花庄成立村集体企业——民权县麻花庄村食品有限公司，原有的6家麻花厂都成了该公司的分厂，统一品牌、统一价格。弟弟张亚钊成了村集体企业的副总经理，忙碌于麻花生产和网络销售："大家抱成一团，像一个雁群一样集体行动，奔着一个目标前进，肯定能把贡麻花产业发展好！"

从地方小吃到线上潮牌

2020年春节，兄弟二人早早就备下了大量贡麻花，准备当年货卖。谁料新冠肺炎疫情来了，原本炙手可热的年货精品贡麻花一下子无人问津。

兄弟二人很无奈，一边做好本村防控抗疫工作，一边寄希望于疫情早日结束。转眼间大半个月过去了，疫情防控形势依然严峻，仓库里的麻花仍然没动静，二人彻底急了。

"哥，你看抖音上都在卖东西，咱也试试吧。"张亚钊的想法让哥哥亚博眼前一亮。人不能出门，但是快递没有停，何不试试直播？

做好准备后，兄弟二人战战兢兢地开始了第一次直播。虽然整场直播下来，3小时仅赚了200多块钱，但兄弟二人已经很满意了，也更有信心了。经过近半年的直播带货，他们的销售额大幅攀升。

张亚博笑得合不拢嘴："虽然粉丝量还不是很多，但是已经很不错了。现在每天的出货量接近100单，收益可达3 000元。如果做活动的话，一天能够达到1 000单左右。"

为了扩大贡麻花的知名度，兄弟二人千方百计找渠道。2022年"两会"期间，他们和驻村"第一书记"杨永峰一起,参与了"我是第一带货人"扶贫助农电商直播活动。此外,他们通过微信朋友圈宣传,参加全国各地的展销会进行推广,在淘宝、京东、拼多多等平台开设网店拓展销路……

目前,通过网店销售、直播带货两个渠道,每月的销售额可达到 120 万元。

2023 年 2 月,张亚博参加了河南省 2022 年乡村治理及社会事业发展带头人示范培训班,他说:"现在,我们正在打造古香古色的麻花文化街,建设农业观光体验区,准备扩建贡麻花民俗文化馆,这一系列规划将逐步带动村民致富,助力宜居、宜业、宜游美丽乡村建设。"

2020 年 7 月,兄弟二人的事迹被新华社等媒体广泛报道,他们成了当地有名的"麻花兄弟"。

码上链接典型人物

李永真：小蛋鸡，大产业

推荐语：李永真，温县永合祥养殖专业合作联社理事长，温县永真生态农牧有限公司董事长，河南省第十三届人大代表，焦作市十佳"巧媳妇"工程带头人。她利用专业优势自主创业，带动周边90户农户抱团发展蛋鸡养殖业共同致富，实现了年存栏蛋鸡60万只，年带动养殖户直接收入1 000余万元。她创办的养殖基地先后获得"焦作市生态畜牧业示范场"和"河南省生态畜牧业示范场"等称号。

扎根蛋鸡养殖

李永真毕业于河南农业大学畜牧兽医专业。1996年10月，她创办了温县永真畜禽病院，从事动物疾病防治、健康养殖技术培训、标准化养殖指导、优良品种和新兽药宣传推广工作。

她每天骑着自行车走乡串户，对养殖户进行上门服务。由于技术精湛、药真价优、诚实守信，半年后，她的业务发展到了周边县市。

2009年，她扩大生物制品经营业务，开设温县永真畜牧服务中心，承担全县畜禽的卫生防疫、疾病防治及动物保健工作，被省畜牧局评为"兽药规范经营示范单位"，被焦作市妇联评为"焦作市巾帼科技示范基地"。

在蛋鸡养殖过程中，育雏是一个难点。2011年，李永真在巩义市坞罗山区投资500万元，兴建巩义市永真生态育雏、育成场，解决养殖户的育雏难、防疫难等问题。当时，那个地方是一片荒山，石头林立，杂草、灌木丛生，二三十年都没人上去过了。路需要自己开，水需要自己引，电路需要自己架，连一块可直接用的平地都没有，李永真带领大家奋斗了半年，终于建好了。由于育雏专业、科学，鸡的体重、胫长、均匀度都非常好，生产性能又高，深受省内外养殖朋友的青睐。

2013年，温县的蛋鸡养殖总存栏约有120万只，养殖户有270余户。在购买饲料和兽药、销售鸡蛋等主要业务方面，养殖户们均是单打独斗，进货成本高，所产的鸡蛋因无品牌而竞争力弱，效益很不理想。于是，李永真创办了温县永合祥养殖专业合作联社，将9家蛋鸡分社联合起来共同发展，搞"五统一"和"一承诺"。"五统一"，即"统一引进雏鸡、青年鸡，统一购进饲料、原料，统一购进兽药、疫苗，统一技术培训和信息共享，统一产品销售"。"一承诺"，即只要是社员按"五统一"生产的鸡蛋，合作社全部按协议价收购，绝不让社员吃亏，保证社员收入。随后，合作联社还注册了"永合祥"鸡蛋商标。

目前，合作联社有社员90户，带动社员养殖户251户，拥有1家畜牧服务中心、4家养殖企业、4家合作社，年产鲜蛋1万余吨，年生产销售有机肥6 000余吨，先后荣获"国家级示范联合社""河南省示范联合社""焦作市示范联合社""焦作市优秀联合社"等荣誉。

生态发展

温县的养殖业发展了近30年，从业者均是农民，养殖设施、设备均没有大的突破，在粪污处理方面也没有新的发展。与此同时，农村的生态环境问题也越来越严重。

如何才能开发出一条农牧业生态循环发展的道路呢？

2015年1月，李永真在温县岳村乡滩地注册并创建了温县永真生态农牧有限公司。一期工程总投资1 500万元，发展种养结合、生态循环的农牧业，围绕低碳、环保、健康等发展主线，致力于打造友好型的现代农业循环经济模式。

项目建成后，蛋鸡存栏12万只；鸡舍3栋，每栋装鸡4万只，采用立体自动化行车喂养设备，包括自动供料、供水、清粪、环控、消毒、集蛋、分拣、

喷码、装箱等一体化设备。

项目的亮点是,鸡粪由密闭式传送带从鸡舍传出,直接输入到有机肥生产车间的生物有机肥发酵罐中,不与地面接触;经过高温灭菌杀毒后,加入耐高温生物酶素、农业有机废弃物、微量元素等,制成适合植物生长的生物有机肥和配方肥。这种肥料利于改良土壤,培肥地力,提高产量和果实品质。

公司年产鲜蛋2 400吨,有富硒鸡蛋、铁棍山药生态功能蛋等。所用日粮均是精选过的五谷杂粮,辅以相关微量元素和怀山药干皮,饲养全程不用任何抗生素、色素、激素。所产富硒鸡蛋可抗癌解毒,并且健康安全,口感极佳,老少皆宜;铁棍山药生态功能蛋外观漂亮,具有补中益气、健脾补肾、增脑益智、养颜益寿之功效。

前景广阔

蛋鸡行业发展很快,存栏不断增加,青年鸡供不应求,需求量大。脱贫攻坚期间,李永真投资1 500万元,增建一个年出栏100万只的蛋鸡育雏、育成项目,使温县黄庄、番田、招贤、武德4个乡镇1 101户贫困户2 000余贫困人口受益。

下一步,李永真打算结合乡村振兴项目,在番田镇南镇村原育雏项目南侧再投资2 000万元，建设存栏蛋鸡18万只、占地20亩的蛋鸡场，以丰富蛋源、保障焦作区域鲜蛋安全供应。该蛋鸡场预计2024年左右完成建设并投产。

李永真打算在万熙农贸城建成后，再成立一个焦作蛋品贸易中心，通过线上、线下销售，逐步做到买卖全国。待蛋源稳定后，再择机运作蛋品深加工，做长做强鸡蛋产业。

码上链接典型人物

李芳：博士返乡，数字农业

推荐语： 李芳，河南鑫合实业发展有限公司、温县欣盛实业有限公司董事长，全国农村创业创新优秀带头人，全国三八红旗手，全国妇女代表大会代表，河南省政协常委，河南省妇女儿童发展基金会理事长，河南省慈善联合总会副会长。十几年间，她将企业做成集四大怀药种植、生产加工、批发零售、仓储物流、电子商务等于一体的河南省农业产业化重点龙头企业，为当地创造了就业岗位5 000余个，其中女性就业岗位超过90%。

李芳毕业于同济大学城市规划专业，后来在郑州大学历史学院攻读了全日制博士。2007年3月，她毅然放弃省会城市稳定舒适的高薪工作，满怀对家乡浓厚的感情，返乡创办了河南鑫合实业发展有限公司。

2013年，李芳正式进入农业领域。温县是"四大怀药"的重要产地，李芳立志将"四大怀药"产业打造成全国农业产业化的闪亮名片。

她运用"互联网+农业"等新技术手段，聚焦河南省特色农产品"四大怀药"，积极探索怀药，特别是铁棍山药全产业链融合发展模式。为了打造纯正的怀山药品质，李芳在当时的贫困村武德镇亢村，流转了整村的3 000多亩土地。经过多年的培育，亢村鑫合农庄成为河南省"四大怀药"标准化种植基地。

在焦作、温县两级政府的大力支持下，公司总投入4 000万元实施了鑫合10万亩智慧怀药（现代农业、特色农业）物联网追溯体系建设项目，建设总面积5 000多平方米的智慧农业数控中心及温县亢村分中心，利用物联网综合信息技术对怀药种植基地耕作及销售进行全程追溯。

这是建设智慧农业的一个重大举措,也是建设农业物联网追溯体系的一个积极探索,项目被河南省工业和信息化委员会认定为河南省农业物联网应用示范基地。

智慧农业物联网中心采用遥感技术、无线传感技术,可对基地耕作的全程进行精准采集,对农作物的长势、品质、产量、虫害草害和施肥状况等进行监测,对种植区域小气候环境中的空气温度、湿度、光照、风速、风向、降水量、大气压力、土壤温度、土壤水分等参数进行实时监测,使农场基地管理者、远程专家等可实时查看、掌握基地实时的气候参数,为农田种植提供精确、及时的调控建议,进而实现智能农业、精准作业。

农产品安全问题关系每个消费者的身体健康,鑫合实业为特色农产品建立"电子身份证",对同一品种、批次农产品按照规定的编码规则赋予唯一的识别追溯码。购买者通过扫描产品包装袋上的二维码,即可实现快速查询,可以了解农产品从种植、初加工、物流、仓储到销售等全过程的信息。此举使产品的来源透明化,实现"源头可溯、去向可追、风险可控、公众参与",让消费者吃得放心,保障消费者的饮食安全。

在项目区 9 000 亩小麦 – 玉米轮作系统及 500 亩铁棍山药、500 亩怀菊花

的基础上，公司进一步改造提升数字农业控制中心、道路、机井等基础设施建设，全面、系统建设"天-空-地"一体的物联网测控建设工程、农业生产管理建设工程、精细管理及公共服务系统建设工程。一系列举措的实施，使水资源利用率提高30%以上，肥料利用率提高20%以上，农药使用量减少20%以上，劳动力用工减少30%以上，小麦亩产从550千克提升到600千克，玉米亩产从600千克提升到650千克，新增粮食生产能力90万千克。

通过数字农业项目的建设，公司整体提升了项目区及周边区域农业生产、经营、管理的信息化水平，有效推动了农业供给侧结构性改革，有利于产业向中高端迈进。同时，也可有效促进节约用水、减少化肥和农药用量、降低环境污染，进而提高产品品质，保障农产品安全。

多年来，公司获得了一系列荣誉，先后被评为"河南省农业产业化省重点龙头企业""河南省农业产业化集群企业""河南省级农业产业化联合体""河南省'星创天地'""河南省第一批产教融合型企业"等。

李芳积极响应国家政策，成立了农民田间学校，承办了2018～2022年温县农民教育培训工作，培训人数超过10 000人，得到了社会各界的高度认可，也获得了培训学员的一致好评。2018年，农民田间学校被认定为河南省实施新型职业农民培训工程综合示范基地。2019年，又被认定为全国示范农民田间学校。

在妇女儿童的事业上，李芳主动担当作为，出资2 000万元建立凤凰基金，为女性创业提供2年无息担保贷款，总计1亿元。创造上万就业岗位，率先为河南省妇女儿童基金会捐赠100万元，带领省妇女儿童基金会全体同仁为郑州灾后重建募集物资近3亿元。同时还承接了中国妇女发展基金会母亲创业循环金项目。

码上链接典型人物

吕庆丰：麦田育金种

推荐语：吕庆丰，高级农艺师，河南省劳动模范，河南平安种业有限公司总经理，河南省科技进步一等奖、三等奖获得者，河南省优秀农民田间学校校长。他先后培育出 20 多个小麦、玉米新品种，通过国家或河南省审定。其中的"平安"系列小麦品种连续 20 多年在黄淮冬麦区成为主要品种，累计推广种植面积 2.9 亿亩。他的公司先后取得"国家高新技术企业""农业产业化省重点龙头企业"等荣誉，迈入"中国种业信用骨干企业"行列。

专注粮食"芯片"研发，用心培育新型农民

1996 年，吕庆丰开始从事农业行业。

在培育良种方面，他积极做好小麦、玉米育种攻关：先后有 13 个小麦新品种、9 个玉米新品种通过国家或省级审定。

围绕自育品种，他积极组织小麦、玉米高产攻关示范研究，总结出以"适期精量播种、15 厘米 ×25 厘米宽窄行种植、氮肥后移、先期植保"为核心的小麦超高产栽培技术体系，以"小麦玉米两晚技术""优化配方施肥技术"为核心的小麦、玉米一体化高产栽培技术，为农业增产提供了科学依据。

在做好土地流转大户的结对帮扶方面，他为了彻底解决农户扩大种植规模后增产增收的难题，带领公司管理服务团队，广泛走访农户，对有能力、有意愿、肯上进的农户量身定做"一站式"土地托管创业模式。

此模式是由河南平安种业有限公司流转土地，委托农户经营。农户只需提供劳务，其余投资全部由公司垫资。公司全程免费提供技术指导，彻底解决农户没有资金、没有技术、没有风险承担能力等难题。此模式实施后，合作社、家庭农场、种粮大户大面积种植粮食作物的增产效果明显增加。

喜合村农民姚延峰（原为贫困户）原先在外务工，因父母亲生病，他不能再离家。因经济困难，他只种了十几亩地，收入一直较低，勉强维持生活。2018年，公司流转喜合村五组耕地近120亩，委托给其经营。在公司的帮助下，近120亩小麦喜获丰收，不计人工成本，一季小麦实现利润6.3万元。在接下来的玉米种植季节，公司为其免费提供了玉米种子和肥料。

对于种地大户普遍存在的玉米收获后无法晾晒的困境，公司为其提供玉米烘干服务，不需其投入任何晾晒设施和设备。

痴情育种促丰收，立志为民谋福祉

在做好基层农技服务方面，吕庆丰认真践行"藏粮于地、藏粮于技"的国家战略，勇担粮食安全责任。

对于新型经营主体与高素质农民培训，他每年集中培训小麦种子繁育基地负责人、分批培训技术骨干，收到了良好的效果。对于农业新品种、新技术推广，他创建了"公司+基地+农户+高产示范"的新模式，和农民签订小麦种子产供销合同，利用现场会、培训班、发放技术资料等多种形式，大力开展种子生产技术普及。现在，公司的小麦种子基地已发展到近6万亩，成为名副其实的科技示范基地，为当地农业增加收入1 800余万元。

他以科技创新为引领，带领农民致富，积极推进小麦种子育、繁、推一体化，先后培育出3个家庭农场、2个合作社、十几个种地大户为公司繁育小麦种子，创造出"12245"小麦种子的生产模式，走出了一条"公司+基地（村、家庭农场、合作社、种地大户）+农户"的小麦种子产业化发展新路子。

"12245"中，"1"是依托河南平安种业有限公司这一主体。

第一个"2"是两种带动模式：公司+基地（村）+农户（贫困户），公司+

新型经营主体（家庭农场、合作社、种地大户）+ 农户（贫困户）。

第二个"2"是两种利益联结：订单联结，合同联结。订单联结是与农户签订繁育订单，明确双方的责任和利益。合同联结是通过家庭农场、合作社、种地大户等的负责人与基地村签订繁育回收合同。

"4"是4种产业兴旺成效：一是成本价供种，通过为农户或种地大户以成本价提供繁育种子，降低种子成本；二是订单生产，利用现场会、培训班、发放技术资料等多种形式，大力开展种子生产技术普及，免费提供田间管理技术、病虫害防治技术，免费田间去杂去劣，以成本价供应种植期间所需的肥料；三是加价收购，根据当时市场的商品粮价格，加价10%左右收购，使农户"粮变种"亩均节本增收140余元；四是基地务工带动，优先流转基地农户土地，优先安排基地农户季节性用工。

"5"是实行"五个统一"管理：统一规划，统一播种，统一管理，统一收获，统一加工。

通过"12245"小麦种子的生产模式，共带动周边1.8万户农民增产增收。

"平安"系列小麦品种连续20多年在黄淮冬麦区成为主要品种，累计推广种植面积2.9亿亩。

公司先后取得了"国家高新技术企业""农业产业化省重点龙头企业""河南省党外知识分子创新实践基地""河南省科普教育基地"和"河南省农民田间学校"等荣誉，迈入"中国种业信用骨干企业"行列。

公司建立了国家级"星创天地"创新创业服务平台、河南平安种业院士工作站、中原学者工作站、省级工程技术研究中心、省级企业技术中心及河南农业大学（温县）小麦产业研究院等。

吕庆丰利用自有品种，建设782亩小麦专业育种科技园，建成自繁和联繁小麦种子基地20余万亩，形成了研制一代、储备一代、试验一代、示范一代、推广一代的良性循环。他在黄淮流域8个省建立了新品种开发应用网络，为温县小麦种子产业的壮大、温县"种业之都"的发展和温麦品牌的推广奠定了坚实的基础。

吕庆丰说："培育出更好、更优质的种子，惠及更多的农民，是我的最大梦想，也是我不停追逐的事业。"

码上链接典型人物

朱乐军：卸甲归田，筑梦乡村

推荐语：朱乐军，1992年入伍，1995年退役。河南裕田农业科技有限公司总经理、温县裕田种植专业合作社经理、裕田农业农民田间学校校长、高素质农民学员代表。他的公司、合作社先后被授予"全国统防统治星级服务组织""国家农民合作社示范社""河南省农业生产社会化服务示范组织""河南省农业产业化重点龙头企业"等称号。他个人当选河南省第十一届党代表，获得河南省劳动模范、焦作市劳动模范、焦作市第三届十佳"优秀退役军人"、焦作市劳模助力脱贫攻坚"领军人物"等荣誉称号。

抓住机遇勇创业

朱乐军1992年入伍，1995年退役。3年的军旅生涯铸就了他正直坚毅的性格、务实创新的作风、严谨细致的态度和敢拼敢闯的劲头。

1995年退役返乡后，他没有等、靠、要，而是积极投身自主创业的大潮。由于家乡温县自古以来就是产粮大县，有较好的农业资源，一番深虑后，朱乐军把创业目标定格在发展农业农资、带动乡亲共同富裕上。

创业初期，为了学习先进地区产业发展的经验，他北上河北、天津和东北三省，南下武汉、南京、苏州、上海、杭州等地考察学习；为调供抗虫棉种，他曾一天内往返新乡3趟；为引进花生新品种，他曾在河南省农科院，一蹲就是几天；为提高专业知识水平，他先后2次前往清华大学进修。

2008年，他成立温县裕田种植专业合作社；2013年成立河南裕田农业科技有限公司，专门从事小麦种子繁育、加工、销售和玉米种子加工、分装等工作。20多年来，他从农资经营门店干起，由小到大，由弱到强，将育种事业持续发展壮大，拥有员工30余人，成为当地颇具影响力的农业科技企业。

河南裕田农业科技有限公司现在是一家集公司、合作社、农业社会化服务中心、农民培训为一体的综合性经营服务组织，集育繁推为一体的种业企业。拥有经营面积42亩，科创中心18亩，焦作市现代农业科技示范园515亩，基地面积3万亩。年生产并销售优质小麦种子3 000万斤、花生种子20万斤，加工玉米种子1 000万斤，拥有河南省内育种名家申彦昌挂帅的科研育种团队，拥有小麦新品种5个。公司自主审定小麦新品种"温裕3号"和"温裕709"两个，安徽、陕西引种试验示范已同步完成。

近年来，他的公司、合作社先后被授予"全国统防统治星级服务组织""国家农民合作社示范社""河南省农民合作社示范社""河南省农业生产社会化服务示范组织""焦作市十佳农民合作社"和"河南省农业产业化重点龙头企业"等称号。

创新模式齐致富

为了把产业做大做强，带领更多乡亲增收致富，朱乐军和同事们潜心搭建"公司+合作社+基地+农户"融合产业链，带动周边乡镇5 000多名农户2万多亩土地年亩增收200元以上。

他创建了焦作市现代农业科技示范基地，建成了裕田农业科技示范园。裕田农业科技示范园为全国基层农业技术推广体系农业科技示范基地、温县总工会农民工培训基地，牵头引进和创新了一系列新技术、新模式。

他建立了裕田农业科创中心，建立专业的科研育种团队，有3个小麦新品种通过审定。

他创立了裕田农业职工技术创新工作室，聘请农业、农机系统的10位专家为创新工作室技术顾问。

他建立了专业的裕田农业社会化服务中心,联结农资供应商,规范种业大户等服务资源,建立融资平台,让种植大户零负担、零风险经营。

他成立了裕田农业农民田间学校,进行农业知识培训、农民工技能培训,解决了种植大户、基地农户的农业知识需求,及时解决基地农户、农民工产业发展中的技术难题。裕田农业农民田间学校有较高的教学质量和管理水平,每年培训基地农户和各地乡级经销商400余人次,都取得了较满意的效果。

奉献本色永不改

"家乡养育了我,给了我创业的机会,我更应尽力回馈这片土地。"在朱乐军看来,只有真心回报社会,企业才能赢得社会的信赖和支持。

作为农民的儿子,朱乐军更是深知面朝黄土背朝天的艰辛。在脱贫攻坚期间,他数年如一日带领自己的合作社和公司,积极参与产业扶贫,带动企业周边困难群众种植增收,先后帮助2个贫困村51户困难户实现种植增收。

他推行的"六统一分"小麦种子繁育基地管理模式、农户土地"半托管"模式、合作社农户"销前约定"分红模式、困难农户半劳力"就业优先、时间灵活"

精准扶贫模式，被省、市各级相关部门高度肯定、推广宣传。

矢志不渝守初心，甘为沃野耕耘者。朱乐军表示，自己是一名党员，又是一名退役军人，农村天地广阔，能在自己家乡发展农业、带领乡亲们增收致富是一种莫大的荣光，只要家乡需要，随时会选择挺身而出。

码上链接典型人物

孙继周：红薯致富经

推荐语：孙继周，河南省盛田农业有限公司董事长，河南省非遗物质文化遗产——禹州市粉条制作技艺第四代传承人。他通过技术革新、市场化运营，让小小的粉条从小作坊走向现代化大厂房，打造出了一家集红薯种植、"三粉"加工、生态园区建设和观光旅游于一体的省级农业产业化龙头企业，带动了农业特色产业发展、促进了周边农民增收，成功实现从跟跑、并跑到领跑的转变。多年来，他取得了14项实用新型发明专利，研制开发出了不添加明矾的红薯鲜粉条、紫薯鲜粉条、蔬菜鲜粉条、药食两用鲜粉条等4大类14个品种56个类别产品，产品出口美国、英国、韩国等多个国家，改写了禹州粉条"零出口"的历史。

退伍不褪色，要做就做最好

1983年，17岁的孙继周终于穿上梦寐以求的军装，成为一名海军战士。

2015年，孙继周开始创业历程。刚开始，面对资金、市场的困境，孙继周没有怨天尤人，而是抱着军人的信念——要做，就做最好。

在创办盛田农业之初，孙继周就立下誓言，要始终坚守禹州粉条的优良品质，朝着做强做大禹粉产业的目标发展。

为进一步推动企业发展，2018年，孙继周在企业总部港建设了国内首家粉条产业观光工场。

观光工场由景区板块、创新板块构成。

景区板块由"一馆一所一园"组成。"一馆"是中国禹粉文化博物馆,"一所"是河南省非物质文化遗产——禹州粉条制作技艺省级传习所,"一园"是占地 2 680 亩、种植了 40 余种有机红薯的"红薯公园"。

创新板块由"一校两中心"组成。"一校"指的是河南省农广校盛田农业农民田间学校;"两中心"是禹州市农民科学素质教育中心、许昌市盛田薯类鲜粉技术创新中心,这是中国首家鲜粉技术创新中心。

科技加身好产品,一根粉条打天下

根据社会经济发展需求和红薯产品发展趋势,孙继周引进中国智造红薯鲜粉全自动生产线和博士技术团队,组建盛田农业鲜粉技术创新中心,研发红薯鲜粉条,实现红薯粉条传统手工技艺向现代化生产线迈进。目前,有 14 项生产红薯鲜粉的技术专利处于国内先进水平,56 种新产品投入到研发生产中,达到了技术创新激活力、产品支撑拓市场的目的。

把传统的干粉条做成鲜粉条,是粉条行业的一次革命性创新。

2021 年,盛田农业被评定为高新技术企业。企业新技术、新产品研发存储领先省内外,开发生产的"粉一根"酸辣粉及"阿紫公主""阿玉公主"鲜粉条已成为网红产品,与海底捞、锅圈食汇、重庆小天鹅、胖东来等餐饮企业、大型超市签订的合同产品更是供不应求,部分新产品远销欧美,实现外贸零的突破,企业品牌知名度日益提升,市场覆盖面日益增大。为了进一步扩大海外市场,孙继周向许昌海关申报办理相关出口登记手续,成为中华人民共和国进出口备案企业。2023 年 3 月,盛田农业生产的五彩红薯鲜粉条出口柬埔寨,受到外国友人的欢迎。

产业链延伸

随着乡村振兴发展战略的深入推进,孙继周把多产业融合纳入企业发展战略目标,建设了以红薯精深加工和产业观光旅游模式相结合的百年粉坊产业观光工场,吸引了众多游客前来观光体验。其被评定为国家 AAA 级旅游景区。

景区内中国禹粉文化博物馆，是一座全面展示禹州粉条文化历史及实物的主题博物馆，馆藏文物 510 件。

禹州粉条制作技艺传习所设置了十八道工艺演示区，依次展示了禹州粉条传统加工的十八道工序，成为禹州粉条制作技艺传承人展示成果的固定场所。

孙继周建立了中小学研学基地，依据中小学课程大纲和各学校的实际进行课程设置，推出研学实践课程《一颗红薯到一根粉条的七十二变》，让学生在研学中体验中华文明，学习和传承大国工匠精神。

农民科学素质教育中心可容纳 200 人同时培训学习。观光观摩和学习的人次日趋增多，初步显现了文旅融合拉动企业发展的活力。

码上链接典型人物

张厚山：蔬菜种植，助力乡村振兴

推荐语： 张厚山，信阳市明港大丰收农业专业合作社负责人。他先后参加了高素质农民创业创新大赛、"豫创天下"创业创新大赛、中国国际大学生创新创业大赛、中国农业大学"头雁"产业策划大赛等多项赛事，均取得了优异成绩。他的合作社日产外贸蔬菜 18 000 千克，供应广州、深圳和港澳地区；日产常规蔬菜 3 000 千克，供应本地农批市场和商超。合作社先后被评定为全国合作社 500 强、国家级合作社示范社、全国农业技术推广示范基地、河南省科技型中小企业、河南省知名农产品品牌、信阳市农民工返乡创业示范项目、市级扶贫龙头企业等。

难离故土，返乡当"头雁"

1996 年底，在绿色军营里摸爬滚打了 3 年的张厚山退伍了。他并没有立即返回家乡，而是凭借在部队历练出来的一股韧劲和闯劲，在杭州娃哈哈集团谋到了一份销售工作。5 年后，他又先后转行到电信行业和房地产行业。无论从事什么行业，他都干得风生水起，职位和薪资也随之步步高升。

2014 年春节，西装革履的张厚山回到家乡。在走亲访友时，他得知乡邻们的日子虽比以前有很大改观，但没有真正富裕起来。原因就是没有带头人引路，大家不知道干什么，有几家种了蔬菜，也销售不顺畅，时常烂在地里。

那些日子，张厚山夜里都是辗转反侧，难以入眠。他在思考，自己的家乡就在淮河边上，土地平整、土壤肥沃，非常适合种植蔬菜，只要有人出马将这些菜农们组织起来，进行规模种植，统一种子、统一标准、统一销售，一定能规避分散种植带来的风险，也一定会产生规模效益。于是，喝着淮河水长大的张厚山心里不由得升腾出一种责任感，他当即决定回乡创业。

春节过后，他毫不犹豫地辞去高薪职务，带着在外闯荡多年积攒的资金和市场营销经验，带着对家乡父老的这份责任和担当返回家乡，他要带领家乡的父老乡亲闯出一条农业致富路。

2015年4月开始，在带领团队经过多次外出考察学习后，张厚山成立了信阳市明港大丰收农业专业合作社，从事供港蔬菜、常规蔬菜及大宗粮食作物种植。就此，张厚山这个"头雁"带着附近几个村的"群雁"振翅欲飞了。

带领乡亲，撸起袖子加油干

合作社成立了，生产和销售班底创建起来了，但张厚山知道，要想把合作社运营好绝非易事，只有大家努力拼搏，才能闯出一条致富路。合作社先后流转土地3 150亩，建设了供港蔬菜基地1 200亩、常规蔬菜基地300亩，以及高标准水稻、小麦种植区。随着项目的顺利落地，他又投资建起了350吨的农产品保鲜库、蔬菜分拣中心、粮食晾晒场，为1 500亩蔬菜基地配备了水肥一体化节能灌溉系统。

无论是外出考察学习还是流转土地，无论是基础设施建设还是后来的土地整理，张厚山都亲力亲为。他知道，身为合作社的管理者，要想把合作社建设好、管理好，不深入田间地头发现并及时解决农业生产中遇到的各种问题是不行的。因此，他脱掉西装换上工作服，和社员们一起抓生产，一起吸取教训总结经验。正是在朝夕相处的劳作中，一茬又一茬鲜活农产品从田间走上餐桌，一沓又一沓钞票赚了回来，鼓了乡邻的钱袋子。

踏踏实实，建设现代农业

从张厚山决定返乡干农业那天起，他就暗下决心：不干则已，要干就要干出名堂。因此，合作社成立以来，他一直坚持高标准规划、高标准建设、高标准生产。为了生产出优质蔬菜，张厚山不惜重金从广东、贵州和云南等地请来专业技术人员，制定科学合理的蔬菜栽培技术规程和质量控制措施，手把手对生产人员进行技术培训，保证生产人员都能熟练掌握优质蔬菜种植技术。

在生产过程中，他应用先进、实用的技术，控制病虫草害的发生，做到对症下药，适期用药，推广生物防治、物理防治等技术，提高社员技术水平；做好田间管理，严格土壤消毒，合理轮作，科学施肥，以生物有机肥为主，配合叶面追肥，做到化肥减量增效；完善水肥一体化节能灌溉设施，做好农业技术的引进、示范、推广工作；农产品采收时，按标准进行采收，及时挑选分级，淘汰残次品，绝不以次充好；经抽样检测后，符合标准的蔬菜全部送进冷库保鲜，用泡沫箱包装，内置冰瓶降温，全程冷链运输，以满足群众对优质鲜活农产品的需求。

高标准的发展理念带动了合作社的良性发展。合作社自成立以来，立足于当地丰富的土地资源及传统的蔬菜、粮食及油料作物种植优势，利用现代农业科技，通过良种引进、繁育、栽培与管理，已发展成为以蔬菜种植为主、粮食及油料作物种植为辅的综合型农业企业。目前，合作社已完成各种植区规划建设和基础设施建设。合作社购买了各型农业生产机械60余台（套），在满足日常生产的同时，也为周边群众提供农业生产社会化服务，在配方施肥、农机服务、农资采购、仓储冷藏、统防统治、农技培训等方面做出了积极努力，受到农户的一致好评。

合作社已建设完成了办公区、生活区、储藏库、冷冻库、蔬菜分拣中心、粮食晾晒场、田间生产道路、排灌沟渠以及冬暖棚、阳光棚等基础设施，建筑总面积1.3万余平方米。铺设了80万平方米的灌溉管网，安装了高压远程节水灌溉系统和350千伏变压器1台。水电设施齐备，运行正常。此外，园区通信发达，生产管理人员配备手持对讲器材，网络连接顺畅，实现了移动通信全覆盖。完善的基础设施为高水平建设优质农产品生产基地打下了坚实的基础，昔日普通的粮食种植地块变成了规模化、集约化、现代化的农作物生产基地。

合作社将生产的农产品冠以"明港大丰收"商标，销往信阳市区、郑州市等省内市场，以及香港、深圳、广州、福州、杭州、武汉等省外市场，并与信阳大型连锁商超、郑州万邦、深圳海吉星、广州江南等众多农产品批发市场签订购销合同，建立了长期合作关系。

艰辛打拼，换来了明港大丰收合作社的发展壮大，各种荣誉也纷至沓来，但张厚山始终保持着清醒的头脑。他知道，搞农业如履薄冰，容不得半点懈怠。近年来，他和同事们多次参加省、市、区组织的高素质农民培训，对培训内容消化吸收，既开阔了眼界、增长了见识，又统一了思想。他还向农业高校和科研院所的专家拜师学艺，分别与河南农业大学、信阳农林学院、信阳市农科院签订了技术交流合作协议，借助高校和科研院所的技术，为合作社的发展提供后劲和动力。

对于今后的发展方向，张厚山表示，农业不是落后的代名词，他将充分发

挥科技、人才优势,强力推进农业科技与管理创新,积极推进生物技术、工程技术等高新技术在农业生产上的推广应用,把合作社建设成为有较大影响力的综合型农业企业,为实现乡村振兴做出更大贡献。

码上链接典型人物

谷勇军：科技赋能，鲜花铺就致富路

推荐语：谷勇军，高级农艺师，河南万达农林科技有限公司董事长兼总经理，河南省优秀农村实用人才，濮阳市农村致富带头人，荣获濮阳市青年五四奖章、河南省2021年高素质农民创业创新大赛三等奖。他2000年开始种植高端花卉，曾先后主导创办濮阳世锦花卉种植园区、濮阳高新区永绿花卉种植有限公司、河南万达农林科技有限公司等大规模花卉种植基地，以及万惠花卉种植农民专业合作社，具有丰富的花卉种植管理技术和市场资源。公司年销售额6 000多万元，年利润500万元，先后被评为河南省农业产业化龙头企业、河南省林业产业化重点花卉企业、濮阳市农业产业化重点龙头企业等。

科技创新，提升关键技术

河南万达农林科技有限公司建设大型连栋日光温室20座，种植面积450亩。公司红掌种植园区占地300多亩，年产高端红掌200多万株，占国内同类产品总产量的6.67%，产品畅销京津冀等20多个省区，是全国盆栽红掌领域的重要民营企业，也是长江以北最大的红掌种植基地。

近年来，谷勇军以市场为导向，以科技创新为核心，全面实施规模化、智能化、节能化的种植管理模式，建设了现代化育苗中心和智能化连栋日光温室，基本实现了花卉生产的规模化、产品的标准化、管理的规范化。

为促进园区稳健发展，提高科技含金量，公司聘请了河南农业大学王政博士挂帅的科技攻关组为技术顾问团队，完善了产、学、研紧密结合的花卉新品种研发产销体系，为关键技术突破和项目未来发展提供有力支撑。

公司在花卉引种驯化、栽培技术、增产技术、病虫草害防治技术等方面进行深度研究开发，注重科技成果转化。公司利用生物技术育种、细胞育种等高科技手段，进行抗逆植物育种、土壤改良、产业化项目开发。公司还在有机农药、节水灌溉等方面进行较为系统的研究和集成技术模式探讨，选育高产量的优质花卉品种，提高经济效益，提高抗风险能力。公司注重人才引进和培养。近3年来，共引进管理及运营人员56名、技术骨干16名、高级农艺师4名，初步建成了一支具有丰富实践经验的技术团队，为关键技术的研发提供了保障。

打造现代化花卉园区

公司引进了标准化、自动化、无菌化的现代高科技精细化管理模式，建设了智能化连栋日光温室，研发配置了水肥一体化设施、数字化加热降温系统、全自动通风内循环系统和保温遮阳系统、水纯净化和迷雾喷灌等一系列高端设备，让花卉在恒温、恒湿、无菌、肥源充足的环境里长出最佳"品相"，在重大节日前的最佳时期开放，取得了良好收益。

在优质花生产方面，公司园区坚持"三个优质"的标准：优质的水，全部纯净化处理，降低水质对花苗的影响；优质的土，从丹麦进口了优质栽培基质，酸碱度适宜；优质的环境，控温控湿和遮光通风全部自动化、数字化。

公司从荷兰、丹麦等花卉大国，引进了"艾瑞斯托""菲里斯塔"等30多个名优红掌品种，提高了市场竞争力，吸引了大批大客户，初步形成集花卉生产、加工、保鲜包装、仓储、运输、销售于一体的国内较为先进的花卉产业生产经营体系。

此外，公司还拓展市场资源，建立了畅通的网络化订单式销售渠道。

共同富裕，勇担社会责任

公司注重发挥示范带动作用，主动扛起民营企业的社会责任。

公司积极开展多种形式的与农户联合与合作，利用所掌握的市场信息、新技术、新方法、新设备和销售网络，采取"公司+合作社+农户"的发展模式，建立了农民专业合作社，通过合同联结带动，组织发动村集体、农民合作社或农户入股创收；从有意从事花卉种植的农户中挖掘和培养技术骨干，培养花卉种植技术人员 30 余名，提供就业岗位 200 多个。

码上链接典型人物

彭飞：土里刨金，服务"三农"有担当

推荐语：彭飞，中共党员，南阳市首届"百名青年先锋"。他创办了淅川县丰飞粮食农民专业合作社，推动多种形式的粮食种植、收储、农业机械化生产等服务，创新服务模式，规范服务管理，拓宽服务领域，把"藏粮于地、藏粮于技"真正落到实处，带动成员和农户节本增效，多种粮、种好粮。合作社被淅川县政府认定为百企帮百村企业，曾帮助饶西村、王营村 41 户贫困户脱贫；先后获评为南阳市粮食生产先进农民专业合作社、南阳市市级示范合作社、河南省示范性农民田间学校等。

孤雁难飞，抱团前行

2006 年，在淅川县厚坡镇长大的彭飞返乡种粮。经过多年的苦心经营，他的种粮规模达到了 110 亩，是当时乡镇的种粮大户。

就在一切蓬勃发展的时候，彭飞却遭遇了种粮生涯的重创。

当时，他流转土地种植辣椒、小麦、玉米等作物。农忙的时候，因为请不到工人，种植速度很慢，错过了最佳时期，导致作物减产 30%。到了收割的时候，因没有烘干设施，他把麦子摊在路上晾晒，偏偏遇到连绵阴雨，又损失了 20 多万元。

这次经历，让彭飞反思了很久："如果我不是单打独斗，如果有专门的合作社提供服务，是不是可以避免这些损失？"

2012 年，彭飞成立了丰飞粮食农民专业合作社。他联合众多种粮户抱团发展,同时与"秋乐种业"合作,联繁小麦种 1 000 亩,采取"五统一"管理办法,每亩能节本增收 100 多元。

他的种粮规模逐年扩大,一个个田块由小改大,购置了涉及耕、种、收、烘的大型农机具 100 多台(套),从育种、种植、收割和销售实现了一体化服务,降低了风险,增加了收入。还为周边农户的粮食生产提供农机服务,帮农户有效解决种植、打药、收割、烘干、加工等生产难题,极大地减轻了传统人工劳作的强度。

科技助力,提质增效

一切向前发展,彭飞又开始了新的思考。

他发现原有的生产技术、种植方式难以适应现代农业的发展需求,便积极寻求专业人员的指导。在县农业农村部门以其农业技术人员的指导下,应用了测土配方施肥、有机肥替代化肥改良土壤、绿色统防统治等农业新技术。

为满足农业生产需要,他出资 100 万元购进各种型号的拖拉机、收割机、撒肥机、播种机、旋耕机、施药机、犁耙等配套设备,实现了全程机械化生产作业,提升了服务能力和质量。

针对粮食生产受自然灾害影响较大,以及农户晒场受局限、粮食收储难的问题,他积极筹集资金购置 2 套粮食烘干设备,日烘干能力达 1 000 吨;建设 8 000 吨粮食仓库,服务粮食生产与加工 2 万亩,是全县最大的粮食烘干基地。由于烘干的粮食品质上乘,乡镇周边的种粮户都在合作社进行粮食烘干。

他不断地在创业的道路上摸索,与西北农林科技大学合作,带动农户发展优质薄壳核桃 500 亩;与南阳市农科院合作,在新品牌、新科技、新装备和智慧农业上加大投入力度，种植赤松茸 100 余亩，喜获丰收。

他通过应用电子商务平台集中采购农资，促进农户节本增收，做到了采购不出门，通过"互联网+"平台销售粮食。

日夜充电，奋斗不止

学习是进步的阶梯。只要有学习机会，彭飞总是积极主动参加，省、市、县各级的高素质农民培育他都参加过。

学习归来的他总会产生新的想法和规划并付诸实施：聘请农业技术人员为授课教师，组织合作社工人及附近农户进行集中培训，提高合作社和附近农户的种植技术；注重农产品的宣传推广及销售，积极参加农业部门组织的农产品展销会，将本地生产的特色农产品推广出去；主动联络各大超市、餐饮企业及各农贸机构，建立代理及分销机制，将产品直接或间接销售到各地消费者手中。

几年来，合作社以高质量产品、严格的质量把控、专业化服务，获得了县内外的高度评价，丰飞粮食农民专业合作社以农户为中坚力量、客户为核心，秉持"质量至上、服务一流"的经营理念，为广大客户提供高品质的产品和优质的服务。

码上链接典型人物

崔国平：黄金梨，"黄金梦"

推荐语：崔国平，中共党员，淅川县 2020 届"回创之星"。他投资 1 000 余万元返乡创业，成立淅川县九福农业科技有限公司，流转土地 500 亩种植牛奶黄金梨、富硒黄金梨。在故乡热土上摸爬滚打的这些年，他已成为有情怀、有大爱、有抱负、有担当的新时代农民。他立志扎根淅川这片沃土，为家乡天更蓝、水更清、山更绿、人更富，奉献自己的光和热。

瞄准黄金梨，返乡创业

1989 年 3 月，服役 4 年的崔国平退伍了。那时候他很年轻，凭着当兵的冲劲儿，他跑到了北京，搞过跑腿公司、租赁公司……不论干什么，他都以军人的作风和干事精神严格要求自己。

2013 年，崔国平偶然间品尝到了黄金梨，新品种水果的口感一下子吸引了他。他萌生了返乡创业，培育黄金梨的想法。随后，他走遍北京各大农产品批发市场，还和朋友到韩国实地考察，了解黄金梨的市场需求。

2014 年，南水北调中线工程正式通水。因为淅川县是水源地，政府出台了一系列发展生态农业的政策。崔国平抓住这个机遇，拜访了很多农业专家，结合家乡的土壤特点，毅然决定在金河镇龚井村种黄金梨。

然而，回到家乡后，崔国平才发现自己有点理想化了：家乡的农业技术落后，村民的经营理念传统守旧。租地的时候，崔国平屡屡碰壁，很多人拒绝把自己的地租出去种果树。

崔国平回忆道:"对于大部分村民来说,土地是很珍贵的,只能用来种粮食。他们没有想过,自己的土地能创造更大的价值。"

他没有放弃,挨家挨户上门做思想工作,向村民们普及新的农业知识。精诚所至,金石为开。终于,崔国平得到了村民的认可和支持,流转土地500余亩,成立了淅川县九福农业科技有限公司,发展新型农业。

崔国平跟南阳市林科所建立了长期的技术合作协议,对方定期派专家进行各项技术指导和人员培训。他以过期纯牛奶、过期啤酒、55度以上的高度白酒、有机硒、维生素等为原材料,按比例配伍稀释,喷施果树;在果树种植、修剪、疏花、疏果、施肥等各个环节,都进行了认真分析和研究,以保证果园的管理规范、技术先进、果品优质。

经过几年的努力,崔国平终于培育出了富硒黄金梨、牛奶黄金梨。经中国检验检疫科学研究院检测,富硒黄金梨硒含量远高于普通梨,超氧化物歧化酶(SOD)含量比平常水果高15%。黄金梨皮薄核小、脆甜无渣,很快就成为广受好评的高品质水果。

现在,这些果树已经进入盛果期,年产优质黄金梨30万斤。

崔国平是一名党员,他并不满足于自己眼前的成绩:"现在,我很享受每天和农作物打交道的生活。希望能以我的微薄之力,带动乡亲们增产增收。"

他也很清楚,乡亲们仍然欠缺科学的种植技术:"现在还是起步阶段,接下来我会继续努力,不断研究、引进先进的种植管理技术,带动本地科学种植。"

打造产业品牌

2020年7月6日,"丹渊香"牛奶黄金梨、富硒黄金梨荣登中央电视台农业农村频道,成为南水北调中线工程水源地唯一在中央电视台上推广的农产品品牌。8月13日,崔国平接受中央电视台《讲好中国故事》栏目专访,被中央电视台的多个频道展播。8月23日,在牛奶黄金梨、富硒黄金梨全国招商品鉴会上,来自云南、贵州、福建、湖南及本省的商家,纷纷签单合作。8月24日,作为优秀企业品牌,"丹渊香"牛奶黄金梨、富硒黄金梨成功入选北京地铁1号

线"乡村振兴专列"主题巡展,穿越长安街向新时代致敬。

积极回报社会

崔国平的公司自成立之日起,就本着"民办、民管、民受益"的原则,"想农民之所想,急农民之所急,帮农民之所需",为乡亲们提供就业、生产资料购销、农产品购销、农产品加工与包装、农业技术培训和信息咨询等服务。

在脱贫攻坚期间,他积极响应国家政策,用心用情帮扶贫困户,带动贫困户就业。他充分利用当地的农业资源,采取"公司+农户"的发展模式,与龚井村10户贫困户签订合同,统一为其提供种苗,回购成果产品;他和该村10户贫困户签订了长期就业劳动合同。同时,他带动龚井、徐岭、莲花、魏岗等村280余人实现就业,年人均增收4 600余元。在脱贫攻坚期间,他共带动周边126户贫困户实现脱贫。

此外,他还硬化道路3.5千米,方便当地老百姓出行;建造300平方米的沼气池,使养猪的粪水变废为宝,每年为当地百姓提供清洁燃气,净化美化了生态环境。

目前,崔国平打算将附近的荒坡荒山改良成梯田,进一步引导当地群众种植黄金梨。这样既能让更多的群众收获特色农业成果，又能使土壤不流失，进而涵养丹江水源。

作为土生土长的淅川人，崔国平对这片土地充满了深深的眷恋和热爱。为了家乡的天更蓝、水更清、山更绿、人更富，他愿一直当好"农业兵"。

码上链接典型人物

王尚瑞：程宇奶牛，不止奶牛

推荐语：王尚瑞，三门峡程宇奶牛养殖有限公司科技特派员，从事奶牛养殖行业20余年，对奶牛养殖信息化管理很有心得。他联合河南省农科院，对奶牛分子育种技术、奶牛选种选配技术、奶牛高效繁殖技术、奶牛标准化养殖技术等进行研究推广。他实行奶牛福利养殖，实施符合动物自然习性的生产管理方式，使奶牛更健康，终生产仔、产奶数量更高。他采用种养结合、绿色循环的农业模式，形成完整的产业链循环，带动周边农户发展，实现互惠共赢。

订单农业

三门峡程宇奶牛养殖有限公司成立于2008年7月，是三门峡地区奶牛养殖领域唯一的一个省级农业产业化龙头企业，也是三门峡地区奶牛养殖规模最大的企业，主要从事奶牛养殖、销售及技术服务。公司现有3个场区，奶牛总存栏2 000余头，日产生鲜乳20余吨，年出栏淘汰牛、奶公牛600余头。

公司流转土地1 000亩，采取"夏青贮玉米＋冬黑燕麦"种植模式，所产青贮玉米用于制作饲料，自产自用。公司与3个公司、12个专业合作社签订订单合同，形成农业产业化联合体，走绿色循环发展之路。

科技创新

公司与伊利集团奶牛科学研究院、河南农业大学、西北农林科技大学建立

了合作关系。

2020年,公司与伊利集团奶牛科学研究院合作开展"阿米巴经营模式"项目。伊利集团奶牛科学研究院通过现场实操,将科学的养殖技术手把手教给牧场。1年时间,公司的奶牛单产提升了5千克/日,单此一项为企业创利100余万元。阿米巴"理念+算盘"的经营理念,进一步完善了牧场的管理和运营水平。2021年,公司外购奶牛384头,日产生鲜乳由12吨增长至20吨,经济效益大幅提升。

公司与河南农业大学合作,对员工开展技术培训。2021年,河南农业大学的"夏青贮玉米+冬黑燕麦"种植模式在公司开始应用。在河南农业大学指导下,公司对流转的1 000余亩土地先进行土壤检测,再选定青贮玉米品种,然后科学施肥、打药。2022年,公司的青贮玉米实现大丰收,在玉米青贮的干物质含量、淀粉含量均达到30%的条件下,实现亩产玉米青贮3.1吨。

公司还采用了河南农业大学的绿色有机循环农业发展模式,实现了牛粪-沼气-饲草-牛奶的绿色循环。牛粪通过沼气场厌氧发酵后产生沼气,供周边1 000多口农户生活使用。产生的沼渣、沼液可供种植户使用,既减少化肥用量,又改善了土质。用科技引领,将农作物秸秆饲料化,变废为宝,过腹还田,此举带动了三门峡市奶牛、肉牛行业的发展,为三门峡地区发展绿色有机农产品做出了贡献。2022年,三门峡市陕州区被河南省评选为养牛大县培育县,公司发挥了省级龙头企业带头作用，是最重要的支撑。

2023年，公司与西北农林科技大学合作，联合攻关"菌酶协同生物发酵饲料调控奶牛健康与高效生产的关键技术研究与示范"项目，目前河南省科技厅已经受理公示完毕。

公司在科技创新上的投入逐年增长，2022年为200万元，2023年预计达到250万元。这些投入，集中在奶牛育种核心群基因组选配、高效扩繁技术研究方面。

社会责任

一花独秀不是春，百花齐放春满园。

公司完成自身发展的同时，不忘带动周边企业及农户发展。公司选派科技特派员王尚瑞，为三门峡地区奶牛、肉牛养殖行业进行科技服务，指导田丰牧业、人和牧业等奶牛养殖企业进行青贮玉米饲草收割、制作；指导农户、合作社等进行牛场繁育提升，改良奶牛品种；帮助周边农户进行牛舍、牛床设计……深得奶牛、肉牛养殖企业及农户的好评。

2022年，在三门峡科技局举办的网络投票科技特派员评选中，王尚瑞被评为"群众最满意的科技特派员"。

2022年，王尚瑞带领程宇奶牛申报科技专利6项，获得实用新型专利证书5项。

公司先后评为省级农业产业化重点龙头企业、河南省食品安全放心工程示范单位、三门峡市农业产业化集群、河南省农业产业化集群、2018年河南省"十佳"奶牛养殖企业、河南省农业产业化联合体、河南省三门峡陕州区奶牛高效养殖示范基地、国家级科技型中小企业、三门峡市科技特派员助力乡村振兴示范基地等，实现了经济效益和社会效益双丰收。

码上链接典型人物

史学涛：福利养殖，科技赋能

推荐语： 史学涛，中国民主同盟盟员，洛阳辰涛牧业科技有限公司总经理。他的公司以肉牛养殖、农业种植为主，现为省级龙头企业。他采用先进的饲养管理技术，推行福利养殖模式，根据牛在不同阶段的营养需要制定饲料配方，通过全混合日粮搅拌机投放，确保了牛的高出肉率。他采用种养结合模式，建立了"土地流转－粮改饲－牛过腹－有机肥还田"的产业模式，机械化程度高，形成了种养加一体化的产业结构。史学涛多次获得省市级荣誉称号，公司的发展模式和扶贫带动成效两次登上学习强国平台，多次被各大报刊和电视台等宣传报道。

返乡创业，高起点养牛

史学涛出生于洛阳市孟津区，年轻的时候一心想着去大城市生活。他拉着乡亲们，在北京成立了建筑公司，因为工程施工质量高、为人厚道实在，生意越做越大，赚到了人生的第一桶金。

随着北京市区的扩展，他的经营场地面临拆迁，就打算回老家洛阳发展。通过市场调研，史学涛发现国内肉牛行业属于朝阳产业，发展潜力很大，而伊川县西南部山地广阔、土壤肥沃、气候适宜，非常适合发展养殖产业。

说干就干！2017年6月，他投资1.2亿元，成立了洛阳辰涛牧业科技有限公司。10个月后，一座规模化、科技化的现代牧业有限公司在洛阳伊川县鸣皋镇的山梁上拔地而起，正式投产运营。

史学涛不仅自己钻研养殖技术，还联合伊川县政府、西北农林科技大学三方合作成立伊川肉牛产业发展研究院，为全县肉牛产业发展提供科技支撑。

聪明才智加上勤劳肯干，收获了累累硕果。从2018年4月企业正式投产运营至今，辰涛牧业公司存栏安格斯牛3 000头。同时还成立了饲草种植合作社，配套生产全株玉米青贮、甜高粱等优质饲草饲料，形成以肉牛养殖为主，农业种植、花果栽培、科技观光为辅的产业发展模式。

公司奉行生态发展理念，积极探索绿色、高效的现代化种养结合产业模式，发展生态农业。2018年辰涛牧业流转土地2 100多亩，种植全株玉米青贮，初步建立了"土地流转-粮改饲-牛过腹-有机肥还田"的产业模式，形成种养加一体化的产业结构。粮改饲项目青贮玉米的种植，将粮食变成饲料，提高了玉米种植效益，降低了饲养成本，实现了种植与养殖的有机结合。从全株青贮玉米的播种、施肥、浇灌到收割，从饲草饲料的加工、投放到粪污的清理，全程实现机械化操作，科技优势充分体现。

福利养殖，技术引领

公司贯彻福利养殖模式，圆形牛舍占地35 000平方米，共分为3层，通过物理原理达到通风降温效果，夏季可预防牛只热应激。

饲养模式采用自由散养，这里的牛听轻音乐、喝深井水、吃绿色玉米，吃饱喝足后还能接受美美的按摩，牛只健康状况良好，犊牛繁殖成活率达90%以上。

采用肉牛智能分群系统，可自动完成牛只的称重、分群、数据采集，减少应激，工作效率较高。

同时，公司根据牛只不同阶段营养需要制定饲料配方，通过投放全混合日粮搅拌机（TMR），确保牛吃进去的每一口饲料都营养均衡。

公司坚持"预防为主、治疗为辅、防重于治"的原则，重视牛群保健，制定牛群整个生长周期免疫程序。

TMR饲喂技术。公司引进先进的全混合日粮搅拌机（TMR），根据肉牛的日粮配方,将粗饲料、精饲料、辅料及矿物质、维生素等各种添加剂放在专用设备内,加适量水分充分搅拌、切割、混合制作出营养均衡的日粮,可确保肉牛机体消化机能和代谢正常,有效降低营养代谢病的发生。TMR与规模化、散栏式的肉牛生产相适应,可降低劳动强度,提高工作效率。

生产性能测定技术。公司从澳大利亚引进智能分群系统,通过电子芯片耳标,可自动完成牛只称重、分群、数据采集等工作,便于牛群数据化管控,实现肉牛生产数字监控和质量追溯。在此基础上,分别在出生、断奶、6月龄、12月龄、18月龄、24月龄阶段,对新生犊牛进行体尺(身高、体长、体斜长、腹围、管围)、体重测量,筛选后代留种。

依靠现代科技的力量,公司养的肉牛早熟、胴体品质高、出肉多,在质量和价格上占有极大优势。加上公司已经构建了完善的销售渠道,产品的市场竞争力强,往往在牛只育肥完成前几个月就已经签好订单合约,营业收入增长率达10%以上。

码上链接典型人物

李国良：迎河柑橘富一方

推荐语：李国良，中共党员，固始县迎河柑橘种植协会会长，固始迎河柑橘合作社理事长，河南省北国江南农业科技有限公司总经理，河南省迎河柑橘科技研究中心负责人、固始县人大代表、河南省科技创新人才。2014年至今，他一步步打造了迎河柑橘品牌，在当地的脱贫攻坚和乡村振兴中做出了突出贡献。

挖掘迎河柑橘文化

李国良是土生土长的迎河村人，迎河村不仅有淳朴善良的父老乡亲，还有他从小吃到大的迎河柑橘。

在柑橘的清香中，李国良有时候会陷入沉思：迎河柑橘从何而来？为什么在二十世纪八九十年代濒临消失？然后，他会怅然若失好半天。不知不觉间，他对迎河柑橘的热爱已经深入骨髓。

2014年，李国良怀揣振兴家乡经济、发展特色农业的梦想返乡创业，先后成立了固始县迎河柑橘种植协会、固始迎河柑橘合作社、河南省北国江南农业科技有限公司、河南省迎河柑橘科技研究中心，专门从事迎河柑橘的研究、开发与利用。

公司成立后，李国良多次到固始县博物馆、宁波天一阁等地查询相关的书籍资料，多方走访迎河本地老人，挖掘关于迎河柑橘的历史传说和文化资料，经过多年坚持不懈的求证，他最终梳理出了迎河柑橘的"前世今生"。

据固始县县志记载，迎河柑橘始见于清朝乾隆年间。当时，固始县迎河集出了个李姓知府，他将一些柑橘苗从湖北沔阳带回固始种植，距今已有近300年的种植历史。后来，固始籍植物学家、清代河南省唯一的状元吴其濬进京述职，他与时任太子太傅的表兄弟祝庆蕃一道，把肉嫩多汁、清香浓甜的迎河柑橘作为见面礼敬献给了道光帝。道光帝食之龙颜大悦，当即传旨命迎河集村为皇家果园，专门为皇宫供应柑橘。自此，迎河柑橘成为宫廷贡品，一直持续到清朝灭亡。

改革开放之后，国家派人实地考察迎河柑橘的种植地。1978年，当时的农业部将产于这里的柑橘命名为"迎河柑橘"。随后，新华社、河南日报社等媒体纷纷前来采访，迎河当地掀起了柑橘种植的热潮，最多的时候有2万多棵柑橘树。1983年5月30日，《人民日报》专题刊登《中原出现柑橘之乡》的报道，使得迎河柑橘广为天下知。

这些珍贵的资料彰显了迎河柑橘的非凡与独特之处，更加坚定了李国良发展迎河柑橘的信心和决心。

李国良每逢参加各种展会，甚至在参加全国创新创业大赛、河南品牌故事大赛时，都会积极宣传，让更多的人了解迎河柑橘。

他将文化与产品深度融合，让产品具有了灵魂，增强了迎河柑橘的竞争力。

李国良在打造品牌文化方面持续发力，与本地文旅业相结合，打造"迎河柑橘小镇"，包含"吴其濬寻橘登岸处""周家寨遗址""火神庙遗址"等；连续成功举办了4届迎河柑橘采摘节，吸引了大量游客前来观光游玩，极大地带动了本地的经济发展。

打造迎河柑橘产业

李国良联合中国农科院柑橘研究所、河南省农科院等科研机构攻克技术难题，以本地柑橘为母体，借鉴嫁接新方法，培育出"天成六号"迎河柑橘。

迎河柑橘只能在迎河村及周边村镇的部分土地种植，换个地方就会失去特色。多年来，村民多在房前屋后栽种，难成规模。李国良便承包土地种植，又通过合作社和协会号召大家一起种植。

他聘请科技专家入村现场培训，手把手向农户传授迎河柑橘种植与管理技术。

与2014年之前相比，目前当地的柑橘树已由400多棵增加到5万多棵，柑橘价格也成倍提高了。

乡村要振兴，产业必先行。

几年间，李国良先后投资400多万元，打造迎河柑橘衍生产品。

他聘请小罐茶大师亲临基地，研发独具特色的迎河柑茶，先后注册了"迎河柑橘""俏吧县""迎河陈皮"等商标。其中，"迎河柑橘"已通过国家农业农村部颁发的无公害农产品产地认证，并被授予"一村一品"荣誉称号；"俏吧县"系列有迎河柑普茶、柑桑茶、柑白茶、柑红茶、柑菊茶、陈皮红花茶、陈皮抹茶粉、陈皮红花枕头、柑橘酒、橘皮精油等产品，产销两旺，深受消费者青睐。

在脱贫攻坚期间，李国良围绕产业扶贫、科技扶贫、电商扶贫，打造了柑橘小镇电商基地。他与固始县电商办合作，先后举办多期电商培训，为本地培养了大量的电商人才。因此，迎河村被河南省科学技术协会指定为"河南省科技扶贫基地""河南省农村电商技能人才培训基地""河南省科普教育基地"。

下一步，李国良打算带领乡亲们扩大迎河柑橘种植规模，延长产业链条，以科学技术为支撑，想方设法提升产品附加值，引导群众自发走上特色产业种植、科技兴农的道路上来，力争让迎河柑橘走出信阳，走出河南，走遍全国。

特色产业+公益事业，回馈家乡

脱贫攻坚时期，为了带动本地农户脱贫致富，李国良通过成立合作社与本地23位贫困户签订3年以上的就业合同，为部分留守妇女提供就业岗位，让她们既能照顾孩子也能拥有一份稳定的收入。合作社与本地169户贫困家庭签订长期的收购协议，解决他们的销售难题。合作社还免费给本地愿意种植柑橘的贫困家庭每户发放2棵"天成六号"橘苗。2017~2022年，柑橘价格直线上升，达到每斤3元左右，柑橘种植户积极性空前提高。

在乡村振兴阶段，为了扩大柑橘种植面积、提升产业发展潜力，李国良在全县 11 个可种植区域的乡镇免费发放柑橘苗，并与 3 000 多户农户签订长期收购协议。未来，李国良决定继续扩大农户的种植规模，将迎河柑橘"一村一品"发展为"一县一业"的特色产业，带动更多的农户共同致富。

李国良打造了迎河村"三留守"服务中心，每年自费开展公益活动，例如端午节送粽子、冬至时组织 80 岁老人参加饺子宴等，在迎河村持续关心慰问老年人、儿童及残疾人等群体。

码上链接典型人物

余中海：昔日泥瓦匠，今日领路人

推荐语： 余中海，固始县八里堰农业园区联合社党支部书记，杨集乡商会会长，河南八里堰特色生态农业开发有限公司董事长，优秀农村企业家。他通过发展特色种植、养殖，不断打牢产业发展根基。高标准规划设计"一区一堰六园十五驿站"，建设现代化农业园区。多措并举实施融资，稳定资本投入。争取省市科研部门支持，凝聚发展合力。敢管善治，聘请专业团队运营优化提升服务水平。多年来，他一步一个脚印，走出了一条不平凡的返乡创业之路，带领乡民们走集聚化、规模化、科技化、特色化、生态化的现代化农业之路，探索出了一条"产业+数字"的乡村旅游发展之路。

外出务工，积累人生第一桶"金"

小时候，余中海家里条件特别差，家里常常吃不饱饭。

1993年，余中海北上沈阳打工。起初，他在建筑工地上当泥瓦匠，为了填饱肚子任劳任怨。因为工作积极、干活麻利，他很快被经理看中，逐步成长为小工、大工、领班、司务长，后来担任公司经理。当时，正值东北抢抓改革开放机遇快速崛起的黄金时代，余中海很快积累到人生的第一桶金。更难能可贵的是，他积累了很多先进的企业经营管理经验，结交了一批志同道合的创业成功人士。

返乡创业,扎根农村做"三农"领路人

在固始县委、县政府的感召下,2005年,余中海决定回到老家固始县杨集乡投资创业。

最初是开办超市。超市建成后,生意红红火火。办超市的成功更激起了他回报家乡的信心。2008年6月,在固始县工商联的指导下,杨集乡党委、政府成立杨集乡商会,大家推选余中海为首任会长。

后来,他通过全面调研发现传统农业效益有限,农村耕地产出偏低,大量"沉睡的资产"难以带动农村经济发展。经过再三思考,他决定带领杨集乡商会一班人统一思想,凝心聚力,果断把投资发展方向瞄向农业,下定决心研究农业、挑战农业,破解现代农业发展难题。

2013年,他联合返乡创业成功人士,攻坚克难,创办固始县八里堰农业园区联合社,并担任党支部书记。凭借多年的奋斗经历,他传承发扬工匠精神,由小到大,稳扎稳打,从种植油用牡丹做起,发展林下种植,养殖牡丹鸡。由于善管善治,他创业成功,创立了八里堰牡丹鸡品牌。

2019年5月,八里堰牡丹鸡被中国亚洲经济品牌管理专业委员会认定为"中国十大创新力品牌"。

2021年4月,八里堰牡丹鸡被第十三届中国西安国际食品博览会组委会授予"金奖"荣誉称号。

在牡丹鸡产业迅速发展的过程中,猕猴桃、秋梨、有机水稻、宫鹅等特色种植和养殖产业同步发展。

随着园区的发展扩大,对现代化农业技术的需求越来越大。余中海通过多年的人脉资源,多方联络,竭尽全力宣传园区的经营现状和发展前景,努力争取科研部门的合作与支持。功夫不负有心人,他最终获得了郑州果树研究所、河南科技大学、信阳农林学院等机构相关专家的认可,得到了现代化农业技术支持,经济效益稳步提升,年主营业务收入达到6 000万元以上。

2018年,八里堰农业园区被省政府评审认定为河南省农民工返乡创业示范

园区,被省林业局评为省重点龙头企业。2020年,被省政府认定为农业产业化省重点龙头企业。2022年,被省农业生态与资源保护总站评价为河南省省级生态农场。

当被问到为什么选择做农业,余中海自豪地说道:"我认为是一种情怀。因为我们是改革开放先富起来的人。没有改革开放,就没有我们幸福的今天。所以我要感谢党恩,回报家乡。"

借势转型,开启乡村旅游新篇章

现在,乡村旅游方兴未艾,余中海决定借势转型,借助数字经济,走农文旅融合发展之路。

一是科学规划设计。邀请专业设计团队,结合园区多年发展基础,科学规划建设"一区一堰六园十五驿站",让绿水青山成为金山银山。

二是丰富融资形式。搭建外出返乡创业投资平台,采取众筹和抱团的形式,通过"资源+土地+劳务+人才+资本+组织",灵活运用自行管理、委托管理、定量托管等方式,最大限度保障资本供给和回报。

三是完善基础设施。深挖园区资源优势,完善交通、休闲游玩、民宿、康养、旅居、露营等基础设施建设,着力打造乡村旅游"新IP"。

四是创新管理理念。加强同省市科研部门的合作，聘请专业运营公司，聚焦游客求新、求趣、求异、求美等多元化需求，不断提升服务水平。以流量为媒介，发展"线上+线下"的乡村旅游新模式，为数字经济和乡村发展添上一把火。

目前该园区已完成投资9 500万元，流转土地1 800余亩，完成了猕猴桃园、秋梨园、牡丹园、回乡园、"生物动力"有机水稻种植园和乡土园等农业休闲观光园区建设。

热心公益，回报社会显担当

企业做大做强后，余中海时刻不忘回报社会。

脱贫攻坚期间，他累计带动贫困户620户1 856人，累计向贫困户、贫困学生捐款、捐物349万元。

他先后获得"中国慈善企业家""2018年全国脱贫攻坚贡献奖"等荣誉。园区先后被授予"全国'万企帮万村'精准扶贫行动先进民营企业""中国企业扶贫100强""河南省劳模助力脱贫攻坚示范基地"等荣誉称号。

码上链接典型人物

赵海:"高科技"奏响农业新华章

推荐语:赵海,高级农艺师,河洛工匠。2012年,赵海返乡创业,创办了洛阳明拓生态农业科技发展有限公司,发展设施农业。这些年他研发出农业智慧物联网系统,使农业生产成本降低了20%左右;自主培育了葡萄新品种"绯脆",抗病性强,一年两熟,营养价值高,产品远销北上广深等地高端超市,亩均收益超过4万元;主持完成了洛阳市蔬菜水肥一体化试验示范推广项目,获全省首届新型高素质农民创业创新大赛一等奖,并"一步到位",被破格评为高级农艺师。

玩转农业物联网系统

赵海:"工业可以是高投入高产出,农业也可以高产、优质、高效、生态、安全。"赵海是洛阳明拓公司的现代农业示范园区总经理,这里的智慧农业物联网系统实现了新农业的发展。

这是一座排列着现代化蔬菜大棚的园区,如一座座厂房。

就近进入一个大棚,绿油油、间隔有序的玉米苗生机勃勃,但是较其他大棚而言,这里多了一个半米高的钢制盒子,它是一位"敏感的信息员"——明拓智慧农业物联网系统,通过实时传感采集大棚内空气和土壤的温度和湿度、光照及二氧化碳数据,传送到中枢系统,进行数据存储和分析,从而决定是否施肥、灌溉等,还能通过农产品种植和物流的全程监控使消费者全面了解农产品信息。

这些技术能带来多少收益？

赵海介绍，这样的大棚采用立体种植模式，上面种葡萄；下面的土地空间一年可种植四季，从春天至冬天分别能种一季豌豆、两季水果玉米和一季供春节市场消费的蔬菜，年收入在14万元左右。并且，通过这个"信息员"还能实现3个10%——减少生产资料、人工及管理成本10%，增加产量10%，在提高农产品质量、安全性方面增收10%。

另一座暖烘烘的大棚里，从匈牙利引进的葡萄品种已经结出了一串串沉甸甸的暗红色果实，令人馋涎。往地上一看，离地一二十厘米高处，一条条比拇指略粗的黑色管道正在滴水。来到水肥一体操控室才知道，原来这是从以色列引进的耐特菲姆水肥一体化系统，能够根据系统指令自动施肥浇灌。

"这就是'云时代'的好处，我们可以用传感器和农作物交流，用最符合自然生长规律的方法推进农产品标准化、集约化、专业化生产。"

赵海对这套智慧物联网系统再熟悉不过，因为这是他们明拓新农人创新团队拥有知识产权的系统。

目前这座高科技园区有200多亩，高标准日光温室8座，阳光连栋温室30亩，还种植有从荷兰引进的矮化苹果等水果蔬菜150亩。还拥有一系列高科技装备：

育苗培育实验室、病虫害检验防疫中心、明拓电子商务平台、明拓智慧农业物联网平台科技研发部等机构。

选择农业创业之路

1993～1998年，赵海从一名普通的钢材业务员做起，逐步拥有了自己的商贸公司。

2010年，随着国家政策对农业发展的支持力度不断加大，他有了转型农业的念头。

2013～2014年，赵海多次到中国农业大学、河南农业大学、西北农林科技大学、杨凌农业高新技术产业示范区等进行项目与技术的咨询和考察。

2014年，赵海成立了洛阳明拓生态农业科技发展有限公司。

2016年，赵海参加了中共中央组织部、原农业部联合举办的农村实用人才带头人示范培训班。

"农业创业当然需要及时了解国家政策导向，也要更加精心钻研、积极推广现代农业和智慧农业物联网技术，从而带动更多企业和农民增收致富，为发展现代农业添砖加瓦。"赵海说，"人最重要的是要有一颗追梦的心，再加上踏实肯干，就一定会所向披靡。"

科技助力精准农业

科技是第一生产力。

2016年，经洛阳市科技局批准，赵海成立了洛阳智慧农业物联网工程技术研究中心，并与河南科技大学、洛阳农林科学院、中国葡萄及葡萄酒产业中心等机构共同展开研发工作，攻克了传感采集、远程监控、无线传输、信息管理等多方面的技术难题。

客观而言，农业行业存在高度分散、生产规模小、时空变异大、量化规模程度差、稳定性和可控程度低等弱点，利用高科技的精准农业正好能够有效地解决这些问题。

赵海："我出身于农家，从小就具有很深的农业情怀，这也激励着我成为一个爱农业、懂技术、善经营的'新农人'。"

赵海认为，现代农业是个系统工程，由种植技术、管理模式、品牌建设、市场营销几个点形成一个面，我们只有将系统内的每个点做好才能有效降低农业生产经营成本、保质增产，提高农业收入；只有对生产中每个细节进行精细管理，才能更有效地把控并降低农业经营中存在的风险。

赵海："我们明拓'新农人'创新团队还将在田间生产、技术管理和应急预警等实践中，摸索出一整套适合本地气候的高效现代种植方案。"

技术是需要共享的。他们公司牵头组织的30余家农业企业、专业合作社、种植大户，于2017年1月联合成立洛阳市果蔬产业发展协会，定期开展果蔬栽培技术交流、智慧农业物联网工程推广等技术指导服务。同时，加大优良果蔬新品种的引进推广力度，探索种植模式。

2017年，河南省农广校洛阳明拓农民田间学校挂牌成立，为高科技精准农业增添了动力。

通过多年的努力，成果颇丰。赵海培育的葡萄新品种"绯脆"荣获中国第十九届绿色食品博览会金奖，成功在内蒙古、河北、河南等地推广，种植面积达到5万亩以上，每亩平均增收2.6万元以上。他研发的智慧农业物联网、水

肥一体化系统，在全省推广面积约 8.5 万亩，累计为新型农业经营主体节本增收 3 362 万元。

公司先后被评为全国示范性农民田间学校、河南省新型职业农民综合类培育示范基地、国家级科技型中小企业、河南省绿色食品双新双创先进企业、河南省农业产业化重点龙头企业、河南省绿色食品示范基地、河南省农业生产社会化服务示范组织、洛阳市都市生态农业示范园区、洛阳市水肥一体化生产示范基地、洛阳市放心消费示范单位等。

码上链接典型人物

刘国栋："土专家"的"三农"情怀

推荐语： 刘国栋，焦作市国栋农业技术服务专业合作社理事长。24年来，他奋战在农业生产、农业技术推广和服务"三农"的舞台上，累计推广农业新技术、新产品80多项，增产粮食1 000万千克，增收2 600万元。他长期参与焦作市的农业科技培训项目，在全省首创"田间学校"培训新模式，累计培训农业技术人员和农民群众25万人次。他常年服务种植大户、家庭农场、农民专业合作社280余家，送技术、送农资、送服务，为巩固脱贫成果、促进乡村振兴做出了突出贡献。

追逐的梦想

刘国栋出生在武陟县大虹桥乡东刘村的一个普通农民家庭里，上面有好几个哥哥和姐姐。他小时候吃不饱、穿不暖，立志学好农业技术，长大后改变家里贫穷落后的面貌。

怀着这个初心，他努力学习，考学时填报的第一志愿就是农业院校（中职类）。在校期间，他如饥似渴地学习课堂知识，一有空就深入田间地头开展研学。毕业后，不少同学跳出"农门"，他毅然回家从事农业。

为增强农业本领，1999年毕业后，他进一步自学了全国高等农业院校教材《土壤肥料学》《植物生理学》《植物病理学》《农业气象学》等学科。同时，他用整整6年时间，先后在焦作市植保植检站、农林科学院、农科种子公司等单位实践锻炼。10年艰辛付出，他练就了一身农业本事，获得了农业农村部高素

质农民培训师资格证书,在河南省农广校优质课大奖赛中获得了二等奖,被乡亲们亲切地称为"编外农民土专家"。

2010年春,焦作市国栋农业技术服务专业合作社挂牌成立,刘国栋开启了服务"三农"的追梦之旅。

奋进的方向

"三农"要发展,农业技术是关键。多年来,他把打通农业科技推广"最后一公里"作为工作重点,为发展优质高效农业、增加农民收入提供技术服务。

近年来,一种番茄新型病毒黄化曲叶病毒病造成许多温室番茄减产甚至绝收。他深入田间总结病毒发生规律,研究实施病害防治技术,有效遏制了病害的发生和蔓延。截至目前,该技术已在全市温室推广应用3 000余栋,直接受益农户2 600余户。他还举办培训班,在全市大力推广该技术,累计增加农民收入3 000万元。

2010年,焦作市有20万亩麦田突发麦圆蜘蛛危害。他通过调查研究,及时发现并总结出麦圆蜘蛛的危害规律,对症下药,及时推广应用抗生素进行防

治，有效遏制了螨害的蔓延，保障了夏粮的丰收。

2012年，小麦吸浆虫在焦作市北郭乡、大虹桥乡局部暴发，若不及时防治，将会造成小麦减产50%甚至绝收。为此，他积极与市县有关部门取得联系，推广毒死蜱结合有机硅进行防治，有效控制了虫害的发生。

为搞好作物新品种与"补微工程"推广应用，他先后引进、试验并推广适合焦作市栽培的玉米新品种15个、花生新品种5个、小麦新品种10个。推广花生补钙、小麦补锌、蔬菜补硼等技术，增产效果显著。花生补钙每亩投入7元，增收210元，低投入，高产出，所产花生果大、仁饱、品质好。

为打通农业科技推广"最后一公里"，他在全市11个县（市、区）建立农村科技工作站110个，把农业课堂搬到田间地头，共举办培训班200多期，培训人员1.5万人次，发放技术资料3万多份。

他创新实施科技入户工程，根据农事季节及时编印科技明白卡，为上万户群众发放技术资料，接受群众咨询，解决生产中技术问题600余个。

他积极配合市、县"阳光培训"工程和"雨露计划"，开展科技培训，共举办50多期，培训人员1万多人次。为了更好地服务"三农"，他还与市电教中心合作，拍摄了 2 部农业科教片，宣传推广农业先进适用技术和农业新品种。

不变的承诺

"服务全方位、全天候"，这是农民群众对刘国栋的评价。

多年来，他常年奔走于田间地头，用心用情用力为农业生产提供指导、为农民群众热心服务，帮助解决生产过程中遇到的难题，悉心助力农民朋友科技致富。

刘国栋联系农业技术服务对象多达几百家，大到单位农场、农民种植专业合作社、家庭农场，小到普通农户，谁遇到了生产难题，他都帮助解决。

近年来，农作物土传病害呈逐年加重趋势，给农业生产造成严重危害，他就大力推广小麦和花生种子包衣技术多达 100 万亩。修武县南霍村村民乔翠荣在应用该技术之前，花生亩产量仅 500 斤左右，应用该技术后亩产量达到 700 多斤。在她的示范带动下，该村推广面积达 1 700 亩。

手机一叫，马上就到。不论白天黑夜，只要农民有需求，他都第一时间赶到现场排忧解难。2019 年 8 月的一天晚上，他突然接到博爱天赐蔬菜种植专业合作社理事长杨天其在外地打来的电话，说有 60 亩辣椒发生严重虫害，治不了，大量辣椒苗枯萎。刘国栋立马开车直奔辣椒地，经诊断为鳞翅目一类的害虫。他当晚制定出配方，第二天天不亮就送过去。连续喷药 3 天后，虫害得到有效控制，保证了辣椒丰收。

农业是弱势产业，一旦遇到病虫草害等，轻则会减产，重则能绝收。为了防范群众因灾致贫，刘国栋时刻把科技服务装在心里、写在本上，谁家小麦该浇水了，谁家的果菜该施肥了，他都经常发信息提醒，并时常打电话询问。

宁郭镇北官庄村农民王小玲，丈夫因脑溢血摔断腿而不能行走，为治病花光了积蓄，她一个人承包了 30 亩地种植哈密瓜。2021 年 2 月中旬，因下雪湿度大，两个大棚的哈密瓜都枯萎了，她吓得直哭，经人介绍打电话联系上刘国栋说明情况。没想到，他很快就赶过来查看，通过采取松土增温等措施，哈密瓜恢复了生机。当他了解到王小玲不懂农业技术和家庭困难的情况后，多次送来配方肥料，指导哈密瓜如何施肥、浇水等关键技术。哈密瓜上市后，他又多方联系帮助销售哈密瓜 1 500 千克。2022 年，他指导王小玲种西瓜、甜瓜和哈密瓜，建成了大自然采摘园，隔三岔五就来指导技术。王小玲感激地说："刘老师是俺家的大恩人，有他做技术指导，丰收就得到保障了。"

刘国栋把全部身心投入到服务"三农"上，为农业增效、农民增收做出了突出贡献，他的合作社被评为焦作市农业技术推广先进单位。谈及今后打算，他说："为农业、农民服务是我一生的追求。我要继续努力，不忘习近平总书记的教导，牢记自己服务'三农'的初心和使命，为粮食安全多做贡献。"

码上链接典型人物

秦文向："粮牧果药"立体循环农业

推荐语：秦文向，中国农业大学硕士，鲁山县平安亿丰农林牧有限公司负责人。他发展了"粮牧果药"立体循环农业，以粮食生产为基础，以养殖柴鸡、鹌鹑等为主业，以水果生产为后备产业，以林下种植中草药作辅助，取得了显著的成就。

初心与使命

秦文向，1986年生，鲁山县辛集乡张庄村人，父亲早年离世，母亲靠家中几亩薄田将他和弟弟抚养长大。2008年，他考上了中国农业大学，在校期间，他3次获得国家励志奖学金，1次获得国家奖学金。

在大学读书期间，秦文向就把目光投向了学校吴常信院士培育的"农大3号"矮小型蛋鸡。

2010年，秦文向从学校带回500只鸡苗。

2011年，这批鸡苗给他家带来近万元的收入。秦文向动员母亲，通过"地下养鸡，地上种菜"模式饲养蛋鸡。

2012年，他被保送攻读本校硕士。

2014年，硕士毕业后他返乡创业。

2015年，他注册了"平安村"商标，年产值稳定在200万元以上。

2016年，他先后投入近千万元，在张店乡刘湾村、辛集乡柴庄村流转土地300余亩，引进油蟠桃、樱桃李、杏梅等30个特色新品种果树，发展林果业；

在林间间作玉米、小麦等粮食作物；在林下间作菊花、金荞麦、冬凌草、桑叶、伤力草、决明子等多种天然草本植物。以菊花、金荞麦等天然草本植物配合粮食饲喂柴鸡、鹌鹑等家禽，以处理后的禽类粪便肥田，提升土壤肥力，走立体种养循环农业之路。

"粮牧果药"立体循环农业的发展之路

鲁山县平安亿丰农林牧有限公司于2015年创立，注册资金200万元。公司成立后，先后与中国农业大学、河南农业大学、河南牧业经济学院等数个专业院校、科研机构合作，多方选择适合本地生产的高品质农作物。

公司目前下辖3个产业基地：

鲁山县辛集乡柴庄村生态园。

生态园以果树特色品种研发，生态开发与循环农业为宗旨，集科研、种植、养殖、采摘观光于一体。采用"资源－生产－流通－消费－可再生资源"的循环生态农业模式，实现"低开采、高利用、低排放、再利用"，最大限度提高农业经济运行质量和效益，保护生态环境，实现可持续发展。

生态园内设有试验区、示范区及种养结合区，种植高品质特色水果2万多棵。采用菊花、金荞麦等天然草本植物配合粮食饲喂柴鸡、鹌鹑。鹌鹑养殖是公司发展的主业，每年饲喂10万只，产值100余万元。

鲁山县辛集乡张庄村的特色蛋鸡养殖基地。

养殖基地选用"农大3号"矮小型蛋鸡品种1万余只，采用生态园生产种植的桑叶、菊花、金荞麦及冬凌草等植物配合粮食饲养，生产出的"平安村"品牌蛋无腥味、自然香，深受平顶山市周边地区客户的好评。目前日产鸡蛋

6 000枚左右,年产值200余万元。

鲁山县张店乡刘湾村生态园。

这个生态园以种植早熟油蟠桃、香妃桃、杏梅等为主业,所培植出的林果味鲜地道、甜度高、口感好,已经形成具有鲁山地域特色的林果品质,探索出一条丘陵山地适度规模粗放式管理生产优质果品之路。

粮食安全是"国之大者",秦文向把粮食生产放在公司发展的重要位置。

2019年开始,他利用牧业生产的有机肥,对土壤进行改良,合理安排种植品种及相关配套机械设备,努力提高粮食生产能力。

牧业是公司的核心,公司以蛋鸡、鹌鹑的饲养作为突破口,品牌鸡蛋和品牌鹌鹑蛋作为全年供应的特色产品,是提高客户黏性很重要的基础,以独特的产品服务更多的客户,进而发展特色农产品品牌。

果业是后备产业,公司已经筛选出几个适合本地种植的好品种,在本地已经有一定的知名度。

菊花、金荞麦等特色中草药的种植,也为生产差异化的禽类产品奠定了坚实的基础。

不久的将来,富含有机质的土壤也将成为他们的核心竞争力。

农业领域投资大、风险大、收益低，种植业受自然条件影响特别大，秦文向在果树品种、养殖业品种及模式上，走了很多弯路，但也积累了很多的经验，相信在未来，这些财富也将转化为企业以及社会的财富。

秦文向于 2022 年当选为鲁山县第十一届政协委员，荣获"漯开杯"河南省 2022 年高素质农民创业创新大赛三等奖。

码上链接典型人物

贺体磊：水果产业之路

推荐语：贺体磊，潢川县豫丰园种植专业合作社负责人，潢川县劳动模范，潢川县帮扶之星，潢川县十大优秀青年。他培育的"金手指""户太八""醉金香"和"摩尔多瓦"葡萄，先后在河南省优质葡萄评比中荣获过金奖。合作社先后被授予"信阳市示范社""信阳市科普示范基地""工人先锋号"等荣誉称号。

少年农业梦

贺体磊出生在潢川县一个普通的农家。农村长大的他，看着村民们辛辛苦苦一年下来也攒不了几个钱，于是就萌生了改变家乡农业落后面貌的想法。

2005年，贺体磊毕业后去外省打工。一年多后，在梦想的驱使下，他毅然返乡创业。

他的第一个创业项目是养殖土鸡，由于没有经验、没有技术，折腾了两年多，欠了不少外债。后来他决定养虫草鸡卖鸡蛋，找到固始三高集团，在固始县赵岗村养了5年鸡。因为养蛋鸡事业进入瓶颈期，他开始留意其他农业项目。经过考察，他最终决定回老家，种植潜力更大的名优精品水果。

农业梦成真

回乡后，贺体磊开始选地。经过实地考察，他选定了弋阳街道办事处罗新楼村的100多亩地，种植名优葡萄、桃、草莓等。

前期，由于缺乏经验，预算资金远远不够，为了节省资金，贺体磊常常亲力亲为。一般来说，搭水泥杆和架子这样的活儿比较专业，必须要请专业团队来干。而贺体磊则去别的葡萄园观察测量，记录了所有数据，回来再带领自己的团队摸索着干。没想到，他们居然全部自己搭建起来了。

为了早日掌握种植技术，他聘请了郑州果树研究所的老师来指导，虚心向人家学习果树的整形修剪、除草、打药等技术。

经过细致、科学的管理，很快迎来了葡萄的成熟期，他通过各种渠道积极宣传，寻找果商。可来的果商却很少有人愿意购买，理由都是葡萄果穗松散，不耐运输。

看来只能依靠散客采摘了。可那么多葡萄，散客怎么能采摘得完！

眼看挂满枝条的葡萄一天天坏掉，贺体磊心急如焚，无可奈何。现实与梦想的巨大落差，一度让他怀疑起了自己。

痛定思痛，贺体磊列出葡萄园的系列问题，积极寻求解决方案。他发现，归根结底还是很多品种不适合市场，自己也缺少先进的种植理念。

他结合当下、放眼未来,理出了思路:以市场对高端果品的要求为导向来生产。园区管理,应该以资源节约、环境友好为原则。他对园区的品种结构、技术方案等进行了大胆改变,随即又增加种植了各种高端品种的桃、草莓等。

第三年,贺体磊终于迎来了果实的成熟季。这次,果实的品质、耐储运能力都有了提升,每天来采摘的客人、来采购的果商络绎不绝。

贺体磊渐渐扩大了种植规模,还跟河南农业大学、郑州果树研究所、信阳市农科院等建立了长期合作机制,共同致力于各种果树新品种的选育、引进和推广工作。

合作社先后引进了葡萄、黄桃、草莓等方面的几十个优良品种。桃子有黄桃、水蜜桃、血桃等 20 多个品种,葡萄有"摩尔多瓦""醉金香""金手指"等十几个优良品种。

在贺体磊的努力下,形成了种植、包装、销售、深加工(葡萄酒酿造)等完整的产业链条。

产品除了供货本地各大超市、精品水果店外,还远销北上广深等一线城市,"阳光玫瑰"葡萄更是销到了新加坡。有些葡萄则用来加工高级葡萄酒,实现了一二三产业的融合发展。

在历年全省、全国的优质葡萄评比大会上,贺体磊所产的葡萄多次荣获金奖、银奖,合作社也先后荣获"信阳市市级示范社""信阳市豫丰园现代农业科技园区""信阳市科普示范基地""工人先锋号""河南省'省级科技小院'"等荣誉称号。

助人圆梦

贺体磊致富不忘社会，不忘乡亲。

他热衷于公益事业，经常去慰问孤寡老人，为他们送去生活必需品；组织孤儿院的儿童来体验采摘乐趣、享受田园生活，并向他们赠送图书、文具等。

脱贫攻坚期间，为了让贫困户分享产业发展的成果，贺体磊主动申请扶贫到户增收项目，选择了伞陂镇、弋阳办事处的 80 户贫困户进行扶持。他利用扶贫资金，采取"保底+浮动"的分红方式，带动贫困户就业。他向贫困户无偿赠送苗木，提供栽培管理技术，取得不俗的效果。

多年来，合作社先后培养出十几名农村"土专家"和"科技明白人"，这些人大部分成为致富带头人，赢得了社会的广泛赞誉。

贺体磊在深爱的土地上播种希望，耕耘梦想，收获甘甜，绽放着最美的青春年华。

码上链接典型人物

汤新红：立志做现代农业

推荐语： 汤新红，中共党员，创办了潢川县家兴家庭农场、潢川县富兴山农业发展有限公司。农村出生的他对农业和土地有着深厚的感情，立志从事"三农"，做一个"新农人"。2002年农专毕业以来，他回到农村，投身农业生产，一心扑在粮产品种植加工上，为全乡人民谋福利，为带动全乡人民致富呕尽心血。他以"公司＋合作社＋农场"方式，使一二三产业融合发展，通过多年来的努力，形成集产、种、销、育、繁、推于一体的农业现代化联合体。

以脱贫为己任，带动贫困户增加收入

自称"粮二代"的汤新红，从事粮食生产加工行业以来，一心扑在粮产品种植加工上，紧紧围绕科技兴农、粮产品精加工、农业规模化经营下功夫，"立足本乡，立足农民，立足致富"。

2005年，汤新红创办了潢川县富兴山农业发展有限公司。通过近20年的努力，公司现有仓库、生产车间等60余间，建筑面积7 200多平方米，可存储稻谷2 000多万千克；有日产100吨大米加工生产线及色选机流水线各1套，固定资产达8 000多万元；从业人数142人，其中管理和专业技术人员20余人；年产值最高可达6 000多万元，已成为一家集粮食生产、储备及加工于一体的综合性中型企业。

2016～2020年，公司以脱贫为己任，通过"产业分红""提供就业岗位""农业订单回收""培训技能"等方式带动周边贫困户 300 多户户均年增加收入 3 500 元，同时通过一二三产业融合发展持续带动周边 3 000 余户农户在农作物种植、管理、销售上实现产、种、销一条龙服务，户均年增收 2 500 元。

2020 年，汤新红带领当地农户、村集体，建设优质糯稻产业园区、现代农业产业园、高标准良田，使周边 3.5 万亩土地实现全程托管服务。同时他联合周边的种粮大户、合作社、家庭农场，建立农业社会化服务组织。2021 年，他投入 700 万元，建设大米精深加工车间，可日产 200 吨精制大米。2022 年，他进行社会化服务（机耕、机播、机插秧、机收、飞防、烘干），服务面积达 7.8 万亩，从根本上解决了土壤板结、原粮纯度差等问题。

做好上下游产业，加强中间产业升级改造

他建设涵盖农业技术服务、农机服务展示、农业技术推广、优质稻米展示、智能化育秧等功能的综合性现代农业产业园；组织周边县区对已有的成熟的技术经验现场示范观摩活动，联系基础农技人员和小农户每年到基地观摩学习达到 1 200 人次；两年内为周边乡镇 10 万亩土地配套机械全程化服务（机械插秧、收割、烘干）；继续深入改良基地条件，新建稻渔综合种养基地、优质糯稻示范区、豫南籼稻推广示范区等。

深化产学研合作,完善利益联结机制

汤新红进一步完善市场导向的产业发展带动机制和利益共赢的可持续发展机制,通过市场机制增强基地建设的活力和发展后劲,加强与河南省农科院、信阳农林学院等机构的合作,进一步强化参与基地建设各方面利益联结,通过利益共享、联合创业、技术入股等方式,吸引其成果、人才等向基地集聚,逐步形成有市场竞争力的发展产品技术开发运行机制。

在汤新红心中,致富不忘乡邻的信念扎根已久。经过科学规划后,他于2009年、2010年分别创办农富种植专业合作社、耕耘农机专业合作社。在他的带领下,周边群众积极响应,踊跃加入。目前农富种植专业合作社已流转土地3 200多亩,年产值2 000多万元,辐射带动1 000多农户,受益农民15 000人,多次受到省市县表彰,先后获得"农业产业化市重点龙头企业""信阳市农民专业合作社先进示范社""河南省农民专业合作社先进示范社"等荣誉称号。耕耘合作社发展至今,已拥有各种农业机械近60余台、专业技术人员36人,带动周边4 000户农民受益,托管土地13 000亩,为农民提供机修、作业、维护等就业岗位200余个,深受当地广大农民朋友的喜爱。

多年来,他还不断投资基础设施建设,自筹资金兴建了9口万方大塘,打了8眼机井，修建了4 000余米灌溉水渠，积极推进机耕路建设，为实现农业机械化、现代化夯实了基础。他积极制作科学种田宣传册，免费送给村民；成立农民田间学校，指导大家科学种植，大大提高了土地的利用率和产出率，调动了农民种粮的积极性。

潢川县富兴山农业公司坚持走绿色、高品质发展路线，以质量求生存，以信誉求发展，以优质产品赢占市场，产品现已通过ISO 9001：2008质量管理体系认证及食品质量安全认证。2010年，公司生产的江米已注册"富兴山"商标，并通过了绿色食品认证。"富兴山"商标被评为2015年信阳市知名商标，2016年河南省著名商标。

一分耕耘，一分收获；一分汗水，一分欢笑。汤新红这位从地里寻财富、用双手创幸福的朴实汉子，给自己、给村民、给社会交出了一份满意的答卷。

码上链接典型人物

仇冬生：把握时代脉搏，助力乡村振兴

推荐语： 仇冬生，开封绿农果蔬种植专业合作社负责人，高素质农民培训班优秀学员，返乡创业之星。他成立开封思淼农业服务中心，为更多农户、合作社、家庭农场科学、高效种植蔬菜提供技术服务。多年来，他通过与多家农业高新技术厂家合作、与周边多地区的农业企业展开社会化联盟合作，扶持数家新型农业主体成功创业，为促进农业产业发展、乡村振兴做出了贡献。

锚定蔬菜种植

大学毕业后，仇冬生先去了南方打工。

2008年，他回来以后开始研究经济作物的种植。他发现传统农业的痛点是老的种植结构使农民增收困难，比如，种植传统大田作物年均亩收入1 000元左右，只能保证一户人家的温饱；而种植经济作物的年均亩收入可以达到10 000元，是种植大田作物收益的10倍。

2015年5月，仇冬生在开封市祥符区西姜寨乡成立开封绿农果蔬种植专业合作社，引导本村农户和周边村农户大规模发展豆角、西瓜、大蒜等经济作物种植。

思淼农业，合作共赢

2018年8月，仇冬生创办了开封思淼农业服务中心。项目位于开封市祥符

区西南方向，与中牟临界，地处平原地带，无厂矿企业，土地平整，灌溉方便，水源清洁，具备大规模发展优质蔬菜的基本要素。周边还有方便储存蔬菜的大型冷库，方便销售的开封宏进、郑州万邦等农副产品批发市场，条件得天独厚。

思淼农业以科学理念去发展，以绿色农业为导向，提高了机械化操作程度，实现了育苗、施肥、喷药科学化。秋冬季以大蒜种植为主，春夏季以豆角、茄子、辣椒、番茄、西瓜种植为主，成为开封市知名的蔬菜基地。

思淼农业采用"公司+项目+农户+收购商"的运营模式，合作共赢。

仇冬生负责筛选引进新品种。他与广州、长沙、郑州的多家种业公司，以及江苏的农业科技有限公司等签订直供协议，减少了中间环节，保证了种源的质量。

他邀请技术人员对农户进行现场技术培训、网络技术指导。

其他几名合作创业成员，负责为农户运送生产资料，同时负责解决蔬菜收购事宜。

思淼农业采取线上、线下多种销售方式。例如，在一亩田、田园采风等农产品交易网上发布信息，因蔬菜品质好，每年在蔬菜未采摘时就有蔬菜商预定，供不应求。

2022年，思淼农业带动农户种植大蒜5 000亩。2023年，实现大蒜亩均收入8 000元左右，有的农户在价位最高点出售，亩收入上万元。

豆角种植约2 000亩，思淼农业代理的"维圣"系列豆角条形长、颜色绿、产量高、耐运输，一季每亩净收入能达8 000元。

2022年，项目带领农户总年纯收入达6 100万元。

未来畅想

说到未来，仇东生充满希望，有太多太多的梦想需要实现。

他想改善条件简陋的小苗棚育苗，建设开封市第一家现代智能化的育苗场。

他想降低农民劳动强度，避免人力、物力及种子资源浪费。

他想建立一个无人机基地，对大地块进行无人机飞防作业，减少农民与农药的接触，达到省工、省时、省药、环境友好的目的。

他的梦里有自己，有伙伴，有群众。共同富裕的路上，一个都不能少。

码上链接典型人物

郭霞：巧媳妇，致富通

推荐语： 郭霞，兰考县乔庄果蔬种植专业合作社理事长，全国巾帼脱贫示范基地带头人，中国妇女第十二次全国代表大会代表。她帮扶359户贫困户及周边1 500人如期脱贫，创立"巧媳妇"工程创业就业基地，设立亲子园区帮助留守妇女在家门口创业致富。合作社先后被授予"国家级'星创天地'""河南省巧媳妇工程就业创业基地""扶贫龙头企业""扶贫先进单位""爱心企业"等荣誉称号，赢得了社会的广泛赞誉。

放弃成功的事业，回乡创业

2000年，郭霞从郑州大学毕业。她创办了兰考县当代职业技能培训学校，几年的时间里，共为社会各行各业培养人才近5万人，帮助很多农民学到了真正的技术，找到了好工作，改善了生活条件。郭霞也被省里评为优秀个人，她对自己的生活也很满意。

2011年的一个夏天，一场遭遇改变了她。

有一天，兰考下了一场暴雨。雨停后，郭霞骑着电动自行车，从兰考县城往老家赶。道路泥泞难行，电动自行车深陷其中，胶泥把她的鞋底也粘掉了。郭霞只好狼狈地光着脚站在泥水里，心里五味杂陈：这里是自己曾经生活过的地方，大家每天还是奔波在这样的道路上，吃苦受穷，啥时候是个头呀？

她想，办技校虽然能帮助一些人，但村里没人带着大家一起发展还是不行，不如自己去试一试？于是她决定放弃在县城的事业，返乡创业。

郭霞一向敢想敢干，做事雷厉风行。回到家乡后，她就在老公的支持下创办了兰考县乔庄果蔬种植专业合作社。

合作社创立之初，就遇到了招工难的问题。在当地妇联的帮助下，郭霞终于招到了80名工人。招到工人本来是件很高兴的事，但是大家既没技术又没经验，郭霞为此很发愁。妇联了解到了她的难处，就邀请农业专家和致富女能手过来开办了几期培训班。培训班内容丰富，实用性、针对性都很强，不仅帮助工人们掌握了技术，还让合作社名气大增。

随着规模种植的开展，合作社吸纳了周边村庄大量的劳动力，平时在合作社工作的农户每天就有近20人，其中女工人数占80%，大部分为留守妇女。即使一个家庭妇女，每月也有了2 000元左右的收入，入会社员每年人均增收近万元。在家门口就可以就业，农村妇女们既提高了收入，又方便照顾老人和孩子，实现了"工作带娃两不误"。

经过3年的努力，合作社的流转土地面积由原来的100多亩发展到1 000多亩。合作社也探索出了"公司+基地+农户"的发展模式，从事农产品种植及深加工服务。基于本地特色农产品小米、辣椒及蜜薯，郭霞打造绿色有机产品品牌，培育集农业种植、品种研发、科技示范、技术服务、生产加工、配送销售为一体的农业全产业链，打响了"乔庄小米""乡格里辣"等品牌，极大提升产品辨识度，建立了忠实的消费者群体。

合作社先后被授予"全国巾帼农业脱贫示范基地""全国巾帼文明示范岗""河南省巧媳妇工程就业创业基地"等荣誉称号，郭霞也成为中国妇女十二大代表、河南省巾帼建功标兵等。

创建电商平台

2016年，为了拓展农产品销售渠道，合作社还发起设立了"致富通"电商平台，吸引了25位大学生就业。交易平台上布满了兰考各种各样的土特产，日交易额近万元，帮助农民足不出户就把产品销往全国各地。产品销售网络辐射周边及北京、上海、广州等全国多个地区，经销商达260家，微商代理

2 000多个。

电商平台定期举办电商和微商知识培训和创业课堂,为村庄里的有志青年培训1个月。共有215人参加培训,其中175人开店就业。电商平台还可在第一时间获得招工信息、培训信息、农产品收购信息等,推进信息进村入户,实现电商网络与配送体系广泛进入农村社区。

致富不忘乡亲

从育苗到移栽、管理、采收及加工、销售,合作社实行全年性用工。全年稳定就业的贫困户达到256人次,平均每人月工资在2 000元左右。以前农户的1亩地收入1 000元左右,加入合作社后至少收入5 000元。在脱贫攻坚期间,合作社成功带动周边1 500人脱贫。

"生而为人,就要活出风度,活出风采,活出风格,活出成绩。摔倒了不要哭,爬起来站直,拍拍身上的尘土,笑一笑,继续奔跑。"郭霞就是这样一路坚持到如今的。

未来,她还会继续带领大家,在乡村振兴的大道上一起奔跑。

码上链接典型人物

赵建峰：为了一个金色梦想

推荐语： 赵建峰，沈丘县金丰公社农业服务有限公司董事长，沈丘县劳动模范，沈丘县五一劳动奖章获得者，河南省2021年高素质农民创业创新大赛初创组一等奖获得者，河南省粮食生产先进个人。

圆梦农业

1980年，赵建峰出生在商水县一个贫穷的农民家庭里。看到父辈们在田间劳作的艰辛，他中学时代就立志"不但要让全家人都吃上白面，还要让更多的人也吃上白面"。

为了减轻父母的负担，1997年，赵建峰辍学后外出打工，先后辗转广州、温州等地。经过多年的打拼，赵建峰手里有了一定的积蓄，家里的生活条件也得到了根本改善。他在城里买了房，有了一个温馨的家。

2019年4月，赵建峰婉拒了家人和朋友的劝说，拿出这些年打工的全部积蓄，又动员几位朋友合伙筹资1 000万元，踏上了农业规模发展之路。

经过多次考察和协商，赵建峰创办了沈丘县金丰公社农业服务有限公司，主要从事粮食生产、蔬菜种植、社会化服务、槐山羊养殖等产业。经过两年多的耕耘，到2021年底，公司发展到拥有员工166人、社长156名、社员523户，托管土地3.9万亩。公司购置了各种农机具，植保服务耕地达300余万亩，服务遍及沈丘、商水及南阳、信阳等地。

由于经营状况良好，运行管理规范，在河南省2021年高素质农民创业创新大赛中，赵建峰获初创组一等奖，沈丘县金丰公社农业服务有限公司也被评定为"省级农业社会化服务组织"。

扎根沃土，一心为民

赵建峰："群众把土地托管给我，就是对我的信任。我不但要让他们放心，还要让他们比自己种地收入更高。"

沈丘县是一个农业大县，近年来新型农业经营主体发展势头迅猛。在有关专家的指导下，赵建峰采取"金融贷款+农资提供+技术服务+订单回收"的全程托管服务模式，累计为30多名社员提供贷款2 000余万元，服务耕地面积3.9万亩。

71岁的村民王子龙承包了10多亩地，每年的麦收季节，在广州务工的两个儿子和儿媳妇都要千里迢迢回到家里帮助收麦，路费和误工费一共有2万元左右。2021年，王子龙把土地全部托管给了沈丘县金丰公社。当年，沈丘遇到了百年不遇的雨水，大部分地块减产，有的地块甚至绝收。然而当年分红时，他家的土地不但没有减少收入，反而还增收了不少。

种粮套餐，土地生金

为解决农村留守老人、留守妇女种地难等问题，在土地托管中，赵建峰为农户量身定制了专属的"种粮套餐"。

一种是全托管，由农户自愿把承包土地交由金丰公社统一耕种管理，最后统一分红。

另一种就是对有劳动力的家庭半托管，按照每亩每年300元左右的价格，为农户提供优质的化肥、农药、种子及配套农机具等有偿服务，农户只需向托管主体购买所需服务，就可实现土地集约化、规模化、专业化生产，提升农业效益。

新安集镇张楼行政村68岁的村民张保玉说："要是自己种，不算人工、抗旱及其他费用，光种子、化肥、农药等投资每亩地350元还不一定够。半托管给他们,每亩地还不到 300 元,划算!"

通过产前、产中、产后服务,实现土地增效增收。产前环节,将分散的农资采购变成集中采购,降低成本;产中环节,通过集中连片的机械化作业,提高效率、降低作业成本;产后环节,提高质量和产量,带来高品质产品,通过品牌打造增加溢价的收入,实现更好的效益。

赵建峰通过落实"6+1",即在良种、良肥、良药、良法、良机、良策的基础上为农户做好生产托管服务,帮助农户降成本、增效益,真正实现"多打 200 斤,多收 200 元"的增收目标。

在土地托管过程中,有人说"他把土地托管走,往后咱就要不过来了",有人说"他还不是为了赚钱嘛"。面对种种疑问,赵建峰也曾迷茫过、退缩过,但是只要看到老人吃力耕作的场面,他就会想到当初的梦想,再次坚定了信心。

2020 年,沈丘县周营镇黄孟营村农民王士灵,通过半托管的方式把 180 余亩地托管给沈丘金丰公社管理,不但减少了投入,每亩地还增收了 100 余元。王士灵称赞金丰公社真正做到了"能下地、真服务、有情怀",让他省心又增收。

群众增收了,集体积累也在不断增加。在土地托管中,赵建峰积极与村委会合作,把每年收入的 60% 作为群众分红,25% 留给村里作为集体积累,15% 用于购置设备、良种、化肥、农药和人员开支,国家种粮补贴全部归群众所有。粮食在出售时,有村委会干部和群众代表进行监督,并将所售粮款向所有托管土地的群众公示,让群众心里明白。

传承保护地方品牌

托管土地成功了,赵建峰把目光放得更高、更远。随着土地集约化经营和环境保护力度的不断加大,大量农作物秸秆成为废物。

"如果能把秸秆充分利用,不但可以变废为宝,增加收入,而且又能传承保护地方品牌。"经过一番思考,赵建峰决定发展槐山羊养殖业。

槐山羊俗称槐皮山羊。又名黄淮山羊,1982 年 11 月,中国农科院畜禽资源考察团通过到周口市实地考察,将该畜种正式定名为"槐山羊"。槐山羊首次被正式列入《河南省地方优良畜禽品种志》,确定为地方优良品种。槐山羊是著名的地方优良品种,因产于槐店镇而得名。其体型中等,毛短而密,性早熟,繁殖快,善采食,耐粗饲,喜干厌潮,擅登高,爱角斗,易于放养。2009年11月,河南省畜牧局第6号公告确定槐山羊品种为河南省畜禽资源保护品种。

经过一番筹备,河南省益铭槐山羊农牧服务有限公司成立了,公司占地97亩,是集繁育、养殖、研学、餐饮、住宿、观光、互动于一体的槐山羊养殖基地。农作物秸秆经过窖藏,成为槐山羊的好饲料,得到了有效利用。每年仅农作物秸秆利用这一项,就可节约养殖费用200万元。

赵建峰认为,沈丘县作为槐山羊的核心产区,必须建立完善槐山羊良种繁育体系,提高规模化养殖率,不断拉长产业链条。在此基础上,赵建峰以采取"公司+合作社+农户"的办法,对槐山羊的养殖进行推广,服务槐山羊养殖户60余家,存栏达到3 000余只。采取活羊出售和深加工等措施,不断拉长产业链条,提高综合效益。

码上链接典型人物

白冰洋：小甘薯，大产业

推荐语：白冰洋，漯河田康农业发展有限公司总经理，漯河市首届"农村青年致富带头人"，荣获漯河市第八届自然科学学术奖一等奖。他的公司先后获得"创新型科技企业""国家高新科技企业""河南省'星创天地'""漯河市科技示范园"等荣誉称号。

作为"新农人"，白冰洋一直问自己："农村怎样才能让人留下来？"

从2016年至今，从育苗到加工，他潜心挖掘甘薯的每一点价值，为的是能让村里人有活儿干、留得下来、生活得更好。经过多年的发展，他的公司已基本形成产、种、销一体化，让村里人在家门口就业已经不再是一句空话。

在甘薯产业方面，白冰洋的做法主要如下。

种苗。

一排排培养架，一个个培养瓶……在河南漯河甘薯现代产业园的组培实验室里，瓶瓶罐罐里装满了甘薯幼苗。

"这些都是用组培方式生产的脱毒甘薯苗，不但降低了成本，还避免了病毒的传播。"白冰洋介绍说。

产业园里，甘薯苗的年产量为1 000万株，订单供不应求。一到季节，前来购买脱毒种苗的人就在园区外排起了长队。

和普通苗相比，脱毒苗能让农户增产三成左右。而且，生产出来的甘薯耐储存，可以从10月份一直放到来年3月份。

白冰洋："原来的甘薯时间一长就烂掉了，如果拿来育苗、种植，一颗甘薯都结不出来，就是因为感染了病毒。病毒对甘薯的危害是致命的，而且没有任何治好的可能，只有用脱毒苗这一条路。"

专用肥。

为了配合甘薯的全产业链生产，白冰洋与多家肥料公司合作，研发甘薯专用肥。他们的成果有育苗用肥、杀虫用肥、杀菌用肥、防病用肥等，很全。

储存。

过去，因为收购的量很小，人们存放甘薯很随意，甚至连个正经的储存地方都没有，召陵岗上的甘薯容易坏，品相也不好，很影响销售。

自从白冰洋将甘薯作为产业来发展之后，情况大为改观。他先是利用以前的砖窑场地，就地建立起 300 吨的甘薯储存窖，然后通过电商将甘薯迅速销售出去。

产业链延伸。

以前人们只卖鲜甘薯，而白冰洋则把甘薯叶、甘薯梗都利用了起来，通过筛选、腌制、烘干，出口到国外。2023 年，白冰洋与出口商签订了出口订单。据白冰洋介绍，甘薯一年可采茎尖 3 次、采梗 2 次，每斤的收购价都在 0.6 元以上。

甘薯专用肥料

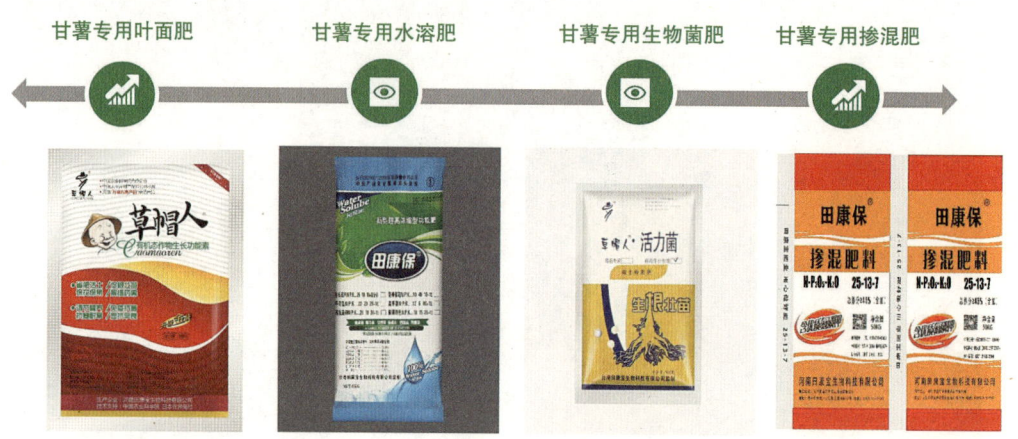

另外，他还开发了薯片、薯条加工业务。

在甘薯领域，白冰洋的公司的研发成果很多，其中有 3 项已取得国家专利。

品牌化。

白冰洋注册了"岗上锦薯"品牌，通过品牌把苗、肥、储、销串联起来，将整个产业链品牌化。

码上链接典型人物

崔顺梅：兴粮节粮，巾帼力量

推荐语：崔顺梅，漯河市天顺农业种植专业合作社理事长，全国农业农村劳动模范，河南省农牧渔业丰收奖获得者，"漯开杯"河南省2022年高素质农民创业创新大赛成长组二等奖获得者，漯河市创业之星，漯河市十大种植（养殖）女能手，漯河市乡村出彩巧媳妇。她秉持种好粮的初心，深耕种子行业20余年，成立了漯河市金秋乐种业产业化联合体，创建了集种子示范、繁育、推广、加工、销售于一体的市级现代化农业示范园区。她带领周边留守妇女共同致富，为粮食生产安全和乡村振兴贡献了巾帼力量。

创新驱动，自主繁育良种

崔顺梅积极响应兴粮节粮号召，加强科企合作，掌握了先进良种繁育技术，与漯河市农科院联合选育了小麦品种"漯麦6010""漯麦99""漯麦76"，以及花生品种"金花19"。她建设区域性良种繁育基地，常年自繁小麦种子3万亩、花生种子1万亩，推广面积共计10万余亩，为我省建设"中原农谷"助力，为漯字号种业育、繁、推一体化建设贡献了力量。

联合聚力，打造种业龙头

2021年4月，崔顺梅联合金秋种业、河南秋乐种业、河南豫研种业及农资、

农机、粮贸等行业的14家企业,组建了河南首家种业产业化联合体——漯河市金秋乐种业产业化联合体。

联合体业务分3个板块:优质小麦种子、花生种子繁育,高油酸花生种植,优质小麦种子、花生种子推广销售。

目前,联合体拥有大型种子加工生产线3条,小麦种子仓储能力3 000万斤,花生种子仓储能力1 500万斤。合作社自繁小麦种子2万亩、花生种子1万亩。

联合体运营土地3万亩,带动服务小麦种植20万亩、玉米30万亩、花生20万亩,发展成为豫中南地区最大的种粮一体化全产业链基地,预计将带动周边15 000户农户实现农业增产增收,营业额可从3 000万元增加至1亿元。

帮困扶贫,带富周边群众

2012~2021年,崔顺梅帮扶农户3 224户,年均用工2万余人次,每户年均增长1 000余元,超过当地其他农户人均收入15%以上。

2017年5月,她的合作社与邓襄镇政府签订到户增收协议。截至2021年,

全镇 214 户贫困户每户年均分红 6 000 元左右;增加优质花生种子种植项目,带动全镇 64 户贫困户成功脱贫。

码上链接典型人物

韩振磊：双轮驱动，助力农业现代化

推荐语：数字技术如何更好地赋能乡村振兴和农业现代化发展？来自漯河市临颍县的"新农人"韩振磊带领公司团队，以"发展农村经济，科技改变农业"为使命，以现代化农业服务为方向，以数字化技术（数字化平台、数字化装备、数字化运营、数字化服务）与农业技术（土地巡视、全程记录、科学指导、精准推送）深度融合为手段，通过打造GIS农业大数据平台，建立"GIS平台+服务"的现代化农业服务模式，双轮驱动，助力现代化农业发展。

使命驱动，勇于创业

我国是农业大国，但还不是农业强国，特别是在农业生产领域，存在规模化程度低、种植管理不科学、生产资料投入盲目、信息化程度低、经营主体文化水平不高等一系列问题，在一定程度上制约着我国现代化农业的发展。

本着问题即机会的创业思路，抱着为现代农业做出一份贡献的念头，2016年，刚进入不惑之年的韩振磊不顾亲朋好友劝阻，坚定选择农业进行二次创业，创办了河南汇众基业农业科技有限公司。

韩振磊规划了通过信息技术与农业技术高度融合，建立"GIS平台+服务"的现代化农业服务模式。（GIS：地理信息系统）

有了方向，便开始撸起袖子加油干！县城研发人员短缺，打造"GIS农业大数据"平台成了一大挑战。除了花大力气招聘人才外，他带着精心制作的项目书到郑州及北京、山东、江苏等地寻求技术合作，最终和北京四维远见信息技术有限公司成功签约。2017年，GIS农业大数据平台正式上线。同时，为了保持企业技术持续创新，他创造性地建立健全"内脑"技术队伍和"外网"支撑的技术研发创新体系，确保企业核心知识产权。

缺乏农业知识，他便组织人员集中学习，邀请专家授课培训；带领团队深入田间地头，不懂就问，不会就学；抽空便奔赴省城，到河南省农科院、河南农业大学寻求专家支持。2016年底，他与河南农业大学联合成立"现代化农业服务科技小院"。2017年5月，"科技小院"正式挂牌。同年，为了推动测土配方施肥技术落地，他在河南农业大学专家的建议下，投资建立土壤检测实验室和智能配肥微工厂，并投资设立临颍汇众农业专业合作社，进行科学种植试验和技术推广。

用心服务，纵深发展

有了数字化平台和农业技术基础，为使"GIS平台+服务"的现代化模式落地，韩振磊又组建了数字农技服务团队，依托GIS大数据平台深入田间一线为农户提供全生命周期的科学种植管理服务，内容包括：土壤检测、配方推荐、科学施肥、定期巡视、农情预警、植物全程营养方案的提供与实施指导、病虫草害科学防治、测产、收益核算等。结合生产调研、试验示范、科技培训、技术服务等活动，探索作物全程解决方案，打破技术推广"最后一公里"的瓶颈。

主要做法是，将规模种植主体、种植地块、耕地地力等方面的数据统一上图入库，平台化管理。技术服务人员到达田间地头，通过一部手机便可查看自身位置、周边地块信息。在手机界面点击进入地块，可以记载农业投入品、作物长势、病虫草害等情况，并给出相关管理方案。手机还可以一键呼叫农户和将相关信息通过平台推送给农户，大大提高服务效率和服务精准度。

截至2022年底，团队已将全县近30万亩规模种植地块信息上图入库管理，依托平台服务农户、解决农户问题上万次，开展室内外培训150多场，培训

10 000余人次，采集并测定土壤样品423份。实现配方肥示范2万多亩、技术指导5万多亩，并辐射到周边的郾城区、舞阳县等地，深受农民的欢迎。

2019年，根据管理服务"三农"需要，开发上线了"临颍县农业农村数字化管理服务平台"，并陆续开发上线了多个子系统。业务涵盖高标准农田建设数字化管控、农田设施网格化管护、土地流转系统、绿色种养循环试点农业、化肥减量增效等。管理服务平台采用GIS、大数据、移动通信、云计算、物联网、5G、航拍航测、AI等先进技术，将最新遥感数据、无人机高精度数字影像作为数字底图，将农业各种资源要素上图入库，包括农田基础设施（机井、电站、道路、林网、沟渠）、农业相关主题、规模化种植地块等，建立数据标准体系，建立天-空-地一体化信息采集机制，实现对农业生产和农村环境等全领域、全过程、全覆盖的实时动态观测，从而提高农业领域管理服务能力和科学决策水平。

截至2022年底，他带领团队已将临颍县1 300多个三级网格、11 000多眼机井、1 400多台变压器、5 400多座桥涵、2 000千米农田道路、近30万亩（3 000多块）规模种植地块、73 000多户户厕信息采集完毕，上图入库至大数据平台。平台自上线以来，解决农户问题上万次，服务中小规模种植户近3 000户，累计服务量达100多万亩，服务里程近30万千米。

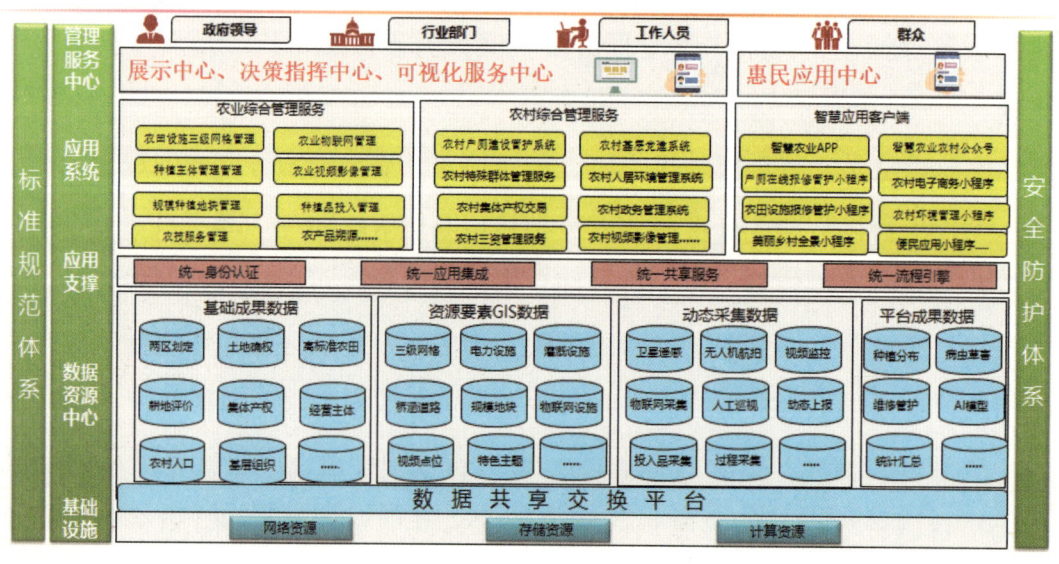

多方认可，成效显著

多年来，项目的实施得到了广大农户和政府管理部门的一致认可，取得了良好的社会效益、经济效益和生态效益。

对农户来说，大数据平台的智能分析、及时预警、精准推送降低了经营风险；通过信息技术手段提供全生命周期的科学种植管理服务，实现了农业生产过程、管理过程及服务过程的信息化；解决了众多实际生产问题，提升了自身种植能力，能够更加科学地使用化肥农药，实现节本增效，推动农业可持续发展。仅2022年，农户的施肥量降低了5%~10%，粮食作物增产增效15%~30%，经济作物增产增效10%~20%，农户共增收近千万元。

对农业主管部门来说，通过各种专题图层，如农田灌溉机井一张图、农田电站分布一张图、农田桥涵分布一张图、户厕改造分布一张图、规模种植地块分布一张图等，政府主管部门实现挂图作战、挂图指挥，可以更加优化资源配置；可以通过平台及时高效的调度服务，快速响应农户服务请求，实现"一网通管、一网通办"的高效服务模式。

目前，汇众公司拥有商标1项、专利6项、软件著作权25项。2019~2021年，连续3年被评为科技型中小企业。2020年，被认定为国家级高新技术企业。

2022年,被评为漯河市诚信示范企业。公司申报的项目3次被农业农村部推介为数字农业农村新技术新产品新模式优秀项目。韩振磊荣获漯河市第三届青年创业之星。

"下一步,我将继续带领团队,专注平台研发,倾力做好服务,用智慧和热情,让我们的现代化农业服务之路更宽、更远。"韩振磊坚定地说。

码上链接典型人物

刘建华：吃红糖、喝酵素，这个农场厉害了

推荐语："80后"新农人刘建华，始终坚持健康、绿色、生态的理念，通过不断努力、探索和实验，总结出了一套独特的生态农业模式：果园生草－杂草还田－冲施、喷施自制的红糖酵素生物复合菌肥。此举产出了高品质的农产品，处理了大量的厨余垃圾和养殖场废弃垃圾，改良了土壤结构，增加了土壤肥力，净化了乡村环境，取得了可观的经济效益。

创业初心

正绿家庭农场位于漯河市召陵区青年镇青年村，由"80后"新农人刘建华于2013年创办，有130多亩，主要种植水果。

当年，很多人抱怨"现在的面不香、果不甜"：很多农产品只是看起来很漂亮，吃起来却完全没有以前的味道。而食品安全更是全民关注的问题，很多瓜果蔬菜的农药残留、化肥残留问题非常严重，对人体健康危害极大。

刘建华决心通过流转土地建设家庭农场，种出不施化肥、不打农药的水果。

主要做法

刘建华了解到，当地职高有一种"种地不用化肥"的技术：他们把学校、周边养殖场产生的生活垃圾，以及种植过程中产生的劣质蔬菜瓜果等收集起来进行发酵，然后冲施和喷施于田间。他们还把发酵过程中产生的酵素拿来喂养

鸡、鸭、猪。这样，种出来的农产品口感好、营养价值高、无任何残留，养出来的家禽皮毛光滑、肉质也好。

但是，现实却很残酷，青年村的土地由于多年种植大田作物，土壤中的化肥、农药、除草剂等残留物已经超标，很难种出优质的农产品了。

该怎样改良土壤呢？他去书店买书、上网查询，然后远上天津、山东青岛等地参观学习，了解到了西方国家的荒漠化田间管理模式。刘建华决定将它和酵素生态种植模式结合起来试一试。

具体来说，就是让田间杂草疯狂生长，利用杂草吸收掉土壤中的各种残留，然后定期对杂草进行粉碎还田；杂草还田后，立即冲施自制的"红糖+酵素"生物菌剂，让杂草残体更加充分地腐化、分解。

农场前期请来挖掘机，深挖定植沟，在沟中埋入大量的玉米秸秆、木渣、羊粪，增加有机质；大量收集沼渣、沼液，利用自己改装的小型罐车进行田间浇施。

"红糖+酵素"生物菌剂效果很好。

每年清明节前后，漯河地区很多果树处于展叶和开花期，几乎都会遭遇一次"倒春寒"。如果在浇萌芽水时冲施酵素，则可早生根；再在叶片上喷施酵素，

能起到前期壮芽、防寒的效果。

通过冬施农家肥、果园杂草还田、冲施酵素肥，在激活地下微生物的同时，也养活了果园地下的蚯蚓。经过几年的坚持和努力，蚯蚓在农场果树行间大量繁殖。蚯蚓粪是公认的有机肥之王，颗粒均匀，营养全面。经蚯蚓粪改良的土壤呈团粒结构，吸水、保水、透气性都很好，具有抗旱、保湿的效果。目前蚯蚓粪也成了农场的一个亮点，为农场种出绿色、生态、安全、健康的农产品做出了巨大的贡献，成为真正的"农场法宝"。

每年收麦之后，麦田里的瓢虫没有了去处。由于刘建华的家庭农场喷施了两遍自制酵素，瓢虫们都飞过来了。其中的七星瓢虫消灭了农场里的蚜虫，这样就不用喷洒农药了。

在各级部门的关心和支持下，正绿家庭农场的这种酵素生态种植养殖模式的影响日益扩大，上级领导和有志之士不断前来参观、调研。漯河市农业农村局的领导前来调研后说："要将正绿家庭农场创新的'红糖+酵素'无菌化原生态种植经验及模式进行总结，并在全市绿色种植中广泛推广和应用。"刘建华也把自己摸索出来的模式介绍给身边的多家种植户、养殖场，他免费提供原菌种，帮助大家扩繁自制生物有益菌剂，取得了不错的效果。

产品销售

正绿家庭农场引进的是新品种果苗，其中葡萄有"夏黑""金手指"和"维多利亚"等6个品种，桃有"春雪""春蜜""中油蟠7号"3个品种，梨有"皇冠""秋月"2个品种，苹果有"美八""嘎啦""中秋王"3个品种，大樱桃有"美早""红灯""沙米托"3个品种，李有"蜂糖李""五月脆""黑布林"等4个品种。早熟、中熟、晚熟的品种都有，实现了错时成熟，既延长了鲜果供应时间，又减轻了销售时间的压力。在卖早熟品种时，很多客户都已经看上了中熟、晚熟品种。品种的多样化，也吸引了附近的人到农场采摘、游玩。

同时，刘建华也通过"一亩田""益农信息社"等网络信息平台，宣传介绍自家及身边的优质农产品。

近几年，刘建华的正绿家庭农场在召陵区及周边地区渐渐露出头角。2019年，正绿家庭农场被河南省农业农村厅正式评为"省级示范家庭农场"。正绿家庭农场生产的全生态绿色果品，备受当地领导和乡民的赞誉和喜爱。

码上链接典型人物

闫鑫磊：“新农人"，新希望

推荐语："新农人"闫鑫磊，2002年出生，漯河市东红农业科技发展有限公司技术负责人。大学毕业返乡后，他通过土地流转，承包耕地1260亩，在实践中逐渐摸索出一整套的科学种田模式，成为有名的种田能手、高产冠军。他每年给国家提供粮食130多万千克，净收益在70万元以上，成为新时代农业致富路上的带头人。他利用先进植保机械，给1000亩耕地喷洒农药仅需1天。他给拖拉机加装导航系统，实现无人驾驶作业。

科学种田

这些年，农村中许多青壮年进城务工，留守家中的大多是无劳动能力的老年人和孩子。一到庄稼收获季节，外出务工者便急急忙忙请假赶回家，粮食收完又急急忙忙向工作地赶。这一来一回，既影响收入又耗费路费。而且，由于平日不能好好管理庄稼，收成也往往不是很理想。

闫鑫磊想："有没有什么办法，能让土地不减收，又能让在外务工的人安心工作以创造更大的价值呢？"

专科毕业后，闫鑫磊立下土中刨金的誓言，回乡潜心钻研起了农业技术。

2020年，随着国家鼓励土地有序流转政策的推行，闫鑫磊看到了解决问题的希望，以高出普通转让价近1倍的价格，从农户中承包耕地1260亩，将耕地集中起来，走规模化生产和集约化经营的路子。他对流转来的土地进行科学

种植管理，结果产值翻倍增长。这下，流转耕地的农户种地的纯收入没有减少，也能够安心在外地工作，创造更多的价值。

科学种田，是提高土地产出效益的唯一途径。

闫鑫磊把农业技术推广中心作为技术依靠单位，积极向农业专家请教新的种植技术，高薪聘请高级农艺师、农技师到田间地头做技术指导，从选种、施肥、病虫害防治到收获，他严格按照要求进行统一规划、统一耕整、统一播种、统一管理、统一收割。辛勤耕耘收获累累硕果，粮食季季大丰收，连创高产纪录，玉米、小麦年平均亩产都在 600 千克以上，一年每亩地比其他地块多收粮食 300 千克左右。

手中有订单，种粮才不慌。

闫鑫磊深知，要打破一家一户的小农生产模式、提高经济效益，必须走订单生产这个方向。于是，闫鑫磊与县城的一家种业公司合作，商定用 200 亩耕地进行小麦种子制种，实现增收 4 万元。他又与粮食购销企业合作生产优质小麦，确保销路通畅，且每千克比普通商品粮多 0.1 元，仅此一项便增收约 3 万元。

农业机械化

通过多年来的种植实践，闫鑫磊了解到农业机械化是农业现代化的必然要求，大规模农业承包活动必须实现机械化。于是，闫鑫磊积极与农机合作社结合，从秸秆还田到粮食收获，全部实现机械化。他将拖拉机、精播机、机动弥雾机、联合收割机、秸秆粉碎还田机等现代化农机综合运用到生产中，提高了效率，降低了成本。

闫鑫磊所在的漯河市东红农业科技发展有限公司，是漯河市"标杆"农企。经过多年发展，公司已逐渐走出一条"全程机械化+综合农事"服务现代农业发展的新路子：实现黄淮海区域玉米密植水肥一体化高产技术，破解玉米籽粒直收技术难题；打造农机品牌，开展"一条龙"农机作业服务；构筑"一米合作试验台"，打破农机农艺技术壁垒，帮助农民解决技术难题；开展农机维修、粮食收储、农资统购等综合农事服务。

目前，公司年作业服务面积12余万亩，年经营收入3 600余万元。

提及未来，闫鑫磊信心满满："现代农业很有奔头，随着乡村振兴的推进，我们将持续推进实用农业新技术的推广和应用，保障粮食安全，带动群众致富增收。"

码上链接典型人物

马超：退伍军人的"马妈妈农场"

推荐语： 马超，信阳市平桥区平昌关镇胡寨村人，中共党员。2011年，他放弃上海的高薪工作，毅然决然返乡创业。他于2013年成立信阳市平桥区平昌关镇八口塘家庭农场，于2016年成立金实种植专业合作社，流转土地1500亩，建设了高标准稻渔综合种养示范田、水培大棚，开展了研学旅游、培训教育、社会实践、民宿餐饮等项目。合作社集特色种植养殖、现代农业水培蔬菜、中小学生社会实践教育基地3项业务于一身，逐步发展成为越来越成熟、良性循环的现代农业模式。

放弃高薪，返乡创业

马超曾是一个服役8年的老兵，并且在服役期间荣立过1次三等功，3次当选优秀士官。

退役后马超在上海打拼，凭着独特的商业头脑渐渐露出头角，在上海浦东某房地产经济事务所担任经理，带领公司取得了很好的成绩，年薪拿到了50万元。

"一次次探家，都没能看到家乡的变化，没能看到家人们的变化，更没能看到父老乡亲们脱贫致富的笑脸。作为一名新时期的青年，我希望回到家乡，把在上海的所见所闻带给父老乡亲。"带着这种想法，2011年，马超放弃了上海的工作，回到了家乡。

马超采用"稻田套养小龙虾"的模式干起了农场。他给自己的大米包装设计的重量是6斤2两，这是他孩子出生时的体重。马超说，孩子的出生给他带来了很多快乐,他也深感自己肩负的责任重大,他开始关注与孩子成长有关的一切。他说,小时候无论吃什么都从未担心过是不是打药了,因为都是爸妈亲手种出来的。

2013年,八口塘家庭农场成立。2016年,金实种植专业合作社成立。农场经营的土地也从最初的300亩,增加到现在的1 500亩。产业结构不断优化,主要发展稻渔综合种养。他通过稻虾共作、稻蟹共作、稻渔共作、莲藕套养小龙虾和泥鳅的模式,做大做强现代农业,努力实现"稳粮、优供、增效"的目标,全力减少传统农业对农药和化肥的依赖,成功实现化肥农药零增长的目标。他的产品获得了广大市民的青睐,在市场上供不应求。

合作社坚持走绿色产品种植的道路,同时注册了"六斤二两的爱"虾稻米和"妈妈莲"莲藕商标。

金实种植专业合作社自成立以来,从传统农业转型到特色农业,再到现代农业,逐步发展升级为融乡村旅游功能于一体的新型农业综合体。2017年,农场开始往一二三产业融合发展的模式上走,打造集"游""玩""娱""吃""购"于一体的休闲农业。利用原有的宅基地改造成四合院,修建了二十四节气科普长廊和拓展活动场地,以接待学校、机构、幼儿园等为主,开展亲子活动和学校研学教育活动,开发了以农耕文化、益智游戏、团队配合、人文认知为主体的活动课程,让来游玩的孩子们既能了解传统农耕文化,又能接触现代农业。让孩子们在生态自然体系下培养自立、自强、自信、自理等综合素养,树立正确的人生观、价值观。

2020年,马超与行业知名的赛诺优农公司合作,发展智能温室无土栽培植物工厂,搞水培蔬菜和特色瓜果。

"无土栽培不用天然土壤,完全用加入营养液的清水栽培植物。种出来的蔬菜外观整洁鲜亮,更安全,口感也很好。"马超兴致勃勃地介绍说,"省工、省水、省肥,环保又经济,作物不喷农药,是真正高品质、高产量、高效益的'三高'食品。"

走进他的水培蔬菜大棚,地上统一铺着白色的水管,听得见流水声,却看不到土壤,取而代之的是泡沫板。每个蔬菜大棚都建有鱼菜共生系统,用养鱼的水种菜，将种菜的水过滤后养鱼，形成了一个循环的生态系统。

喜人的成绩

在合作社发展壮大的过程中，马超给周边群众提供了不少就业机会，为曾经的贫困群众提供技术指导、带贫分红，先后让500余贫困户受益。2020年11月，马超入选农业农村部2020年度农民教育培训"百名优秀学员"扶贫先锋。

2019年开始，合作社新建产业扶贫大棚8 000平方米、高标准藕蟹示范田200亩，研学基地整体提升，累计投资2 000余万元。2019年给周边农户发放工资共计70余万元，惠及周边6个村。

2020年，合作社年度总用工5 600余人次，年度总工资154余万元，发放扶贫资金约38万元。

2017~2020年，合作社一共带贫176户381人，共发放扶贫款109.3万元，实现户均增收5 500元以上。

2018年11月，合作社被评为河南省稻渔综合种养示范区。2020年3月，被评为河南省农民专业合作示范社。2022年，合作社取得了总销售800余万元、净利润100余万元的好成绩。2022年8月被公示为国家级农民专业合作社。

光辉的未来

金实种植专业合作社未来的发展方向是金实田园综合体。金实田园综合体依托紧临淮河出山店水库的地理交通优势、生态资源优势和农耕文化优势,实施"一轴两翼三区"发展总体规划,总面积3 000亩,共分核心区、连片区、拓展区三期建设。目前已完成核心区、连片区两期建设,流转土地1 500亩,辐射带动胡寨、灌塘、刘集、翟寨、石桥等6个村1 000户群众。

"一轴"以贯穿园区1千米长的环湖路为主轴,将园区各主要功能片区、景观节点和特色村落有机整合,形成完整的田园综合体。

"两翼"以环湖路为界,将园区分为南北两翼。

"三区"分别是:观光旅游核心区,打造采摘认领、农事体验、创意农业、农耕文化、现场教学、民宿餐饮等6个板块;循环农业连片区,推广稻–藕–鱼虾套种套养,利用稻、藕、鱼虾共生的水环境,重构可循环高效益的生态产业链;田园康养拓展区,对豫南村落进行品质提升,完善配套服务设施,打造特色田园社区,让游客回归自然、休闲度假、修身养性、颐养天年,体验山水田园生活乐趣。

通过实施"一轴两翼三区"建设,让游客真正"望山、见水、记乡愁",真正体验到农业、农村、农事,真正实现农业强、农村美、农民富。

码上链接典型人物

华远贵：让茶树开出致富花

推荐语： 人生，因为有梦想而精彩。信阳市大别山佳茗茶文化有限公司负责人华远贵怀揣着对茶的敬畏与痴迷，一步一步地把梦想变为现实。2011年秋，他成立信阳市大别山佳茗茶文化有限公司。2012年，他注册了"融心茶"茶叶商标，开发了不同档次的毛尖茶、红茶、白茶。2019年开始，为延长茶产业链、丰富产品的多样性，他开发与利用茶树花资源，制作茶树花茶，萃取茶树花原液。2021年，公司先后获得了15项国家实用新型专利证书。2022年，公司旗下的融心茶牌信阳毛尖荣获"中茶杯""中绿杯"双项金奖。

创业：精心打造融心茶品牌

1969年10月，华远贵出生于信阳市浉河区谭家河乡。他15岁辍学踏入社会，当过菜贩、餐厅帮厨、洗衣店学徒、泥瓦匠、工地搬砖工、游戏厅管理员，后来学会了电气焊接技术，在北京从事压力容器焊接工作。

1996年，怀揣着对家乡的眷恋和对茶的想念，华远贵毅然返乡开启了一段与茶和茶树花有关的故事。

九层之台，起于累土。返乡创业，说起来简单，干起来却一点都不简单。

虽然祖辈、父辈和兄弟辈很多都一直在从事茶叶生产，但离家日久的他对一切都生疏了起来，必须要从头学起。经朋友介绍，他一头扎进茶山，开始学习茶叶种植、生产加工技术，从种、养、采一路学到炒、包、卖。

2004年，华远贵在信阳市平桥区中心大道开了自己的第一家茶叶店。

2005年，第二家茶叶店在浉河区幸福路茶叶市场开业了。华远贵招聘了5名吃苦耐劳的茶农，组建了自己的团队，进行手工茶传统工艺研究制作，获得信阳毛尖茶制作技艺国家级非遗传承人周祖宏老师的认可和好评。

2008年，华远贵在浉河港黑龙潭村范家沟组与10家茶农签约合作，流转了380亩高山茶园，在茶园管理时采用人工除草、施饼肥等无公害技术，开始进行有机茶生产。

2011年秋，华远贵创办了信阳市大别山佳茗茶文化有限公司，并将传统文化的"四君子"，巧妙融合于茶叶命名中，故有了"梅若""兰若""竹若""菊若"4个系列产品。

2012年，公司注册了"融心茶"茶叶商标，请北京的策划公司设计了品牌包装，开发了16款不同档次的毛尖茶和红茶。产品面市后，得到广大茶友的好评和群众的认可，激发了公司上下员工认真做好毛尖茶、研究白茶和红茶制作工艺的积极性。

2012~2014年，华远贵连续3年亲自带队，组织12名炒茶师傅去浙江、云南、福建等地考察学习，拜师学艺。并将儿子华瑞高送到漳州天福茶职业技术学院学习茶叶审评、十大名茶生产加工工艺、茶叶美学及茶艺。

2014年，公司尝试红茶生产。2015年，公司开始白茶制作。这些举措丰富了茶产品，拉长了产业链和茶叶生产时间，提高了茶叶的利用率，也带动了周边一大批群众增收致富。

立业：倾心研发新产品

2019年秋天，在一次茶会上，大家坐在一起品茗，茶叶专家宋效忠老师提出："信阳有非常优质的茶园，但是只用来做茶叶太浪费了，茶树花也可以利用起来制作成茶伴侣，搭配任意一款茶一起喝。"华远贵也发现了这个问题，茶树浑身都是宝，但是唯独茶树花被人遗忘，只能自然凋零。怎么能把茶树花利用起来成了华远贵的一个心事。于是他四处学习茶树花的知识，上网查阅关于茶树花的研究报告。

2019年10月底，茶树花盛开的季节，华远贵组织了一批有劳动能力的贫困户，上山开始采摘茶树花。他们将第一批采摘下来的800多斤茶树鲜花摊晾在簸箕里，然后放架子上晒。结果800多斤鲜花全部发黑，并且发出一股刺鼻的酸臭味。第二批采摘了600多斤茶树鲜花，经人工挑选之后放入茶叶烘焙机中，鲜花虽然干了，但是颜色呈黑褐色，香味也有焦糖的味道……即便如此，华远贵仍不停地在失败中获取经验，不断精进茶树花加工工艺，先后用掉了5 000余斤的花，花费了10余万元。

经过1年时间的反复学习、摸索，2020年的秋天，他终于制作出了品质优良的茶树花茶。茶树花茶受到了广大消费者的一致好评，也批量投入了生产。

2020年，公司成功申报茶树花代用茶生产加工的企业标准。

2021年，公司先后获得了15项国家实用新型专利。

2022年，华瑞高携茶树花应用技术研究与推广项目参加"漯开杯"河南省高素质农民创业创新大赛，荣获初创组三等奖。

2023年，公司参与制定了茶树花加工技术规程信阳市地方标准。茶树花精油、护肤品、面膜、啤酒等产品相继面市，公司走上了发展的快车道。

帮扶：三产融合带富一方百姓

吃水不忘挖井人。华远贵常说："土地对于农民就是宝，这片土地孕育了一代又一代人，现在我成长起来了，就该回馈这片土地了。"

2018年10月,浉河区委、区政府组织召开产业带贫动员大会。华远贵积极响应国家政策,投资1 000万元在谭家河乡凌岗村建设融心茶产业园,厂区建筑面积3 200平方米,建设高山茶园1 550亩、绿色种植基地650亩。他先后包联5个村124家贫困户,发放五保户救助金、残疾人爱心款,贫困户年终分红款等共计78万余元;提供就业岗位100余个,带动1 000户茶农从事茶树花采摘加工,增加第二茬收入达500万元;长期以高于市场价收购困难群众的茶叶,优先安排贫困户就业,培养教育贫困户子女,帮助困难子女入学就学。

2019年,公司连续两次获得谭家河乡"带贫之星""创业之星"光荣称号。

2020年,公司成功获批河南省扶贫旅游示范单位、浉河区第一届技能乡村人才示范基地。

2022年,华远贵积极与信阳市农广校对接,签订为期3年的教育培训协议,公司成为信阳市农广校新型职业农民培养中职教育的教学点,组织了协会茶企、合作社员工及困难群众等共51人,系统学习茶叶种植、加工、茶艺、销售等方面的专业知识,帮助他们增长知识,增强技能,进一步补上人才欠缺这个产

业发展最大的短板。

  展望未来，华远贵说："我是农民的儿子，是茶乡的传人，把信阳毛尖做大做强，把家乡的品牌推向全国乃至全世界是我的梦想。现在，我的儿子也从茶学院学成归来，代代相传的茶，让我看到了生生不息的传承与希望。在这片充满斗志与梦想的土地上，我们将整装待发，以'农村美、农民富'为己任，将传统与现代、科技与创新相结合，为信阳市乃至全国茶产业链的延伸做出更大的贡献。"

码上链接典型人物

张庭莲：激活村庄的"草精灵"

推荐语：张庭莲，女，信阳市平桥区龙井乡南雷村党支部书记兼村主任，中共二十大代表，河南省脱贫攻坚先进个人，全国巾帼建功标兵。2016年，张庭莲回到家乡，成立了信阳农林谷生态农业有限公司，直接带动周边5个行政村94户191名困难群众、间接带动几百名群众实现家门口就业增收。村里从一家产业，逐渐发展成为肉牛养殖、豆腐加工、特色草莓种植、香草精灵农耕乐园等产学研相结合的融合产业。村民人均年收入从不足7 000元增加到18 000余元。村集体经济也从无到有，从弱到强，增长了4倍。南雷村由一个偏僻落后的贫困村成为当地小有名气的美丽乡村。

返乡创业：秸秆的华丽转身

张庭莲是地地道道的农民的女儿。年轻时因为家里经济困难，她和丈夫在深圳务工、创业，由于肯吃苦耐劳，经过辛苦的打拼，自己创办了一个小工厂，生意越做越好。

张庭莲所在的信阳市平桥区龙井乡南雷村，是大别山革命老区的一个典型贫困村。"以前的家乡没有产业，没有人才，没有村集体经济，走的是泥巴路，住的是土坯房，外面的车想开进来都非常困难。"张庭莲回忆说。

全村500余户人家，有90%的农户从事水稻种植。水稻经收割后余下大量的秸秆，这些秸秆除了喂牛，便只能堆放在田间地头，不少村民为如何处理

秸秆而发愁。2015年春节回乡探亲时，张庭莲注意到了田间地头堆放的水稻秸秆，她知道南方的一些企业能利用秸秆制作工艺品，在了解了政府对回乡创业人员的帮扶政策后，她想："能不能借此机会回乡创业，带动村民们致富，顺便帮乡亲们解决掉秸秆处理的问题？"

说干就干！经过多方考察后，张庭莲毅然决定返乡创业。"秸秆本身不怎么值钱，但用秸秆编织的手工艺品却能卖个好价钱，说不定可以在我们当地试试产业化、规模化。"抱着这样的想法，张庭莲在2016年初创办了信阳农林谷生态农业有限公司，并注册了"农林谷""香草精灵"商标，通过"手工艺+创新"的形式，为市场提供个性化的产品定制。

起初，村民们并不相信张庭莲的草编厂能挣到钱。公司成立了，拿到了订单，也收购了足够的稻草，却出现了"招工用工难"的情况。由于南雷村从来没有任何产业，村民们对这个建在家门口、与废弃稻草相关的企业不看好，都担心产品卖不出去、给不起工资，不愿意到厂子里来打工。面对创业初期的困难情形，张庭莲没有退缩，经过反复思考与尝试，她想出了一个办法：亲自传授村民编织技术，开展带薪教学，对于前来参加培训的村民发放一定的补贴。通过这种方式，她培养了自己的第一批工人。

作为张庭莲亲自培训的第一批工人的一员，南雷村村民雷娇回忆道："每次张总（张庭莲）教我们编稻草人时都戴着副手套，有一次我无意间看到了她的手，发现手上全是伤疤，还贴着创可贴……看到这一幕后，我心里很不是滋味。"

为了支持农民创收，张庭莲还免费给村民发放草绳机，让村民自己生产草绳。看到稻草加工使秸秆变废为宝，村民们还一起研究构思怎样用稻草加工艺术品。就这样，废弃的秸秆成了村民增收致富的"黄金草"。

为带动更多的村民，张庭莲建起了专门的培训教室。在农林谷生态农业公司的培训教室里，摆满了手提包、坐垫、拖鞋、装饰画等手工制品。村民通过学习培训掌握制作工艺，利用闲暇时间加工生产这些手工制品，公司进行计件回收。

经过几年的发展，张庭莲的公司逐步壮大，解决了当地 600 余人次的就业问题，助力龙井乡 5 个行政村 94 户 191 名贫困人口脱贫，累计进行技能培训 310 余人。

原来没人要的秸秆成了南雷村的致富秘诀，每年水稻收割后，村民们都抢着为草编厂提供秸秆，秸秆产业成了南雷村的"明星产业"。

脱贫致富：贫困村的华丽转身

秸秆的"华丽转身"带富了村民，张庭莲仍然不满足，她希望家乡变得更好。张庭莲深知，要想把村民带富，必须依靠组织的力量。于是，她向党组织递交了入党申请书，在党组织的培养下，成为一名共产党员。

2020 年 8 月，张庭莲参加了信阳市农业农村局组织的高素质农民培训班，在南京农业大学进行了为期 7 天的学习，到江苏省句容市茅山镇丁庄村考察时，当地"党建链"串联"产业链"共建"致富链"的模式使她深受触动。2021 年 3 月，张庭莲当选南雷村党支部书记，她向村民许下承诺："我有两个家，一个是我的小家，另一个就是南雷村，全村 1 620 名村民都是我最牵挂的家人。我会当好顶梁柱和服务员，让南雷人生活得更好。"

张庭莲上任后，经常针对村里出现的返贫、就业增收等问题挨家挨户地走

访调查。走访到哪一家,哪一家的人就会很热情地搬几个小板凳过来,大家围坐着拉家常、交流谈心,久而久之,大家就称之为"小板凳交流会"。张庭莲把村里每家每户的小板凳坐了个遍,发现有什么问题就当场解决;解决不了的,根据龙井乡党委"654321"矛盾排查法,及时形成台账上报上级党委和政府。对于积累多年的矛盾纠纷,她一次又一次地上门做工作,直到矛盾化解,让乡亲们切实感受到服务就在身边。

在秸秆产业的带动下,村里的产业从原来的 1 家逐渐发展到 8 家。秸秆产业的成功也为想回乡创业的年轻人树立了榜样,村民当中外出务工的人少了,就近就业、返乡创业的人多了,小龙虾养殖、民宿旅游、农耕乐园……相继发展起来。人才的回归,产业的兴起,像一池春水,为乡村振兴注入了活力、增强了信心、赋予了希望。党员的凝聚力增强了,支部的战斗堡垒作用增强了,群众的获得感、幸福感、归属感也更足更强了。

有了特色产业,南雷村的村民们都成了实实在在的受益人,村民们的口袋也鼓了起来,人均年收入从原来的不足 7 000 元增加到 18 000 余元。村里新修了 6 千米道路,安装上了 100 多盏太阳能灯,新建了 2 座旅游公厕,家家户户用上了自来水和卫生厕所。村民们印象中的泥泞小路变成了"户户通"的水泥路,家家户户门口停放的小轿车也多了起来。

展望未来：共同走上富裕路

2022年5月，张庭莲光荣当选为中共二十大党代表。

谈到南雷村未来的发展，张庭莲说："从漂泊游子到创业新兵，从普通群众到中共党员，从企业经营者到村党支部书记，变的是称呼，不变的是为人民服务的初心。未来的南雷村将以党建为引领，在稳步做好主导产业、发展村集体经济的同时，带动更多群众走特色产业发展之路。主要是耕好3块责任田：以党建为引领的红色责任田，以文明为基础的诚信责任田，以高标准农田为主的绿色责任田。耕好责任田，走好共富路。"

码上链接典型人物

杨占通：下岗后创业，走出农业发展创新路

推荐语：杨占通，洛阳市孟津区人，洛阳洋丰果业有限公司董事长、党支部书记。临近退休时突遇下岗，他转身扎根农村，十年求证，完成了人生的华丽变身。他坚持创新引领，推广应用先进技术打造绿色生态农场，成为全国农作物病虫害绿色防控示范基地。他坚持以带动农民增收致富为己任，打造了一个国家级农民合作示范社。他坚持探索农文旅融合发展新模式，将洋丰生态园建成了国家乡村旅游AAA级景区。他坚持以振兴乡村为使命，牵头打造孟扣路农业产业化联合体，带动数万群众增收致富。

下岗创业，在广袤农村找到人生新方向

广袤农村大有可为。杨占通对此深有体会。

52岁时，杨占通在原孟津县磷肥厂已工作了26年，并从普通职工一路升到了厂党委委员、经济师。本以为就此干到退休，颐养天年，却没想到，在2009年国企改制浪潮下，磷肥厂未能幸免，他一家4口人全部下岗失业，生活顿时失去了保障。

但天无绝人之路。此时洛阳地区创业风尚初兴，各级政府陆续出台了创业扶持政策。经过深思熟虑，杨占通萌生了回乡创业的念头。

杨占通："我没想到自己临近退休会从国企失业，也没想到失业后会去再创业，更没想到竟然成功了。"

一人致富不算富,百家都富才是富

孟津区送庄镇位于黄河之滨、邙岭之上,气候环境优越,适宜各类瓜果蔬菜生长,拥有孟津梨、孟津西瓜、孟津葡萄3种国家地理标志农产品,且交通发达,运输极为便利。虽为风水宝地,但当时却经济落后、生活贫困。

洋丰公司成立于此,不仅仅因为这里是杨占通的老家,更重要的是区位和环境优势适宜发展果蔬业,他也希望带领乡亲们早日摆脱贫困,生活奔小康。而"带动大家共同致富"也成为洋丰的核心理念。

企业发展壮大,吸收的下岗职工和农民越来越多。2012年2月,杨占通成立了孟津硕丰种植专业合作社,社员达到309人。失地农民或加入合作社,或成为公司员工,不仅拿工资,每年还可获得分红,极大地提高了积极性。公司发展也步入快车道,员工人数增加到120余人,临时用工达300余人。

授人以鱼不如授人以渔。2015年,杨占通与河南省农广校合作成立洋丰农民田间学校,配合政府培养新型职业农民和产业型干部,累计开展培训20余期、培训1 200余人次,培训学员普遍获得了增产15%、增收20%的良好经济效益。

脱贫攻坚战打响后,杨占通积极响应党的号召,依托公司技术和资源优势,与送庄镇十里村、朱寨村签订产业帮扶协议,通过果树包养、土地流转、效益分红等多种方式助力53户贫困户全部实现脱贫目标。

近年来,乡村旅游兴起,产业融合成主流。杨占通紧抓机遇,积极探索农文旅产业融合发展新模式,全力打造生态度假游、采摘体验游、节庆文化游、民俗体验游等创新产品,企业经济效益和带动效应明显提升。目前已带动周边4个乡镇7个合作社10个行政村7万多亩土地6万多群众增收致富。

创新发展之路

创新是第一生产力。洋丰实现快速壮大的秘诀不仅仅是技术创新,还有组织和管理创新。

杨占通说道:"创业之初,突然从工业企业高管到农业企业带头人,从被人领导变成领导别人,一时难以适应。但最重要的还是怎么管理农业企业,不仅我没有经验,其他高管都没有经验,因为我们都是工业企业出身,只能走一步看一步,慢慢摸索。"

2012年成立了党支部,创业走上正轨,杨占通开始了管理创新的探索。

作为老党员的杨占通,希望将党的组织经验运用到企业管理中去。经过长期摸索,功夫不负有心人,最终形成了具有洋丰特色的组织管理体系。其核心内容是实施党支部"1+4"工作目标和党员"124"工作法,即坚持党建引领,统筹农业、文化、旅游、生态"四位一体"发展模式,把党支部建在产业上,把党小组建在基地(大棚)中和党员示范岗位上,强化员工思想教育、技术培训、爱心帮扶等举措,提升职工文化认同感和企业归属感,引领企业朝着正确的方向快速发展壮大。

做现代高效农业,离不开现代科学技术的支撑。杨占通深知科技创新对企业持续发展的重要性。

创业之初无钱聘请技术员,他就狠下心坚持自学,未曾想竟然成了远近闻名的"土专家"。然后他开班授课,亲自传授农业技术,为企业培养了第一批专

业技术人才，为企业初期的发展奠定了基础。

后来，随着种植品种的增多，杨占通特意聘请郑州果树研究所、河南农业大学等机构的高端人才加盟，提供技术支持；与河南省农科院、河南科技大学等强化产学研合作；同时吸收大专院校返乡创业学生10余名作为技术员储备。他还每年花费数十万元投入果蔬新品种的培育引进，目前已获得13项专利。

很多人说农业难做，实际上是低端农业难做。缺乏品牌认知度、产品品质不高、同质化严重，导致利润太低，无法维持地租。那杨占通又是如何解决这个问题的呢？

答案就是走高端、做品牌。杨占通经常自豪地说："让消费者吃到健康、放心的果蔬，这是我做农业企业的责任和使命。因此，在农产品质量安全追溯方面，我们一直处于全市第一方阵，是河南省农产品质量安全追溯体系运行的首家企业。实施产品质量可追溯，既扩大了产品品牌影响力，也提升农产品质量安全水平。"

首先，杨占通从创业伊始，就以打造食品安全示范企业为己任，以工业化的管理理念来规范农业企业，成立检测化验室，建立食品安全档案，实现标准化生产。

其次,全面实施农产品"三品一标"认证,实现农产品带证上网、带码上线、带标上市,并与农户、合作社签订绿色产品生产协议,实现统一标准生产与销售。

最后,打造属于自己的品牌。杨占通坚持以品牌、品质来拓展市场,不断提高市场对洋丰品牌的认知度。先后注册4个商标,其中"财丰"商标获得河南省著名商标的殊荣。在当地,群众都知道"洋丰绿色产品质量安全有保障"。

目前,洋丰生态农场通过了ISO 14001:2004环境管理体系标准认证,洋丰葡萄、猕猴桃、草莓、西瓜等6类产品通过了绿色食品认证。

码上链接典型人物

顾永胜：让黄土地开出"致富花"

推荐语： 顾永胜，中共党员，武陟县大虹桥乡东刘村人，创办了武陟县农友种植专业合作社。目前，顾永胜的合作社签约农户386户，签约流转土地3 200余亩，带动劳动就业185人，被国药集团认定为四大怀药种植基地、核心供应商。每年加工销售四大怀药5 600余吨。从国家海关发布的2021年出口数据来看，农友合作社种植加工的地黄已占韩国市场份额的60%以上。

返乡创业

顾永胜年轻时开过大货车，后来在海南从事过多年酒店管理工作。随着年龄的增长，对家乡、对土地的那份感情日益深厚。

2015年春天，顾永胜放弃在外地的高薪工作，带着对农业的无限憧憬，毅然决然地走上了回乡创业之路。在家乡，他创办了武陟县农友种植专业合作社，计划利用自己积累的人脉资源，把家乡的四大怀药销售到全国各地。

顾永胜说："回到家乡那一刻，我感到无比熟悉与亲切。随着国家实施脱贫攻坚、乡村振兴，我们这些创业者赶上了好时候，我下决心要把家乡的怀药产业做好。"

怀药产业发展之路

创业之初，顾永胜既当老板又当采购员、销售员，有时还是生产工和装卸工。

常常为了接一个单子，四处奔波；为了节省人工费用，亲自下地干活儿；为了筹集资金，他奔走于大大小小的银行；为了开拓市场，他更是跑遍了广州清平、广西玉林、河北安国等国内知名的药材市场。

提起当初创业，他从来没有退缩过："刚开始是很难的，没有钱，没有人，群众对咱也不信任，最难的时候压力大到整夜整夜睡不着，甚至开始怀疑是不是回乡创业这条路走错了。但是能咋办呢？只能说是自己多干点，一步一步慢慢来。"

提起顾永胜，一个老乡忍不住夸赞道："永胜是个敢于吃苦、善于琢磨的人，他心中始终有一个念头，那就是无论如何要把合作社发展起来，增加大家的收入。"

通过不断摸索学习、外出考察、总结经验及聘请专家指导等，顾永胜逐步克服了从种植到加工到销售各个环节的难题。用了不到两年时间，让合作社的怀菊花、怀山药、怀地黄、怀牛膝品质越来越好，产量越来越高。除了在本地销售外，还远销到韩国，农友合作社"怀府农友"品牌在外国市场开始占有一席之地。

合作社发展起来后，顾永胜并未止步不前。他多次带领南古、东刘等村的合作社社员，到安徽亳州及广东等地考察学习，让大家亲眼看到先进种植区1亩地菊花售卖5 000元高价的景象。这些极大地激发了农户的种植积极性。

顾永胜还发现，家乡的怀菊花虽然品质好，但每吨的价格总是低于杭白菊、亳菊等两三万元。经过反复研究，顾永胜发现了其中的原因——本地菊花均是风干晾晒后售卖，颜色普遍发黑、发黄。而杭州等地的菊花，则是经过烘干设备处理，最大限度地保留了菊花原有的鲜亮色泽，而巨大的价格差恰恰就错在了外观色泽上。顾永胜果断投资130余万元，引进了一条全自动烘干线，合作社的发展也迈上了新台阶。

2020年，顾永胜成立了焦作市农友生物科技有限公司，与河南中医药大学、中国科学院合作，开发出山药粉、山药麻花等十几个怀山药营养食品，并培育了怀红菊、怀地金等系列特色产品。同时，还在北京、武汉、郑州等城市开设了"四大怀药"特产店,线上销售更是覆盖到京东、天猫、抖音、拼多多等各大销售平台,年销售额达到了5 200多万元。

2022年,顾永胜成立了武陟县农友种植专业合作社联合社,覆盖了武陟县县西3个乡镇。以他们每年采购药材上万吨为根基,以联合社网格化种植为基点,逐渐扩大了种植规模,提高了品牌影响力,使基点的覆盖范围在5年内扩大到焦作市各县。2022年已与孟州市南庄镇杜村签约种植,为韩国的两家企业及国药集团、华润集团等药企种植基地建设打下原材料基础。

合作社在国家农业产业集群项目的帮扶下,购置了两台烘干机,使鲜地黄加工能力达到每天80~100吨,使联合社网格化收购加工原料上了一个大台阶。

这些年,合作社也取得了一系列荣誉。

2018年,合作社种植生产的怀地黄、怀山药、怀菊花、怀牛膝被农业部认定为名、优、特、新农产品。2020年,合作社被农业农村部评为"国家农民合作社示范社"。2021年,合作社被武陟县评为食品生产先进企业。同年,合作社被国药集团认定为四大怀药种植基地、国药核心供应商企业。2022年,农友生物科技有限公司被焦作市政府评为"农业产业化市重点龙头企业"。

共同富裕之路

"企业的发展离不开党和政府的支持,回报社会,为党和政府分忧解难也是企业的责任。现在合作社每年带动260人以上实现增收,让他们在家门口就业,我内心也有一种满足感和获得感。"顾永胜自豪地说。

2017年,合作社被大虹桥乡政府评为"慈善爱心企业"。2018年,焦作市妇女联合会授予合作社"巧媳妇创业就业工程示范基地"。2019年,合作社被焦作市推进农民工返乡创业工作领导小组评为"2018年度焦作市农民工返乡创业示范项目"。2016~2020年,合作社连续4年被评为"大虹桥乡精准扶贫产业扶贫项目"。

习总书记说,追求进步,是青年最宝贵的特质,也是党和人民最殷切的希望。只有当青春同党和人民事业高度契合时,青春的光谱才会更广阔,青春的能量才能充分迸发。

顾永胜深有同感。青春就是用来奋斗的,下一步,合作社将按照习总书记对青年人的殷切嘱托,更加努力拼搏,承担起龙头企业的带动作用,带动更多的群众走上致富路,为乡村振兴贡献青春力量。

码上链接典型人物

郭全兴：高素质农民培育助我成功

推荐语： 郭全兴，武陟县龙泽家庭农场负责人。农场以水果自主采摘为主，同时涵盖餐饮服务、认领养殖、预包装食品销售等项目，取得了不错的市场回报。他给村民们带来了就业岗位，同时也无私地帮助周边农户学习先进的种植技术，带领大家一起走共同富裕之路。

创业初期，困难重重

种什么水果比较好？

经过两三年的市场调研，武陟县龙源街道后龙睡村人发现"阳光玫瑰"葡萄不错：售价高，品种新，供不应求。而且，这种葡萄对农业设施和技术要求高，少有人种植，竞争较小。

从2013年至2014年10月，郭全兴流转本村土地100余亩，开始种植"阳光玫瑰"葡萄，附带种植哈密瓜和绿色蔬菜。

2016年7月，龙泽家庭农场正式挂牌成立，以发展特色水果为主。因为前期的基础工作做得比较踏实，8月，农场种植的"阳光玫瑰"葡萄受到市场的欢迎。

发展农业，前期投入大、回报周期长是无法回避的问题。在通往成功的道路上，资金使用、种植技术、管理经验、市场开拓等问题都要处理好，稍有不慎就会交巨额"学费"。

例如，在初期招聘员工时，郭全兴优先使用周边的中老年人，但是没有及

时提高他们的种植技术，结果损失惨重。

又如，2018年底农场首次迎来了大丰收，但问题也随之而来，由于没地方储存，销售没及时跟上，很多果蔬都坏掉了。痛定思痛，郭全兴带队研究储存技术，并再一次加大投资，在2019年建设了能容纳100吨农作物的冷库储藏室。

不畏艰难，勇往直前

随着农场步入正轨，郭全兴感到自己的能力越来越不够用了。

2020年，他参加了武陟县高素质农民培育培训班，大开眼界。电商、品牌建设方面的知识对他冲击最大。

电商时代，农产品交易平台早已发生了翻天覆地的变化，形式多样。有依托原有互联网优势扩张到农产品领域的电商平台，如天猫、京东；有传统批发市场转型形成的农产品电商平台，如北京新发地农贸市场电商平台；有农产品生产企业自主打造的垂直农产品电商平台，并逐步扩张品类，如联想的佳沃……

而品牌是能带来溢价、产生增值的一种无形的资产，好产品是品牌的基础，增值来自消费者对产品的信任。

培训课程内容多样，他还了解了最新的惠农政策和市场需求。

培训后，在老师的指导下，郭全兴请人帮自己建设了专属网络平台，尝试着开始了网络营销。他开通了抖音、快手账号，上传农产品的生长过程、一起探讨种植技术，吸引了很多人前来采摘、游玩，甚至周边学校也前来开展研学活动。

2021年7月，各种水果即将成熟。由于突遭暴雨，葡萄普遍患病，有些植株的根部甚至都腐烂了，损失接近100万元。每一次的历练都是一种成长的蜕变，2022年，郭全兴带领团队改革种植技术，重点落实了葡萄避雨项目，从防雨到排水全方位升级改造了农场。

不断努力，继往开来

经过3年的准备期、6年的成长期，2023年农场初见成效，郭全兴将迎来又一场丰收。

目前，农场拥有了办公场地、温室大棚、园林景观、冷库、餐饮设施等，拥有载装机2台、深耕拖拉机1台、秸秆机1台、沼液运输车1台、微耕机2台等。

下一步，农场将致力于发展生态农业，拓展研学基地项目建设，打造团建项目。同时，腾出场地，利用农场现有设施吸引更多的人进驻创业，丰富农场经营内容、降低创业困难，合作共赢。

码上链接典型人物

成小凛：培训有实招，致富有底气

推荐语：成小凛，中共党员，修武县伟林粮食专业合作社理事长，修武县双胞胎农业有限责任公司总经理。合作社加大科技创新力度，与中国农科院、河南科技学院等科研院所合作，实施小麦藏粮于技一体化技术集成与示范项目；建立小麦育种基地1 000亩，年繁育优质小麦种子50万千克，推广优质小麦面积4万余亩。修武县双胞胎农业有限责任公司从发展功能性农业入手，引进全新生物无抗功能饲料喂养方式，生产"无抗、富硒、ω-3云台养生蛋"，被《人民日报》等媒体宣传报道。

新型职业农民培训效果好

成小凛曾参加过新型职业农民培训，收获颇丰。

"农业的发展必须依靠科技支撑。凭我们的老经验，就算累死也不能创造多大的价值。只有相信科学技术，利用科技，才能让农业效益大大提高。"

"培训改善了我的农业知识结构。授课老师都具有丰富的理论知识和实践经验，了解农作物从栽培到生产的每个细节，使我提高了种植技术和经营管理能力。"

"理论要和实践相结合。应该运用学习的知识与方法，解决操作中的困难，在生产操作中不断总结经验，做到学以致用、以学促用，从而提高粮食产量。"

"关于销路问题。通过新型职业农民培训，我学会了通过网络平台将我们的粮食卖到全国各地各大面粉加工厂和饲料厂。"

"我从中学到了农业知识,开阔了眼界,我敢于大胆去搞农业项目建设了。"

粮食专业合作社

在参加新型职业农民培训后,成小凛对种地有了更大的信心。他扩大了种植面积,从起初的70亩地发展到770亩,并于2016年5月注册成立了修武县伟林粮食专业合作社。

合作社以小麦、玉米、果树的种植和销售为主导,积极推动一二三产业融合发展,加大科技创新力度,与河南科技学院、焦作市农林科学研究院建立了合作关系。在省农经社、修武县农业农村局、修武县科协等单位的指导下,先后培训、示范、推广新品种、新技术33个(项)。

围绕主推品种,合作社推广一系列先进的农业技术,将测土配方施肥技术、精量半精量播种高产栽培技术、病虫害综合防治技术等组装配套、集成创新,效果显著。

合作社辐射带动种植面积达3万亩,发展合作社社员达280余户,以城关镇周庄镇为中心,辐射到大梁庄、小韩村、大韩村、洼村、郜屯村、周庄村、孔村、范庄村、孟村等多个行政村。

合作社参与了2019年和2020年修武县优质专用小麦生产基地建设项目,推广了优质小麦面积4万余亩,回收率达到85%。

合作社实行"四统一"模式:统一品种、统一耕种、统一管理、统一收购,为实践乡村振兴战略、促进农民增收、农业增效和农村发展起到了积极的示范引导作用。

由于工作成效显著,合作社被授予"修武县示范社""焦作市示范合作社""焦作市社会化服务组织""粮食高产创建先进合作社"等荣誉称号,被《河南日报》《焦作日报》及修武县电视台等多次报道。

双胞胎农业公司

在修武县农业农村局的帮助下,成小凛和双胞胎哥哥注册成立了修武县双胞胎农业有限责任公司，主要经营范围为种植、养殖、种子繁殖与销售、畜禽种蛋与销售，注册资金500万元。公司建在修武县城关镇大梁庄村养殖区，现有乌鸡5 000只、土鸡5 000只、一般蛋鸡10 000只。

公司和内蒙古科技大学生命科学与技术学院的王福喜教授合作，引进全新的生物无抗功能饲料，生产的鸡蛋富含α-亚麻酸、二十二碳六烯酸、ω-3不饱和脂肪酸等营养物质。"无抗、富硒、ω-3云台养生蛋"中，ω-3不饱和脂肪酸的含量高达9.04%。

ω-3不饱和脂肪酸是健脑益智的主要营养成分，具有抗癌、降血脂、清理血管、预防心脑血管病、延缓衰老等作用。

在全国劳模杨发谊的帮助下，公司的ω-3云台养生蛋经《中国农民报》《河南日报》《焦作日报》及网络媒体大力宣传，已经销售到北京、广州、上海、郑州等大城市。这种鸡蛋的价格是普通鸡蛋的3倍，给公司带来了很大的经济效益。

在成小凛的带动下，村里的许多养殖户都跟公司合作，也生产和销售云台养生蛋，共同致富。

码上链接典型人物

刘玉杰:从"小农民"到"大国农匠"

推荐语: 刘玉杰的"命"不好,年少时吃了很多苦。刘玉杰的"命"又很好,他自强不息,通过坚持不懈的学习提升自我,取得了辉煌的成就。他创办了修武县村居农业有限公司,经营一家原生态农场,以"生态+旅游理念"为基础打造一二三产业融合型项目,为乡村振兴贡献"头雁"力量。

艰辛创业路

刘玉杰的父母是地地道道的农民。刘玉杰 14 岁那年,父亲突发脑溢血,他无奈辍学,到本村纺织厂上班。由于勤学好问,他熟练掌握了机电原理及维修技术。但好景不长,父亲病情加重,成了植物人,母亲需要长年照顾父亲,弟弟还在上学,刘玉杰每月几百元工资已无法撑起这个家的日常开销。于是,他辞去工作,背起行囊外出务工。

2008 年,不愿向命运低头的他不顾家人反对,筹钱和弟弟一起创业,开了一家灯具安装和家电维修店,兄弟俩守在父母身边分担农活、照顾父亲。

店里的生意一直不温不火。为了让家人过得更好,2010 年,他把店交给弟弟,自己去考察蔬菜大棚种植。不久之后,刘玉杰筹借资金 8 万元,在自家农田建造了两栋蔬菜大棚,从此走上了农业创业之路。刚开始没有种菜经验,他就四处请教,事业总算有了点起色。

在经营过程中,他发现从事农业生产的村民(包括他自己)文化程度低、信息闭塞，传统的蔬菜经营模式需要更新。2018年，将自己苦心经营的蔬菜大棚托管给朋友，迈出了求学的步伐，去新乡中亚种业有限公司进行育种繁种和市场调研。也就是在这一年的时间里，他走遍了河南、河北、山东、山西、陕西、江苏和安徽等7个省的大部分蔬菜大棚区。在这段时间里，他更深切地感受到了奋斗在生产一线的劳动人民的艰辛，但是这些生产者却没有市场定价权。

农业的出路到底在哪里？

2019年底，他与河南阳兴农业发展有限公司洽谈合作，签订胖兵丁生鲜供应链合作合同，边学习线上供应链经营管理经验边开阔视野。2020年，疫情来了，项目的生存和发展受到了很大的冲击。

机遇总是留给有准备的人的。

2020年，刘玉杰参加了省农业农村厅、省人力资源和社会保障厅在郑州大学联合举办的第一届农业职业经理人培训班。对于文化程度不高的刘玉杰来说，这次培训犹如黎明的曙光，特别宝贵。在半个月的学习期间，他不舍得落下任何一个知识点，课堂笔记都做了两大本。通过这次学习，他不仅学到了很多只有在大学课堂才能学到的知识，也极大地提高了思想觉悟。

2021年，刘玉杰报名参加河南农业大学高素质农民提升班，学到了宝贵的经营理念和管理知识，结识不少省内农业行业的佼佼者，还获得农业职业经理人证书，更加坚定了在农业领域干一番事业的信心。

2021年8月，刘玉杰投资50万元承包修武县七贤镇韩庄村一片荒废塑料大棚园区，成立修武县村居农业有限公司。他建设了温室大棚，种植、销售、采摘反季节水果蔬菜，直接带动20名村民就地就业。

村居农业有限公司是以生态+旅游理念为基础的三产融合型农旅公司。

"我们的温室大棚基地运营以生态有机为核心，种植的七彩小番茄、有机水果番茄、人工授粉西瓜等蔬果，全程使用腐熟农家肥、有机肥，味道清甜可口。"刘玉杰说。

公司种植的番茄采用农家肥做底肥，坚持老品种、老种法，不使用激素，使番茄具有了丢失的"老味道"。

公司种植的西瓜采用腐熟农家肥和蚯蚓粪做底肥，坚持不使用嫁接苗，为的就是西瓜最原生态的味道，尽管这意味着要舍弃高产量。

公司种植的黄瓜也拒绝使用激素蘸瓜，市场上的黄瓜大都顶花带刺，但公司的常规黄瓜反而更受消费者认可。

还有就是公司的甜瓜。由于运输的要求，市面上的甜瓜一般都在七八成熟的时候就被提前采收了。这导致葫芦科特有的葫芦素沉积，而葫芦素是有毒物质，所以近些年来很多人吃甜瓜后不是喉咙疼就是腹泻。而公司采取农场采摘的形式，所有甜瓜都要长到十成熟才允许采摘，从根本上解决了这个问题。

一些成绩

刘玉杰平时注重学习提升、积累人脉，不断为企业发展赋能。2023年3月，他在参加修武县人力资源和社会保障局组织的创业培训时，认识了创业培训导师甄继伟。

在甄继伟老师的推荐和辅导下，刘玉杰报名参加"豫创天下"和"凤归中原"焦作分赛区创业创新大赛，取得了乡村振兴赛道全市第二名的优异成绩，得到了《焦作晚报》的报道，被评为年度创业之星、焦作市青年岗位能手。刘玉杰的创业事迹被编入《中原经济论坛》一书。

2022年底，经修武县农业农村局推荐，刘玉杰报名参加农业农村部、财政部联合实施的乡村振兴"头雁"计划。

2023年3月，刘玉杰前往中国农业大学学习深造。

2023年7月,刘玉杰被修武县农业农村局推荐参评"全国十佳农民"。

社会责任

自创业以来,刘玉杰得到了县人力资源和社会保障局、农业农村局领导及七贤镇和村委的高度重视和政策支持,同时也获得了很多荣誉。为了回报社会,村居农业公司积极承担社会责任,在2021年的特大暴雨和2022年春修武县全民抗疫期间,积极参与物资对接、捐赠和供应等活动。

村居农业公司已与七贤镇、韩庄村达成共识,签订了韩庄村生态园开发及运营合同,将打造集特色农业种植、养殖、分装、加工、观光、旅游、研学于一体的三产融合产业链。预计项目建成后,年产值可达1 000万元,提供就业岗位200余个。

码上链接典型人物

邵金伟：竹筒粽子致富路

推荐语：邵金伟，洛阳康茂食品有限公司总经理。他申请了蒸煮类食品竹筒粽子的食品生产许可证，注册了"洛水竹香"商标，创新研发了新的竹筒粽子制作技艺，采用高温蒸煮、真空灭菌的食品生产技术，利用洛宁淡竹之乡15 000亩的淡竹资源生产加工竹筒粽子，颠覆了传统粽子的概念，畅销全国市场，获得了极大的社会效益和经济效益。他2022年加工鲜食玉米，带动当地群众种植玉米400亩。中央电视台和新华网等媒体先后对他的事迹进行了宣传报道。

创业之路

在洛宁县洛水河畔，有一片15 000亩的淡竹竹林，人称北国竹乡。

洛宁淡竹有着几千年的种植历史，竿高、皮薄、色翠、味甘，非常适合作为食品盛具。自古以来，洛宁人民就有利用淡竹制作提篮、笊篱等生活用具的习惯。竹筒饭、竹筒粽子更是当地过节时的必备食品。

竹筒粽子，顾名思义，就是以竹筒为盛具而制作的粽子。淡竹的清香融入稻米的谷香，使得竹筒粽子清新怡人、口感独特。但是，长期以来，竹筒粽子一般为农户自制、自用，在产品设计（尤其是品种、品相、品质、包装）和保质期等方面离商品化差距甚远，带不来直接的经济效益。

邵金伟从其中看到了商机，于2019年投资创建了洛阳康茂食品有限公司，申请了蒸煮类食品竹筒粽子的食品生产许可证，注册了"洛水竹香"商标，创新研发了新的竹筒粽子制作技艺。他采用高温蒸煮、真空灭菌等食品生产技术，使竹筒粽子可以常温保存 9 个月之久，解决了产品的生产、卫生、储存等问题。然后，他又通过电商平台把竹筒粽子卖到了全国各地。这下真正盘活了竹园，使洛宁淡竹有了用武之地。

此外，他还开发了竹筒饭、老月饼、老洛阳八大碗等传统食品项目，工厂化生产，多渠道销售。2022 年，他又带领群众种植鲜食玉米，把鲜食玉米加工成真空包装的即食熟玉米销售，实现了农产品种植、加工、销售一条龙服务。公司抓住了市场脉搏，提高了市场竞争力，也稳步增加了村民收入，获得了各方好评。2020～2022 年，公司连续 3 年在端午节被中央电视台宣传报道。2021 年，公司被评为洛阳市农业产业化龙头企业。

2022 年，邵金伟参加洛阳市高素质农民创业创新大赛，荣获初创组第一名；参加河南省高素质农民创业创新大赛，荣获初创组第二名。通过参加"双创"大赛，邵金伟认识了很多高素质农民企业家，从他们身上学到了很多创业知识、种植知识、销售知识。

同时，政府还帮助邵金伟把公司推荐给了融资平台、销售平台，使他获得了更好的展示和宣传的机会。

2023 年，康茂公司的竹筒粽子申请获批为洛宁县非物质文化遗产，公司通过了两化融合管理体系认证，公司的竹筒粽子被洛阳市食品协会和政府 6 部门评定为预制菜特色产品，公司的老洛阳八大碗被评定为预制菜爆款产品。邵金伟也荣获洛阳市五一劳动奖章。

共同富裕

在脱贫攻坚期间,邵金伟安排驻地村民到公司上班,解决了村民的经济收入问题。他安排用工100余人,帮助30余人成功脱贫,带领大家一起走上幸福之路。

竹筒粽子的季节性很强,邵金伟积极开拓市场,使竹筒粽子的产量和销量逐年增长。这样,企业实现了常年生产,村民也有了长期、稳定的收入,脱贫群众的生活更加稳定,大家稳步走上乡村振兴的道路。

展望未来

几年来,康茂食品从1个生产车间发展到现在的3个车间,从季节性生产发展到全天候生产,从单一的竹筒粽子产品发展到5个类别20多个产品,从200万元的年产值发展到1 000万元的年产值,一直在成长。

邵金伟照章纳税,从未拖欠过员工工资,还积极参加公益事业。他曾给抗疫卡点送温暖,向见义勇为基金会捐款,给驻地70岁以上老人发放福利。

邵金伟说:"荣誉代表过去,未来仍需拼搏。我知道,每一步成长,都离不开政府各级部门的支持和鼓励。在厂里急需扩大生产的困难时候,是政府协调资金帮助我们建起了厂房;在村民对种植鲜食玉米项目不太相信的时候,是村干部带头种植,打消了大家的顾虑。"

对于未来,邵金伟信心百倍:"乡村振兴是人才的振兴、文化的振兴、生态的振兴、组织的振兴,更是产业的振兴。乡村振兴,需要政府、企业、村民紧密团结。只要大家相互配合,共同努力,乡村振兴就一定会实现!"

码上链接典型人物

郭彦玲：返乡编织田园梦

推荐语： 郭彦玲，女，中共党员，洛阳曌坤农业有限公司总经理，河南省高素质农民培育优秀讲师，全国百名杰出新型职业农民，全国巾帼建功标兵。郭彦玲的企业自主研发计算机软件、申请专利，提高农业科技含量；通过微信、抖音等平台，把惬意的田园风光、健康的特色果品与消费者现实需求结合起来；利用特色新品种水果的独特之处，发展精品定制、品牌农业；自费建起农民田间学校，通过科技下乡、高素质农民培育等平台，对周边农民进行免费培训，带动群众共同致富。

科学选育，错位发展

郭彦玲是河南省洛阳市曌坤农业有限公司总经理。

谈起公司的名字，郭彦玲说道："曌同照，是唐朝女皇武则天称帝前为自己取的名，意为日月腾空、光照大地！"

"做农业最需要的是晴朗的天空、温暖的阳光，武则天定都洛阳，'曌'字日月当空，很应景，昭示着咱们这里天蓝地绿、风调雨顺，年年都有好收成。"

7年来，郭彦玲晴天一身汗、雨天一身泥，一腔热血，躬耕田野，发展高效生态农业，打造"河洛武皇"农业品牌，带领群众走上致富路。

"只要你看书，不用下地干活！"这是郭彦玲小时候父母经常挂在嘴边的话，也是他们尊重知识、对子女跳出"农门"的渴望。

从西安交通大学会计专业毕业后，郭彦玲并没有像家人期盼的那样进入"体

制内"。她喜欢无拘无束地表达自我，选择到私营企业上班，先后在西安、洛阳等地的多家公司任财务主管。她还考取了建造师资格证，与他人合伙组建施工队承揽工程，生活安逸舒适。

但郭彦玲心中还有一个田园梦。她认为，土地蕴藏着无限的能量和生机，她喜欢脚踏实地的感觉。2015年8月，她不顾家人反对，回到家乡汝阳县成立了洛阳塈坤农业有限公司，发展特色农业。

为了解决传统农业经济效益低下、投入产出不匹配、污染严重等问题，郭彦玲到全国各地考察项目、拜访专家。经过层层筛选、再三考虑，她最终选择了县城近郊小店镇的两个村，以1 200元/亩的价格，流转土地200余亩，定位优质高效农业，种植新品种鲜果。这里靠近高速公路出入口，交通方便，环境也不错。

选好苗才能种好地。公司成立伊始，郭彦玲就认准了差异化发展的路子，引进了一批独特的外来品种"绍星1号"葡萄，价格高达每株3 000元。但这个品种的葡萄口感极佳，天然早熟，露天种植几乎可以和冷棚葡萄同期上市，售价是普通葡萄的数倍。

她千方百计筹措资金购买农机设备，建造管理用房。缺乏技术，她就高薪聘请专家指导。她亲自除草、施肥、浇地、打杈，无论酷暑还是严寒，都在果园里忙碌。她的果园两年挂果，三年丰产，她的努力很快便有了回报。

她的果品上乘、早熟，加之交通区位优势明显，一经开园便迅速引爆汝阳，采摘游风生水起，果品年年脱销。

在技术运用上，郭彦玲采用绿色防控病虫害技术，在园区安放了2套太阳能虫情测报灯；采用水肥一体化技术减肥增效，防止有害物质残留，避免了土壤板结、酸化、污染等问题；她还建立了果品质检、追溯系统，保障了食品质量安全。

园区先后引进了"绍星1号""晨香""丛林玫瑰"等10多个优良葡萄品种，按照定穗数、定粒数、定穗重的技术标准，实现了葡萄按穗销售的好局面。

在郭彦玲的努力下，园区的葡萄、花生、杏均通过了国家绿色食品认证。在2019年第20届中国绿色食品博览会上，"河洛武皇"牌葡萄被评为金奖。

带富一方

郭彦玲还与外地葡萄繁育企业合作，采用"绿芽嫁接"技术繁育下一代，让单株价格下降到50元/株，打破了价格壁垒，惠及数百名果农。

在脱贫攻坚期间，郭彦玲先后为当地贫困人员和留守妇女提供了80余个

就业岗位（含季节工），让他们在照顾好自己家庭的同时，不出村就可以实现年工资收入1万余元。她主动安置3名残疾人就业，在解决他们经济压力的同时，鼓励他们通过劳动来体现个人价值。

与此同时，郭彦玲还在园区创办了农民田间学校，通过科技下乡、产业扶贫等，对周边群众免费培训，宣传推广先进实用的新品种、新技术、新方法和财务知识，改变了周边群众传统的农业种植思想，也带动了周边农业的发展、提高了农业科技含量，真正实现了农业增效、农民增收。

光荣与理想

一分耕耘，一分收获。曌坤农业先后荣获"全国农村创业创新项目创意大赛优秀奖""河南省新型职业农民创业创新大赛创新组二等奖""河南省知名农业企业品牌"，获批"洛阳市优秀农民工返乡创业示范基地""洛阳市巧媳妇示范基地"。郭彦玲参与研发了智能化农产品销售软件，获发明专利2项，先后被评为"全国百名杰出职业农民""河南省乡村出彩巧媳妇"等。

郭彦玲说，要想走好特色农业路，就要用现代经营理念引领；当农民是自己的选择，作为新型职业农民，就要发挥好引领示范作用，真正把新型职业农民的新风采展现出来，用知识改变农业，用农业丰富人生；要心存感恩，胸怀担当，带领父老乡亲走现代化、科技化道路，实现共同小康。

码上链接典型人物

吕妙霞："草莓西施"的创富带富路

推荐语： 吕妙霞，洛阳市孟津区人，全国三八红旗手，全国优秀农民工，全国巾帼建功先进个人，河南省劳动模范，第十三届、第十四届全国人大代表。她21岁去北京创业，从事水果销售生意。41岁时返乡，成立京孟种植专业合作社，带领乡亲们种植草莓。经过14年的发展，她辐射带动32个基地，草莓种植面积达到1万余亩，带动了5 000多人就业。十几年来，基地也从单一的草莓种植发展为集观光旅游、休闲采摘、科普研学为一体的休闲农业园区，并于2017年进入国家田园综合体项目的核心。她把南方水果引进到了北方，现已成功掌握了橘子、柠檬、火龙果、龙眼等种植技术。她用汗水与智慧在土地上干出了成效，在脱贫攻坚和乡村振兴中发挥了很大的作用。

吕妙霞其人

"傻妞""铁姑娘""草莓西施"，是人们对她的亲切称呼；"全国人大代表""全国三八红旗手""全国优秀农民工""全国巾帼建功先进个人"等，是她头上的荣誉和光环。她说，自己是个普普通通的返乡农民工，是实实在在的新型职业农民，也是当今新时代的新农人。她就是河南省洛阳市孟津区城关镇孟庄村的吕妙霞——京孟种植专业合作社理事长、孟津十里香草莓种植基地负责人。

2009年，在北京奋斗了20年，有了一定积蓄能享受安逸生活的她，决定返乡创业。她的老母亲说:"种地是出力活儿,收成好赖全看老天爷的脸,那钱可不是好挣的。"哥嫂们说:"你有房有车有生意,风刮不着,雨淋不着,何苦回来冒这险?"乡亲们说:"在城里过得好好的,多年都没进过地干农活,能干成啥,真是个'傻妞'。"只有她知道,自己想凭在外地多年的见识与经验,回家乡创业带领众乡亲共同致富。在父母及家人的反对声中,在众乡亲质疑的眼光中,2009年3月,她在送庄镇朱寨村以每亩地每年1 000斤小麦的价款,租地150亩开始种植反季节水果。

土地流转出来后,她先后跑了4个省,行程数千里,考察论证项目、学习种植技术、规划设计大棚、平整土地、埋设滴灌管、采购钢管、装修棚膜,首批建起大棚67座,又花几十万元从山东购进良种开始育苗。每天早上,她五六点就到基地,晚上十来点才回家。有次回到家里,她母亲说:"你看你变得又黑又瘦,像变了个人。放着安生的日子你不过,回家折腾你图啥!"

一棵棵草莓苗植入大棚,一天天长大,她从心里看到了希望,满怀信心盼着早日挂果。然而,2009年11月11日,她得到了一个刻骨铭心的教训。那天夜里,一场多年不遇的大暴雪不期而遇,她辛辛苦苦筹建的67座大棚被压得歪的歪、塌的塌!大雪压坏的不仅仅是大棚,还有她的希望。当她万念俱灰时,乡亲们送来了无限温暖,许多人不顾自家房顶上的积雪,从早到晚帮她清理大棚积雪。一位60多岁的老人说:"大家一定要把损失降到最低!"就这样,一周后一座座大棚被支撑加固起来了。

转眼到了2010年春节,红通通的草莓开园了。园区里人来人往,订货电话不停,到十里香摘草莓持续了整个春天,她也快活地忙碌着,也真正体会了络绎不绝、心花怒放两词的含义。

可老天对她的考验仍没结束。2010年8月,她开始按期定植新苗,忙活一个月才基本结束。但9月4号,一场大风夹着暴雨突然袭来,刮飞了新盖的板房房顶,冲毁了刚种上的草莓苗,她咬紧牙关带领工人开展自救。这时政府给她送来了政策的春风,原孟津县小额贷款中心及时为她发放了200万元的无息贷款,一座座草莓大棚终于又顽强地屹立起来。

两次劫难考验后,老天对她这个"铁娘子"甘拜下风,年年风调雨顺,使她的规模效益持续提升。

一个人富不算富

"一个人富不算富,让更多人致富才叫真本事。"吕妙霞说。

看到种草莓获得可观效益,周边的乡亲们也跃跃欲试。

为带动更多乡亲致富,吕妙霞成立了京孟种植专业合作社,为农户统一提供种苗、技术、销售等全方位的帮助;又成立了霞光农业技能培训学校和农民田间学校,就地培训实用技术,目前已累计培训3 000多人次。她在给予农户技术指导的同时也帮助农户销售产品,解决了农户的后顾之忧。

对合作社的管理,她采取灵活的方式:有资金的可以承包土地,自己建棚,自己管理;没有资金的可以租园区的大棚,等大棚有了效益再给钱;在草莓基地周边发展的,纳入合作社,用同样的品牌、同样的种苗、同样的技术,统一包装、统一收购、统一销售。

在她的带动下,当地发展草莓种植基地32个,种植草莓面积1万余亩,解决2 000多名农民就业,周边的农户现在年均收入达10万元。她因美丽善良、喜欢助人为乐，又被人们亲切地称为"草莓西施"。

经过几年的发展，吕妙霞的高效农业种植基地规模不断扩大。2012年，她又成立了龙浩农业科技有限公司，采用"公司＋合作社＋基地＋农户"的管理模式。公司投资600多万元建设了集旅游、观光、采摘于一体的休闲农业观光园区。园区内不仅种植有草莓，还有西瓜、葡萄、桃子等10余个水果品种，一年四季都能采摘水果，双休日每天的游客有上千人。

从150亩地发展到1 000余亩的综合性园区，吕妙霞心怀感恩。

"我不会忘记，大棚被积雪压塌，工人们不顾自家院内的积雪，来园区救援的场景。"吕妙霞说，"是乡亲们的团结让我走上了致富之路，乡亲们的问题就是我要解决的问题。"

原孟津县白鹤镇鹤北村蔡爱云两口子聋哑，两个儿子在外打工。2011年合作社帮助他们建了10个大棚，全家人开始种草莓，现在年收入30万元以上，买了车，盖了房，儿子还被选为村民组长。原孟津县白鹤镇七里村的崔爱红，家里有智力有障碍的哥哥、生活不能自理的嫂子，还有80多岁的老人和上学的孩子，到基地工作之后，不仅不耽误照顾家里，每年还有了两三万元的收入。

听力有些障碍的送庄镇朱寨村的刘金锁在别的地方找不到事干,到吕妙霞的草莓园后,月工资2 000多元,收入稳定,比以前自己种菜强多了。

吕妙霞说:"回顾8年的回乡创业历程,充满了艰辛和曲折,更有成功的喜悦和快乐,也获得了很多的荣誉,受到了各级领导的肯定与赞扬。作为返乡创业的新型职业农民,我愿在家乡大地上不懈奋斗,和父老乡亲一道创造真正属于自己心中的幸福生活!我觉得这才叫有本事,这才叫真快乐。"

码上链接典型人物

李合斌:"蜂流才子"和他的甜蜜事业

推荐语:李合斌,洛阳市养蜂协会会长,养蜂20多年。他创立的"中原灵峰"和"蜂堂岭"蜂蜜品牌,不但荣获了宜阳县的十大名优特产奖,还在全国农产品博览会上屡次被评为"最受消费者欢迎的农产品",远销全国20多个省区。他在亲自为全市的蜂农们传授养蜂知识的同时,还请来北京的专家教授,对蜂农们进行高端培训,受到广大蜂农的热爱。

结缘蜜蜂

李合斌是宜阳县樊村乡白大沟村农民。高中毕业后,他当过投递员,照过相,在樊村乡政府当过通信员。他与蜜蜂结缘,则是缘于一次偶然的机会。

2006年夏季的一天,他在去锄地的路上偶然发现了一大片蜜蜂。就在他感到怪异的时候,村里有养蜂经验的人告诉他:这是蜜蜂分群了。平时一群蜜蜂只有一个蜂王,所有的蜜蜂都围着这个蜂王转。多出一个蜂王后,它就要闹"分裂",会带着一大批蜜蜂从原来的蜂群里飞出来,另成新家。这种看似不团结的现象,其实是蜜蜂群族发展壮大的一种方式。小小的蜜蜂勤劳、团结、守纪律,更主要的是能为人类酿造甜蜜,为果蔬等作物传授花粉,增产增收,百利无害,可用于持续发展绿色产业。于是,他在这个人的指点下,把这群蜜蜂收拢起来,有整整两脾(每箱蜜蜂是10～13脾)。从此,他就在农活之余,小心地侍弄它们。可是由于不懂技术,到2007年春天时,他发现这些蜜蜂竟全都死了。

为此,他伤心了好一阵子。但他没有灰心,他已经爱上了蜜蜂,他要利用蜜蜂酿造甜蜜生活，要在养蜂的路子上坚定地走下去。他在虚心请教老蜂农养蜂技术的同时，又花200元买回了2脾蜜蜂。他一边观察蜜蜂的生活习性，一边对照买来的养蜂技术类书籍琢磨，不懂的地方，就去请教老养蜂人。慢慢地，他摸索出了一些门道，并在3年内把他的蜂群发展到了60箱。从此，他和妻子带着蜜蜂开始了四处"流浪"的生活，外出追赶花期，酿造甜蜜。这话说起来浪漫，但是在外地放蜂的日子，那真叫个风餐露宿。为了追逐花期，他们北上河北、山西，南下湖北、湖南、海南岛，一年四季都要在前不着村、后不着店的荒山野沟搭起帐篷，360天与蜜蜂为伍，甚至连春节也不回家。蚊虫叮咬，水米无着，生活单调乏味，有说不尽的甜酸苦辣。

更难的是两个十来岁的儿女，不能让他们跟在他和妻子身边栉风沐雨，只能叫他俩跟着祖父母留守家里。自己照顾自己，吃饭、上学，其中的艰辛，只有孩子自己知道。

但蜜蜂也给李合斌带来了无尽的快乐，使他坚持下来，并不断壮大，他的蜂群发展到280箱，丰年时年收入达50多万元。他注册了"中原灵峰""蜂堂岭"两个全国知名的蜂蜜商标，学习二维码技术，开通数字化营销网络，成立了农业种植养殖合作社和洛阳灵峰蜂业有限公司，争取依托养蜂，把甜蜜事业做大做强。如今，他已成为宜阳县乃至洛阳地区最知名的养蜂专家。

以蜂会友

几年来，他因养蜂结交了无数的朋友，这是他的人生的另一笔财富。

在山西放蜂时，在他"安营扎寨"的临时蜂场附近，结识了一个喜欢蜜蜂的朋友。那个朋友经常到他的放蜂点去找他聊蜜蜂、说蜂蜜，很快他俩就结下了无话不说、无忙不帮的友谊。在这位朋友的推介下，周围的不少人也成了他的朋友。因为朋友，他这个远在异乡的放蜂人没有孤独感；因为朋友，他虽在荒山野沟，吃水吃饭不作难；因为朋友，售卖蜂蜜也有人牵线搭桥。

在宜阳李沟煤矿，一个老板喜欢养蜂，李合斌经常抽出时间前去指导他，帮他解决了不少问题，他们也成了好朋友。原先，每到春季槐花盛开的时候，

李合斌都会带着他的蜜蜂"大军",到宜阳—赵堡公路边、李沟三里庙附近放蜂,住宿、吃饭、吃水、用电都有不少困难,煤矿老板就力邀他到煤矿附近焦家洼一带的山上放蜂,并把煤矿上的空闲房屋免费给他使用,帮助他解决食宿等具体生活问题,让他到矿上的食堂吃饭、用水,使他一下子有了在自己家里放蜂的感觉。

近年来,他多次参加农产品交流会,把他的蜂产品推销到了全国20多个省区。他接受各级电视台的采访,参加县农业协会,结识了更多的朋友。俗话说多个朋友多条路,在朋友们之间,他觉得生活更有趣了,放蜂也更有劲了。他养蜂纵情山水花木之间,强健了体魄,陶冶了情操。蜜蜂,已是他这辈子的最爱了。

洛阳著名书法家漱石先生为李合斌题写了"樊村不平凡",以表达对李合斌这个樊村走出的"蜂流才子"的欣赏和称赞。

李合斌也收获了很多荣誉,成了中央电视台和多家地方电视台的特邀嘉宾,讲养蜂故事,授养蜂知识,被众多网友奉为"蜂王""蜂流才子",被推举为洛阳市养蜂协会会长，带领洛阳广大蜂农，共同酿造甜蜜生活。

宜阳宜蜂

宜阳地处中原，地理形势是三山六丘一分川，全国最大的三大蜜源——槐花、枣花、荆花，在全县山川大量分布。尤其是槐树，每到春季槐花盛开，南北两山漫山遍野，连洛河边也多有槐花，近看一串串，远观白花花，如林海雪原。槐花香气馥郁，令人心旷神怡。槐花开败枣花开，枣花谢了荆花开，连接无缝隙，采蜜好时节。

在槐花未开之前，那漫山遍野的油菜花，也是好蜜源。油菜花蜜量大、范围广，油菜蜜虽然甜度低，但是我国的最大宗、稳产的蜜种。

蜜蜂在采花酿蜜的同时，也无形中担当了传花授粉的使者，给果木授粉，提高了果实品质和产量，深受果农欢迎。李合斌说："现在有不少果农为了水果丰产，情愿出钱请蜂农到果园放蜂。这确实是一件双赢的事情。"

"养蜂投资小、见效快，技术也不复杂。如果是家住南北两山，把蜂箱放在花木较多的地方，或者就放在自家的房前屋后，不用动它，不用带着蜂箱出去风餐露宿，就是坐在家里，有空了侍弄一下，每箱蜂每年仅卖蜂蜜就可收入600元左右。"

"养蜂的主打产品是人见人爱的蜂蜜，副产品有蜂王浆、蜂蜡、蜂胶、蜂花粉、蜂蛹，等等，都是有营养、能治病、能养颜的好东西，全是人们喜爱的绿色食品。如果钟情于此，善于开发，收入远不止这些。"李合斌还开发了一种名为"巢蜜"的蜂蜜，就是可以连同蜂蜜和巢脾一起食用，营养更加丰富、均衡的蜂蜜，深受消费者的追捧。

他准备引进蜂蜜过滤机、灌装机、液体包装机等先进机械设备，在提高蜂蜜质量、扩大新产品的同时，提高蜂蜜生产的机械化程度，降低劳动强度，促进规模化生产，努力成为示范性企业。

几年来，他利用养蜂协会平台，多次免费举办全市蜂农参加的养蜂技术培训班，结合他的养蜂实践，亲自为蜂农讲授"养蜂实践知识"等内容。同时还邀请国内科研院所的专家教授,到现场为蜂农授课。目前,他的洛阳灵峰蜂业有限公司已吸引10多个养蜂专业户(1 000多箱蜜蜂)加盟。他的产品有"中原灵峰""蜂堂岭"系列蜂产品,以及创新产品蜂宝、巢蜜、蜂蜜醋、蜂蜜酒等。

码上链接典型人物

吉利端：走生态养殖之路的巾帼羊倌

推荐语：吉利端，偃师美羊羊养殖专业合作社董事长兼总经理。2019年成立偃师美羊羊养殖专业合作社，拥有羊舍约2 000平方米，存栏羊1 000余只。她引进优质种羊和肉羊品种，创新养羊模式，走循环农业生态养殖之路。建立专属牧草基地100多亩，形成"半牧半养""种养一体化"的绿色高效循环生态养殖模式。她采取"基地+合作社+农户+电商"的经营模式，年销售额150余万元，带动50余户养羊致富，走出了一条新农村、新农民、新技术的创业创新乡村振兴之路。

回乡养羊

吉利端，1973年9月出生，洛阳市偃师区邙岭镇牛庄村人。她原本从事鞋业加工业务，是一名鞋业加工能手，培养了500余名本地和外来的鞋业加工、绣花学员。然而，随着传统制鞋业的转型升级及国家新的环保政策相继出台，她果断放弃了打拼10多年的鞋业生意，转头搞养殖，当起了"羊倌"。

此后，她看到了农村广阔田野中的潜在商机，看到了邙岭坡地得天独厚的自然优势，看到了美丽乡村的大好前景，下定决心要当一个与时俱进的"新农人"，走一条别具一格的养羊之路。

近些年来，她从事销售优质种羊、繁殖后备母羊、育肥羊屠宰销售等产供销一条龙服务，带动养羊产业壮大，发展绿色生态养殖，取得了很好的成效。

2017年，她回乡创业后，曾多次参加高素质农民培训和养羊专业培训班，

开阔眼界,更新观念,积累新技术,学习新思想,大幅提升了养羊水平。又通过外出考察学习,从山东引进300多只小尾寒羊母羊,从全国最大的澳群种羊公司购回杜泊种公羊、澳洲白种公羊和小尾寒羊进行杂交,杂交后的母羊奶型好、产奶旺、产仔多,繁殖出的肉羊长势快、肉质好、抗病能力强。

2019年,她和4个爱好养殖事业的朋友商量后共同筹措集资,注册资金200万元,成立了偃师美羊羊养殖专业合作社。现有羊舍约2 000平方米,青贮坑1 000平方米,库房1 800平方米,现存栏羊1 000余只,种植墨西哥玉米等牧草100多亩,年销售额150万元,探索总结出了一条生态养羊致富路。

创新养羊模式,走生态循环养殖路

要养羊,就要创新养殖模式,走生态循环养殖之路。

她采取圈养与散养相结合的方式。对于圈养,她采取南方吊脚楼的形式,用柱子把圈舍抬高,离地90~100厘米高;在圈舍内铺上水泥漏粪板,羊在上面,羊粪尿漏在下面,透气、卫生、舒适,确保羊不生病、少生病。

她坚决执行"四坚持":坚持每天打扫卫生、清理羊粪尿,坚持每周对圈舍进行消毒处理,坚持定期给羊打防疫针,坚持每天将羊赶到草地上奔跑2小时左右。

她定期检查监督,确保每个环节都做到位。难怪朋友圈里,大家都夸奖她的羊"吃绿色保健饭,睡透气空调房,住舒适吊脚楼,玩天然跑练场"。

精准配合饲料,是养出放心绿色健康肉羊的保障。她建立了100多亩专属牧草基地,种植墨西哥玉米、甜高粱、高丹草、苜蓿、黑麦草等牧草,向周边农户订购花生秧、红薯秧和胡萝卜等饲料,精准配比,混合成精制饲料,供"美羊羊"使用。然后,将养殖场的羊粪回归到农田里。这样就形成了"半牧半养""种养一体化"的生态养殖模式。

种植、贮藏牧草,是科学配比饲料、降低养羊成本的前提。夏秋季正是牧草生长旺盛时期,也是收获贮藏的关键时期。每到这个时期,她就特别高兴,手挥镰刀割青草,装车运输,粉碎,入贮藏坑,消毒,封坑,忙得不亦乐乎。田野里时不时还会响起她的歌声:"风吹这高粱你哗啦啦往上长,我的美羊羊它吃得嘎嘣嘎嘣香……"她介绍,每年牧草要割3~4茬,尽量降低养羊饲料成本。

她的抖音粉丝看到她在牧场工作的视频后,还给她编了顺口溜:"铠那个铠,铠那个铠,一地高粱长势旺,美女执镰把歌唱,低头弯腰挥镰忙,满心欢喜备羊粮,喂得群羊早日壮,生活一路奔小康,丰富餐桌口留香,众人点赞美羊羊。"

养羊要扩大发展规模,就要从母羊喂养和生产羊羔抓起。科学喂养母羊,使它多产仔,提高一胎两仔、一胎三仔的概率,然后精心养护好小羊羔,这是养羊的一个非常重要环节。每天天不亮,就能看到她的身影,挤奶、热奶、喂奶,一整套环节,一个也不能少。刚生产的小羊羔不会吃奶,需要她一手扶嘴巴、一手拿奶瓶,一点一滴地精心喂养。这是个细致活,又是个充满喜悦和希望的活。每当干这活时,总是她最开心的时候,即便让小羊踢上几脚心里也是幸福的。虽然,每天又苦又累又脏,工作不那么体面,但内心是非常充实的,也是非常快乐的。

开拓市场,创新灵活的经营模式是养羊发展的核心。这些年来,她不断摸索总结,积极采取"基地+合作社+农户+电商"的方式,形成了良好的运作体系。通过现场销售、微信群、电商直播等多种销售方式,即时送货,羊肉健康新鲜,在客户中有了较好的口碑。销售前按部位精细分类、分割,有前后腿肉、肋条肉、肉排、羊肉卷、羊蹄、羊头、羊杂、羊血等,包装类型有散装、真空装、盒装、箱装等,每天早上宰羊、分割,然后静置排酸、包装加冰块,近途的她亲自开车送到客户手中,远途的她通过顺丰快递发到全国各地,使客户吃到真正放心、健康、新鲜的美味羊肉。

带动大家共同致富

"一人富不算富,带动大家致富才算富"是她常说的一句话。

作为偃师区科技特派员,她免费为周边农户培训养羊技术,手把手教他们科学防疫,指导他们建立圈舍,帮助他们销售产品等,受到了大家的一致好评。目前,种羊畅销到焦作及巩义、登封、汝阳等多个地区,先后在周边乡村带动发展了50余户养羊专业户,与养殖基地建立常年供销合作关系,增加了自己的收入,也带动周边养殖户共同发家致富。美羊羊品牌不仅在本地开花,而且名扬周边市区,年销售额150万元、净利润50万元左右,取得了显著的经济效益。她走出了一条新农村、新农民、新技术的创业创新致富之路,为乡村振兴做出了较大的贡献。

作为洛阳市人大代表,她出席了洛阳市第十五届人民代表大会。作为"新农人"代表,她参加了2022年河南省"漯开杯"高素质农民创业创新大赛,获得了三等奖的好成绩,接受了河南电视台记者专题采访。作为农民优秀代表,她参加了2022年河南省和洛阳市组织的农民丰收节活动。同时,她还是洛阳市三八红旗手、偃师区科技特派员,偃师区电视台曾以"妇女再创业,走上致富羊倌道"为题进行过专题报道。

树高千尺不忘根,致富不忘家乡人。近年来,吉利端一直坚持奉献爱心,回馈社会。脱贫攻坚期间,她坚持每年帮助贫困户脱贫,给贫困户提供就业机会,逢年过节免费发放羊肉。2022年重阳节,她邀请周边70岁以上的老人到美羊羊养殖专业合作社参观,并准备了热腾腾的鲜羊肉汤与他们共进午餐,在寒冷的天气中给老人送去了温暖,为社会公益事业尽一分力。

码上链接典型人物

马明盼：牛粪上的甜瓜"赫赫香"

推荐语： 马明盼，36岁，中共党员。马明盼是汝阳的"乡创客之星"，他2014年底从义煤集团回乡，联合7位同学，在家门口创业已有9个年头。他扎根乡野，布局农业，实现了产业形态、种植模式、管理方式、技术体系、经营理念、品牌文化、商业营销的多方面创新。他把智慧和汗水播撒在乡村田野，树立了现代农业的榜样典范，为汝阳县乡村振兴事业贡献了自己的力量。

立志回乡创业

2009年7月，马明盼从郑州大学毕业。他先后在洛阳市兴荣工业有限公司和义煤集团担任机械工程师5年，月收入3万元左右。因一次回乡探亲之旅，他萌生了干农业的念头。

2014年12月，时年27岁的马明盼决定回到小店乡种植甜瓜。

2015年，他注册成立了汝阳县甜牛牧场农业开发有限公司。马明盼的"甜瓜"事业渐渐地兴旺发展起来。

科技是产业的翅膀，要想飞得更高，就让它羽翼丰满。

在工业和信息化部驻汝阳历任帮扶干部的帮助下，马明盼先后与河南科技大学和河南农业大学建立产学研技术合作关系，成立甜瓜产业研究院。他请河南农业大学王吉庆教授组建技术服务团，进行长期技术指导。他从河南农业大学豫艺种业公司引进种植"绿宝"等5个优良甜瓜品种。

他以"良种+良法"综合生产技术赋能生产体系，实现节本、提质、增产、增效。马明盼和他的大学生团队钻研甜瓜种植技术，研发出独有的"50%发酵牛粪无土高效长季节栽培薄皮甜瓜技术""多叶保果、多果多茬技术"，以及绿色病虫防控技术、牛粪有机肥发酵配方技术。他的设施化立体种植集成技术，可使甜瓜亩产超12 000斤，产果期长达150天以上，甜瓜的甜度达20度，每亩地的大棚年收益4万元以上。2020年甜牛牧场公司甜瓜销售额突破320万元，2021年营收额达到450万元，2022年超过450万元。

"我们的综合种植技术就是回收本地的牛粪、玉米秸秆、花生皮、香菇菌渣等，进行充分混合、翻堆、发酵、腐熟，形成有机质'土壤'，每亩地再使用牛粪有机肥30吨左右，将甜瓜种在牛粪复合土壤上！"马明盼说。

这种技术回收利用了有机废物，消除了环境污染，实现了"农-牧"有机农业循环，降低了产业成本，提升了产品品质，综合效益发生倍增式提升。

事业壮大

甜牛牧业一天天壮大，从初创时期的"一般家庭农场"晋升为"优秀家庭农场"，又升格为"甜牛牧业公司"。企业流转土地由最初的7亩地扩大到360亩，种植大棚由2个增加到125个。种植农户由自家1户发展到签约16家合作农户，带动辐射范围由小店镇1家扩大到汝阳县、伊川县、栾川县、汝州市及河北省张家口市等6个地区。建成了"智慧农业"管理体系，形成了"甜瓜小镇"，成为全国范围内薄皮甜瓜单品种植面积最大的园区。甜瓜销售，价格由每斤5元左右增长到每斤10元左右。甜瓜产品由"无公害农产品"到获得中国绿色食品发展中心"绿色食品"认证，叫响了自己的特色品牌。销售方式由田头销售转型为网上网下联合销售，由单一网商销售到网络平台社团联动销售由最初的洛阳一地销售到全国几乎所有的省区。产业合伙人由8人增加到24人，其中大学毕业生由7人发展到18人。企业年收益由10万余元增长到450万余元。由个体合伙私营经济发展到"私营合伙+集体组织"联合经济，帮助8个村集体

经济由零收入增长到年均收入51.6万元。企业固定资产投入由最初的70万元扩大到2 048万余元。

甜牛牧场获得的产业成效，是马明盼汗水的浇灌，更是他智慧的创造。

马明盼大学学的是材料科学与工程专业，从种植甜瓜开始，他就将互联网思维和微积分知识运用到农业实践中，研发出了"微积分股权APP"，实现了对股权利益的动态公平和企业产效的激励性增长。他把"无限接近即到达"的微积分极限值理论，转化为甜牛牧场的管理模式，完成了企业管理中的心理期望与激励能量的有机统一、内在动力与外在行动的叠加合力，使每个权利人的职业赛道、情感赛道、利益赛道、行动赛道相向于同一个创业赛道竞比，实现了绩效与分配的最大化公平，全面调动了创业参与者的全身动能，为企业健康发展铺平了安全稳健的快车道。

马明盼不断地总结经验教训，围绕产业发展、技术保障、市场营销、运营管理等方面制定了"六先六后"的动力导向规则，让"怕"者无忧、"懒"者自勤、"忧"者振奋。其中，"六先六后"的"先种瓜、后投资，先引导、后改变，先约定、后合伙"的"三先三后"方式，为扩大再生产、产业稳步上升发展注入了"全过程动力"。"我承包的大棚到这个月已经收入了

6 200元,远远超过了合同保底的4 500元。甜瓜可以持续采摘到9月底或10月初,罢园后每棚还能再增收3 000~5 000元。"一位承包大棚的农户欣喜之情溢于言表。另外,50岁的员工张群去年在园区干活挣了23 000多元,感觉非常开心。

农产品好种难销,这是农民最大的苦恼。马明盼的瓜园却是园内线下热销,网上热闹火爆。他的销售理念是"先线下、后线上"。

"一个在线下都卖不好的农产品,在线上也肯定卖不好!只有让广大消费者放心地吃到我们的甜瓜,才是产业壮大、良性循环、基业长青的正确道路。"马明盼的经营之道浅显却让人信服。"长在牛粪上的甜瓜"沿着网络走向全国各地,是马明盼发明的微信平台"群接龙"立的大功劳。他的"群接龙"微信平台服务于"网上网下"全天候订购配货,他有"甜瓜销售社团"加盟团长311人。团长们既是群主,又是网销"首领"。马明盼把网销利益按比例联结,公平分配,"订单、货款、佣金、配送"一键完成,节省人力成本,便捷消费者需求,赢得了大家的喜欢。他有网络客户36 000名,每天为客户预报采摘产量,预设网销订单30~500份。2021年网络订单15 000单左右,2022年有23 000单左右。

"甜瓜哥"的新理想

"甜瓜哥"是消费者送给马明盼的称呼。"长在牛粪上的甜瓜"成了最抢手的伴手礼。他的甜瓜园区为各地培养出种瓜能手300余名，安排了长期和季节性农民工740余人就业创业。

他也获得了全国高素质农民创业创新大赛优胜奖、河南省高素质农民创业创新大赛二等奖、"凤归中原"返乡创业大赛洛阳赛区二等奖、洛阳市劳动模范等荣誉。

"我要成为复兴家乡传统农业的新型职业农民，当好一名农业创业的好榜样，让更多的客户吃到更好的甜瓜，让更多的农户赚到更多钱！"马明盼说。

码上链接典型人物

陈静晓:"牧羊女"变身"领头羊"

推荐语:陈静晓,河南省人大代表,全国巾帼建功标兵,河南省三八红旗手。2009年返乡创业养殖奶牛,2013年创办洛阳钊隆农牧科技有限公司,以"公司+合作社+农户+基地+农户"的模式,带动全县养殖户走出了一条"绿色循环农业"新路子。她利用当地的野菊花等资源,带动全县及周边县域500多户群众养殖"菊花羊",使养殖户户均年增收18 000元。她5年间回收全县及周边县域养殖户畜禽粪污12万立方米,使农户增收1 200万元。她种植烟叶、牧草、中药材560亩,带动就业117人,实现人均年增加收入5 000元。

创业之路多艰辛

陈静晓,一名普通的乡村妇女,家住在伏牛山腹地的白云山下、陆浑湖畔的嵩县何村乡。对于生她养她的乡村,陈静晓充满了朴实又忠贞的爱。

当初,陈静晓和村里的年轻人一样,也到大城市打过工、创过业。

2009年,陈静晓决定返乡创业。由于经验不足,把握不准市场,她的奶牛养殖场生意惨淡。

陈静晓很不甘心。针对嵩县多山区的地理环境特点,2013年,她筹措资金创办了嵩县钊鑫养殖专业社,开始养肉羊。虽然只有75只羊,但她丝毫不敢懈怠,一有机会就看书学习、参加培训、请教专家,技术水平跟上了。但2014年的羊价持续走低,每斤从18元一直降到6元。陈静晓无能为力,只能咬牙坚持。

2017年，陈静晓的羊发展到了300多只，羊市也终于回暖了，养殖场开始盈利。在县里惠农政策的帮扶下，陈静晓成立了河南省洛阳钊隆农牧科技有限公司。

现在，陈静晓的养羊场存栏5 000只左右，每年能带动身边500个养殖专业户饲养出栏20 000只肉羊。她的养羊事业蒸蒸日上，效益也很可观。在她的带领下，养羊成了当地富农的特色产业，嵩县也成了肉羊养殖大县，乡亲们都称她为新时代的"牧羊女"和"领头羊"。

发展产业有特色

近年来，公司以"乡村振兴＋健康＋市场"的创新模式，通过"公司＋合作社＋基地＋农户"的方式，带领众多的养殖户在发展绿色生态农业方面积极探索、努力实施，走出了绿色循环农业新路子。

养殖"菊花羊"。陈静晓引来山泉水，充分利用山区满山遍野的野菊花资源，将其添加到饲料中，再按季节搭配瓜果蔬菜，养殖"菊花羊"。"菊花羊"肉质细嫩，营养丰富，味道独特，被专业机构鉴定为优质滋补保健食品，深受消费者的喜爱。公司带动全县513户，共养殖"菊花羊"20 000余只。其中原建档立卡贫困户80户，户均年增收15 000元。

豫西脂尾羊原始优良品种的保护、繁育和优选。目前，豫西脂尾羊濒临灭绝，原始品种仅存有700只左右，90%收养在洛阳嵩县。陈静晓主动担责，投资210万元，直接保护456只，帮助合作养殖户保护200多只，得到了农业农村部和省农业农村厅的高度认可。她配合农业农村部委托单位，完成4项测定，还顺利拿到了豫西脂尾羊种畜禽生产经营许可证，被农业农村部确定为专业保护基地，由河南省农科院、河南科技大学、洛阳市农业农村局选定为科研繁育中心。陈静晓他们决定在3年内，将豫西脂尾羊的保护品种恢复、优选到3 000只以上。

办起牲畜粪污有机肥料场。一只成年羊每天产生粪便0.75千克，养殖场的污染问题逐渐显现。羊粪卖不了几个钱，与其堆积起来污染环境，不如将其转化为有机肥。2019年，陈静晓在嵩县首创了牲畜粪污有机肥料场。2021年，她又投资650万元，升级扩大了粪污有机肥料生产规模，使年产能由最初的吸纳粪污3万吨上升到15万吨。此举使16个乡镇513个养殖户实现了增收，有近一半的养殖户实现了四重增收。陈静晓种植牧草、烟叶和中药材，季节性用工达到100多人，使他们人均年增收5 000元。目前，陈静晓已经取得了农业农村部颁发的生物有机肥经营许可证，肥料品种由早先的1个通用型品种增加到6个规格的多种专用型有机肥。通过收集全县及周边县域养殖户畜禽粪污，覆盖范围越来越大，惠及农户越来越多，受益群体越来越广。

从此，陈静晓的产业全面转型，成为绿色生态产业，延长了产业链，提升了价值链，夯实了增收链，创造了过去不曾明白的生态、环保、低碳、节约的绿色、循环农业成果。

带动乡邻一起富

在羊场打工的宋老农过去曾经是贫困户,是个常年流浪的单身汉,住的是土坯房,身无分文。来陈静晓这场里养羊之后,他盖了3间砖混房,手头也攒了几万元,不愁吃不愁穿。他买了一辆机动三轮车,空闲时常常骑着它去逛嵩县县城,天天笑哈哈乐不停。

帮带联结户邓大哥,全家6口人,原来住在6间土坯房里。合作养羊后,每年养殖规模165只左右,年收入七八万元。邓大哥家翻修了6间土坯房,新建了时髦的三室一厅砖混房;还扩建了200平方米的高标准羊舍,达到了养殖专业化、设施化、规模化、高效化、现代化。

陈静晓的公司先后被授予"全国巾帼脱贫示范基地""河南省返乡下乡助力脱贫攻坚优秀项目""河南省巧媳妇创业就业示范基地""洛阳市重点龙头企业"等称号,被中央电视台、学习强国平台等进行过专题报道。

陈静晓也先后荣获"全国巾帼建功标兵""河南省三八红旗手"等20多项荣誉。

未来的路还很长,乡村振兴任重道远。陈静晓决心把现代农业做大做强,用心擦亮身上的"新农人""高素质农民""绿领人""头雁"等各个时代标签,为乡亲们共同富裕踔厉拼搏。

码上链接典型人物

陈瑞生:"超鸡笨蛋"成就绿色梦想

推荐语: 陈瑞生,洛阳市汝阳县三屯镇东局村人,中共党员,洛阳恒曦农业开发有限公司董事长,洛阳赟农网络科技有限公司总经理,洛阳市第十五届、第十六届人大代表。个人主要荣誉:2017年度汝阳县第二届创业大赛暨返乡农民工创业大赛一等奖获得者,汝阳县返乡农民工创业之星,2019年度河南省优秀电子商务扶贫带头人,2021年度洛阳市五一劳动奖章获得者。公司主要荣誉:2019年"洛阳市林业产业化龙头企业",2020年"洛阳市农业产业化龙头企业",2020年"洛阳市返乡创业示范项目",2021年洛阳市高素质农民创业创新大赛初创组一等奖,2021年河南省高素质农民创业创新大赛初创组二等奖。

一场大病改变了他

2000年,自河南省林业学校毕业后,陈瑞生南下深圳打工,从一个车间员工做起,先后做过财务、采购经理、品质经理、行政总监。2006年,陈瑞生遭遇一场突如其来的大病,经历生死后奇迹康复了,这让他深刻认识到健康的重要性。想要身体健康,就必须有健康的食品和健康的生活方式。于是,他开始萌生发展绿色、纯天然无污染的生态农业的念头。

2015年,看到父老乡亲们全身心投入精准扶贫行动中,他毅然辞去了上市公司控股子公司董事长助理的职务,返乡创业。为了磨炼自己,他选择从深圳骑行返乡,历时13天,骑行1 860千米。这次特殊的历程,更坚定了他的创业信心。

专业、专一的力量

2015年5月，返乡后他立即创办洛阳恒曦农业开发有限公司，采取"公司+基地+农户"的发展模式，主要发展以水果种植、林下特色土鸡养殖、特色土鸡蛋生产、陈家变蛋加工、游玩采摘体验、电商销售为一体，一二三产业融合发展的生态循环林业产业。公司拥有254亩的水果种植和林下土鸡散养基地，分布式联合发展5个种养殖基地，年产水果100万斤、生态杜仲土鸡25 000只、杜仲土鸡蛋300多万枚、杜仲土鸡蛋变蛋100多万枚。

汝阳是洛阳南部的生态涵养区，有着大量闲置的森林资源，自然条件得天独厚。陈瑞生通过反复对比，选择了北京华都峪口禽业集团选育的"黑凤"鸡。这种鸡活动范围大、野外觅食能力强，肉蛋兼优，抗病性强，存活率达90%以上，整体产出效益比普通土鸡高25%。陈瑞生采用林下散养的方式，配合杜仲、野菊花、艾草等原生态中药材，保证了"黑凤"鸡的健康。他还给鸡戴上了计步跟踪器，利用现代化数字手段提高林下散养的精细化、科学化管理水平。数据显示，每只鸡在整个养殖周期内的平均步数不少于396万步，被大家戏称为"腕表鸡"。健康的鸡才能产出健康的鸡蛋。"黑凤"鸡的蛋营养丰富，口感独特，叶酸含量是普通鸡蛋的三四倍。

陈瑞生给自家的鸡蛋建立了完善的产品追溯体系，解决了客户对产品的信任问题，也解决了售后问题。

为了延长产业链以增加效益，陈瑞生利用传承200多年的工艺和秘制配方进行变蛋加工。2018年，"陈家变蛋"被认定为"河南老字号"产品。2021年，"陈家变蛋"被列入汝阳县非物质文化遗产，他是第九代传承人。

成功的"秘密"

创业6年多，陈瑞生严格要求自己，全心投入创业中，摆正心态积极进取，努力提高自身各方面的能力和素质，取得了极大的进步。总结他成功的"秘密"，主要如下：

勤奋学习，努力提高创业能力。为了让企业健康稳定发展，他积极参加各类培训，不断提高业务管理水平。2017年，他参加河南省第三期三区科技培训，荣获"优秀学员"称号。2018年，他参加了科学技术部组织的秦巴山区科技特派员创业培训，荣获"优秀学员"称号。2020年，他分别参加了3项培训，即中组部和农业农村部的农村实用人才带头人培训、河南省贫困村创业致富带头人示范培训、洛阳市2020年新型农业主体经营者培训。

积极创新，探索"农产品+互联网"电商销售模式。为了拓展产品销售渠道，陈瑞生通过微信公众号、抖音等渠道进行"微宣传"，通过项目众筹、果树认筹发展会员，通过电商进行营销，取得可喜的效果。之前果园只卖果子，结果老是滞销。现在果园采取"采摘+休闲旅游"的模式，迅速提升了产品价值，还供不应求。

目前，公司稳定会员达5 000多名，在深圳和上海分别建立了配送仓库，产品入驻国家"832平台"（脱贫地区农副产品网络销售平台）等平台。

积极履行社会责任。多年来，陈瑞生向三屯镇政府疫情防控人员捐赠各类物资，价值5 000余元；组织社会力量，向中石化武汉一线工作人员捐赠各类抗疫物资，价值30多万元；通过汝阳县新联会，给相关社会人员捐赠各类物资、现金，共计2 000多元；给企业所在地庙湾村捐赠现金及产品，共计20 000多元。

在脱贫攻坚行动中,陈瑞生对三屯镇庙湾村的贫困户开展多渠道、多层次、多形式的帮扶工作。通过电子商务带动村民创业、就业,将部分简易生产工序转移给贫困户,合作贫困户5户,每户年均增收达1.5万元以上。

陈瑞生牵头组建汝阳企业联盟团队"龙乡五哥",利用商业手段解决乡村产业发展痛点,帮助乡村巩固脱贫攻坚成果,助力乡村振兴。

码上链接典型人物

徐明凯:"养鸽大王"的新玩法

推荐语:徐明凯,中共党员,濮阳市华龙区世纪盈通蜂箱养鸽农民专业合作社理事长,高级育翔师,2022年河南省"漯开杯"高素质农民创业创新大赛第一名获得者。2019年,他带动濮阳市华龙区107户建档立卡贫困户养鸽脱贫,建成产业扶贫基地。其事迹得到了中央电视台等媒体和平台的宣传报道。近几年,他在科普方面投入30万元,培育科技示范户2 108户,开展技术培训48次,开展科普讲座47次,受益群众数千人。他采用"专业农民合作社(育种基地+研发基地+加工基地+营销回收)+农业养殖户(商品鸽)"的模式,全产业链运作,已经成为当地乡村振兴创业的典范。

独创育鸽技术

在传统的肉鸽养殖中,往往重喂养、轻育种,农户不会营销、不懂深加工,肉鸽产业难以发展壮大。例如,没有形成肉鸽育种体系,肉鸽品种退化严重;养殖方式多为一笼一对,难以提高劳动生产效率;在集约化的高密度养殖模式下,大量粉尘难以消除,导致鸽体抗病能力下降,鸽子的疾病发生率高。

针对上述情况,徐明凯带领技术人员进行了技术攻关。

品种选育。1996年时,徐明凯就率先搞起了肉鸽养殖。他对大体型的比利时詹森系赛鸽进行规模繁殖,选育出适合规模化养殖的品种。这种肉鸽的肌肉发达,成年鸽子的体重在500克左右,抗病力、繁殖力和耐寒性都很不错。

拼蛋孵化。每窝孵3枚蛋，大大提高了种鸽的产蛋率和出雏量。

饲料配合技术。根据饲料原粮的特点，科学搭配营养，全天自动喂饲，满足鸽的营养需求，达到了降本增效的效果。

蜂箱式鸽舍集约养殖模式。当时，大量饲养的"白色落地王"等传统肉用鸽品种一般采取一笼一对的饲养方式，问题很多，很难扩大规模。徐明凯针对自己选育的肉鸽的特点，放大了鸽子笼的尺寸，把鸽子窝组合成蜂箱结构，还扩大了鸽子的活动范围。另外，他把鸽棚建成吊脚楼的形式，通风又透光，饲喂起来也很方便。

这种鸽棚离地2米，主体部分是一个长6米、宽4米、高2米的小屋子，分成生活区和活动区两个部分。生活区宽2米，里面有很多格子，鸽子在里面休息、产蛋和孵化；活动区宽2米，鸽子在里面飞翔、栖息、沐浴和进食。

2013年2月20日，蜂箱式鸽舍获得了国家实用新型专利证书。

经过技术改造后，徐明凯的养殖规模迅速扩大，工人的劳动效率大大提高。即使养殖场里有十几万只肉鸽，十几个工人就可以应付了。从喂养到打扫卫生，比过去轻松多了。养出来的鸽子很健康，出肉率高、肉质好，售价是别人的3倍还多，体现出了明显的优势。

成立专业合作社

2011年12月22日，徐明凯成立了濮阳市华龙区世纪盈通蜂箱养鸽农民专业合作社。

合作社采用"专业农民合作社(育种基地+研发基地+加工基地+营销回收)+农业养殖户(商品鸽)"的模式,通过全产业链(设施化科技养殖-餐饮食品-羽绒深加工-生化骨粉软骨素)运作,实现各方共赢。

2021年时,合作社的资产总额已达6 562.88万元,实现年收入7 510.22万元,社员年均收入5.53万元。

经过多年发展,现在有存栏基础种鸽10万对,年出栏乳鸽60万对、种鸽20万对,年产鸽蛋100万枚。

积极开展科普工作

近几年,徐明凯加大了科普工作投入,累计达30万元,培育科技示范户2 108户,开展技术培训48次,开展科普讲座47次,及时更新宣传栏内容,受益群众数千人,发放图书资料26种4 000余册,承担市级科研项目1项,获省科普成果奖三等奖。

在创新的路上,徐明凯一直没有停下脚步。他搞"光伏鸽舍",在鸽舍顶部开展光伏发电,再用发的电养鸽;他搞"七彩飞鸽",定时定位放养鸽子,形成文旅资源;他成功开发乳鸽酱技术、鸽绒采集加工技术……在乡村振兴的路上,他越干越起劲。

码上链接典型人物

王飞：一路学习，成就梦想

推荐语： 王飞，商丘市夏邑县刘店集乡徐马庄村人，中共党员，高级农艺师，全国乡村振兴共享实践指导师，河南省第十三届人大代表，河南省省级示范产业发展指导员，河南省科协委员，全省十大新型职业农民，原农业部"风鹏行动·新型职业农民"获奖人、全国农村青年致富带头人，受邀作为农民代表参加中华人民共和国成立70周年国庆大典游行，登上了"希望田野"彩车，接受党和全国人民的检阅。

返乡创业，离不开学习

1999年，初中毕业的王飞怀揣一腔梦想到南方打工。由于没有专业技术，几年下来也没有挣到多少钱。

2004年底，王飞决定返乡创业。多年来，父亲一直在家里种植蔬菜，但技术含量低、规模较小，经济效益一直不好。经过深思熟虑，王飞决定发展温室大棚蔬菜，便在家门口建了两个占地3亩的塑料大棚。

除了向父亲请教，王飞还参加了夏邑县农广校举办的绿色证书培训班，系统学习大棚蔬菜栽培管理技术。随着技术的提高，每亩大棚蔬菜年效益达到1万元，这增强了他继续发展高效农业致富的信心。

紧接着，他扩大了生产规模。一些新的问题也随之而来，有技术方面的，也有产品销售方面的。恰巧，2010年春季河南省农广校进村培训，免费招收全日制中专生。王飞立即报名参加，系统学习了现代种植技术和经营管理知识，成为夏邑县首批新型职业农民。

学以致用，敢于创新

王飞是带着问题学习的，学到了新知识后，他就迫不及待地通过实践来检验，不断总结经验，不断开拓创新。

课堂上，王飞听老师讲到外地有园区种植大棚果树，效益还很不错，深受触动：种植大棚蔬菜的效益虽然不错，但是蔬菜的重茬问题让人很头痛，而种植大棚水果可以有效解决这个问题。

说干就干！只要听到哪里有好典型，他都会去学习取经，不断充实提升自己的果树生产能力和经营水平。他先后引进了一系列早熟大棚水果新品种，用上了新技术，例如，他用野生毛桃根嫁接优质杏，确保了杏的品质和效益；对果蔬产品的规模、成熟的时间节点进行了科学控制，实现了四季瓜果蔬菜飘香。在经营上，形成了"人无我有，人有我优，人优我转"的经营思路，探索出了"一年四季有活干，一年四季有钱赚"的家庭农场适度规模经营模式。农场每年亩均效益2万元以上，最高达到5万元，每年纯收入在300万元以上。

他还用上了新学的电商营销知识，在网上销售产品。

王飞创新葡萄种植技术，"掐心绝后双叶留法"被中央电视台农业农村频道进行过专题报道并向全社会推广。王飞的农场先后被评为河南省示范性家庭农场、河南省现代农业科普基地、河南省休闲观光园区、河南省农产品安全追溯示范点、第一批全国典型家庭农场案例。农业农村部、河南省农业农村厅及中央农广校等单位的领导，多次来到王飞的农场参观调研。他的创业故事先后被中央电视台、河南电视台以及《人民日报》《河南日报》等主流媒体宣传报道。

示范带动，共同致富

一人富了不算富，大家富了才算富。成长起来的王飞致富不忘乡邻。

周围的村民来他这里取经，他总是耐心传授经验，带动当地260户贫困户发展果蔬产业，实现脱贫致富。省内外同行来参观考察，他都热情接待，帮

他们规划、管理和销售，示范带动省内外规模家庭农场106家，免费服务无公害果蔬生产基地数十万亩。

从2014年开始，他采取"家庭农场+土地流转+贫困户务工+技能培训"的模式，流转46户贫困户的土地，租金每亩每年1 200元，仅此一项就直接带动贫困户增收12万余元。

王飞的农场是河南省新型职业农民实训基地。脱贫攻坚期间，在夏邑县农广校王留标校长的帮助下，王飞建立了农民田间学校，邀请相关专业老师现场授课，传授农民职业技能，为当地产业发展和脱贫攻坚发挥了重要作用。对于有技术无资金的贫困户，王飞帮助协调贷款。对于没项目的贫困户，王飞免费提供项目、技术及销售渠道。对于没能力创业又不想承担风险的贫困户，王飞就把他们招到农场打工，先后帮助了24户50余人。王飞先后举办脱贫技能培训班100余期，10 000余人次学到生产技能。

总结过往，王飞说："我的返乡创业之路，始终离不开学习。只有不断学习，提升自身的素质、能力和水平，才能为成功打下坚实的基础。"

码上链接典型人物

喜耕田农机专业合作社：专心社会化服务

推荐语： 汝州市喜耕田农机专业合作社注册成立于2017年2月，位于汝州市纸坊镇。合作社现有社员126人，固定资产500万元，先后建成粮食存储仓库2 000平方米、库棚面积1 000平方米、维修车间500平方米、场地2 990平方米，拥有各种农机具100多台（套）。

合作社本着"自愿互利"和"民办、民管、民受益"的原则，以万亩小麦种植基地为依托，为万亩示范方提供耕、种、管、收、售一条龙服务。合作社实行全程机械化，充分发挥农业机械作业水平，降本减工、提质增效。合作社以本村和周边农户为主要服务对象，与农户签订农机作业合同，实行订单作业，为农户提供产前、产中、产后服务。

近几年来，在汝州市农机局的指导下，喜耕田农机专业合作社致力于粮食生产全程机械化，在植保无人机作业、深松土地、土地托管等工作中，取得了一系列成绩。经过不懈努力，合作社业务不断发展壮大，经济效益和社会效益不断提高。合作社先后为汝州市甘薯产业园区项目以及纸坊、小屯、杨楼、米庙、骑岭等乡镇开展深松土地服务15.1万亩次，承接汝州、宝丰、郏县、舞钢等地小麦"一喷三防"统防统治作业80万亩次。同时，合作社拓展农机跨区作业市场，先后到内蒙古、新疆、江苏等地跨区飞防作业10万余亩，到内蒙古、河北等地春耕8万多亩。2021年至今，累计烘干粮食15 000余吨。

植保无人机作业

2015年春节,在合作社承包的区域内,有一场小麦"一喷三防"演示会。郑州和安阳的两家无人机厂商带来了机器,进行演示和推广。合作社对无人植保机产生了浓厚的兴趣,于9月派遣2名社员前往安阳进行为期半月的培训学习。

由于单旋翼植保无人机不易操作、成本较高,合作社没有立即购置。

2016年春天,经过多方面的考虑,合作社采购了3台锂电多旋翼植保无人机。随即帮助汝州市政府在小屯镇进行统防统治作业5 000多亩,填补了汝州市植保领域无人机作业的空白。无人机作业的高效,得到了大家的一致认可。但是由于该机型是组装完成的,作业不够智能化,基本靠操作员的观察,容易重喷、漏喷。其售后体系也不够完善,无人机出现故障后,很难在短时间内解决,容易耽误作业进度。

2017年是艰难的一年。作业订单增多,3台无人机在指定的作业时间里忙不过来,特高压输电线下的磁场也会严重干扰无人机,导致故障次数直线上升。结果剩下1 000亩地,只能人工作业。作业季过后,社员带着机器跑了好几家无人机售后部门,最终也没有解决问题。

寻找新的无人机,成了当时最重要的工作。

2017年8月底，合作社通过网络了解了大疆公司的植保无人机，便驱车到郑州找大疆的代理商。通过沟通，发现问题的根源是没有选到最合适的产品。由于当时没有作业任务，加上大疆公司年底要推出新产品，便暂时搁置了购置计划。12月，合作社报名参加了大疆惠飞植保无人机高级班培训，顺利拿到了操作证书。接下来，参加了大疆公司组织的河南站维修大师培训活动，学会了拆装、维修拟购买的无人机。

2018年2月，合作社同大疆公司签订了代理合同，同时也拿到了授权维修站的资格。在组织了自己的飞防队伍后，日作业能力提升到5 000亩。

2018年4～5月，合作社承接汝州市农业生产社会化服务项目。在各级政府部门的协助下，半个月就完成了所属标段的40 000亩小麦"一喷三防"工作，收获了良好的口碑。

2018年7月，经朋友介绍，合作社连夜奔赴内蒙古自治区乌拉特前旗参与玉米田红蜘蛛防治项目作业。短短的半个月，合作社完成了30 000亩的作业面积，帮助群众解了燃眉之急。

2018年9月1日，合作社奔赴新疆维吾尔自治区参与棉花脱叶素喷施作业。虽然过程有波折，但是作业完成得还算成功。

合作社摸着石头过河，一年之内就达到了预期的收益，大大增强了自信心和干劲儿。

2019年4月，合作社承接了汝州市2019年小麦"一喷三防"社会化服务三标段，一周内高质量、高标准完成55 000亩的统防作业任务。

2020年3～4月，合作社承接汝州市农业农村局土肥站小麦减肥增效喷洒作业15 000亩。

2020年4月，合作社承接宝丰县农业农村局小麦统防统治项目，一周时间作业50 000多亩。

2020年4月，合作社参加新乡市延津县农业农村局小麦统防统治项目，一周时间作业20 000多亩。

2020年5月，合作社承接汝州市农业农村局能源站小麦叶面肥作业

5 000亩。

2020年7月,合作社承接汝州市农业农村局能源站玉米叶面肥作业5 000亩。

2020年7~9月,合作社奔赴江苏省兴化市进行水稻病虫害防治,冒着酷暑,一共作业4遍,累计50 000余亩,在当地留下了很好的口碑。

2020年9月,合作社获评为2019年度河南省植保专业化服务二星级组织。

大面积的作业,给合作社带来了可观的收入。更重要的是,通过合作社的服务,用户亲身体会到了植保无人机的价值和优势,有利于将来全程机械化的发展。

深松土地

深松土地是政府惠农政策。深松土地可以疏松土壤,增强土壤的蓄水保墒和抗旱排涝能力,在不破坏土壤结构的前提下使耕作层向下延伸。以前,很多同行在作业时没有严格按照标准去实施,导致很多人对这项惠民政策产生了误解,比较抵触。

在2017年深松土地期间,合作社严格落实作业标准,拿上单页到田间地头去给群众解释、观摩。联系到村委会和相关群众,通过耐心讲解、现场演示,消除了他们的误会,然后,村委会将本村更多的土地连片组织起来,使得深松作业得以高效进行。经过不懈努力,合作社完成了20 000多亩的作业面积。深松土地的效果确实好,很多群众当年就尝到了蓄水保墒的甜头。

2019年,合作社参加汝州市农机局实施的土地深松作业,半个月内完成6个乡镇10 000多亩的作业面积。

2020年,合作社参加汝州市农机局的土地深松作业,20天内完成了16 000亩的作业面积。

土地深松造福了广大群众,促进了本地大型农机具的普及,也让一些胆大敢干的农机手得到了不错的收益。土地深松后,每亩地每年的产粮收入可增加150元,合作社所服务农户每年共可增收200多万元。20天的作业时间里,每

台拖拉机的作业面积一般为 3 000 亩,可以产生 35 000 元的净利润。

土地托管

经过几年的摸爬滚打,合作社在现代农机作业中积累了很多宝贵经验。2020 年,合作社通过汝州市农业农村局联系到全国土地全程机械托管服务的先进组织,带上村委会及相关领导前去考察学习。

2021~2022 年,合作社选择了数十个村庄进行试验和推广,在"耕、种、管、收"这 4 个主要的生产环节提供粮食生产全程托管服务。

对于成本问题,合作社实行大地块作业,土地连片成方,既降低了合作社的成本,也降低了小农户的成本。经测算,合作社所服务区域内的土地共可增收 1 000 万元。

合作社农机业务的壮大,顺应了农业发展的趋势,增加了群众和村集体的经济收入,对乡村振兴事业也贡献了自己的一分力量。

码上链接典型人物

杜焕永：小创新，大机遇

推荐语： 杜焕永，中共党员，滑县万古镇兴园村党总支副书记，滑县焕永种植农民专业合作社理事长，豫北地区远近闻名的种粮大户，"出彩河南人"之2019年感动中原十大年度人物，安阳市劳动模范，河南省新型职业农民优秀学员，河南省十大新型职业农民，全国粮食生产先进个人。经过10多年的发展，合作社已经成为滑县规模最大、机械化程度最高的合作社。合作社共有150多人，拥有各类农机具130余台。2022年，合作社共流转土地2 048亩，进行土地托管服务5万多亩，服务农户2 000余户。合作社在自有种植土地规模化经营、单元化管理的基础上，成立社会化服务中心，利用北斗导航、北斗平地仪等先进农业机械和先进技术，开展订单式服务，为周边农户提供农业社会化服务。

大田作物种植

杜焕永在农村长大。

祖辈们面朝黄土背朝天，一年下来，有时候反而会赔不少，这深深刺激了他。杜焕永意识到，以前的农业生产方式比较落后，土地做不到成方连片，高效率耕作模式应用困难。若要改变现状，就要勇于创新，改变传统的小农户耕作方式，实现规模化种植。

2012年，在外承包工程略有成就的杜焕永毅然告别大城市，回到家乡创业。

2013年，杜焕永和几位朋友一起成立合作社，流转150多户村民的900多亩土地,搞起了土地托管。

"我就是农民的'田保姆'。你没劳动力种,我帮你种;你没时间管,我帮你管。从种到收,不用农民操心。"杜焕永说。当年下半年,合作社就已初具规模。

2015年,杜焕永流转的土地就增加到了1 400亩。可临近玉米收获时,一场狂风暴雨让他的农作物大面积倒伏,损失很大。杜焕永产生了放弃的念头。妻子鼓励他说:"亏了不怕,大不了咱还过我和泥、你抹灰的日子,从头再来。"这句话坚定他了走农业道路的信心和决心。

"规模化的种植,就要具备高效的作业方法。农业的根本出路在于机械化,科学的田间管理加上配套的农机设备,才能使农业生产水平稳步提升。"杜焕永的思路很清晰。很快,他又牵头成立了滑县向朝农机服务农民专业合作社,陆续投资1 000多万元购置了现代化农机设备136台(套),开创了豫北地区农业生产中应用北斗卫星系统的先例,搞起了社会化服务。

精量播种机、植保无人机、北斗平地仪、茎穗兼收机、粮食烘干塔等智能化机械设备,成了合作社的"铁骑兵"。它们在农业生产中各显神通,使合作社实现了整地、种植、植保、收获、烘干、秸秆处理等环节全程机械化和智能化,

提高了生产效率，降低了农业生产成本。

"农业机械化改变了我们的种植模式，效率、效益都提高了许多。俺用了杜焕永推广的花生全程机械化种植技术，每亩地基本增收300块钱。"村民杜林国说。

随着机械化水平的逐步提高，周边开始出现大量闲散劳动力。看来，必须采用新的种植模式了。

2016年，杜焕永从合作社的土地中抽出5%的土地，开始推广用工量较大的大蒜、小辣椒兼种套作模式，当年就实现了亩均净利润1 300元的辉煌战果。2017年，8户村民加入了他的多元化种植大军。仅小辣椒套种一项，每年的用工量就稳定在300多人，每年发放工资150多万元。

杜焕永逐渐实现了大豆、玉米、大蒜、辣椒作物的多元化种植。他在当地首推的"一麦两玉米"耕作方法已试验成功，实现了头茬鲜玉米的错峰上市，增加了乡亲们的经济收入。

如今，入社农民达120余人，合作社流转土地2 048亩，托管土地39 000亩，推广使用机械化服务土地50 000亩，年产原粮3 000多吨，毛收入近1 000万元。合作社实现了大田种植规模化、服务农民专业化、生产经营多元化，是目前中原大地机械化、智能化水平最高的合作社之一。

农业产业链的延伸

农产品的深加工和销售。

"农业不加工，到头一场空。我们有优质的原粮生产基地，注册有自己的'焕永'牌商标，8个产品已完成了绿色食品认证，为什么不进行粮食深加工呢？"杜焕永陷入了沉思。

2018年，杜焕永开始进行原粮产品的深加工和销售。面对人员、资金、技术等方面的重重困难，他没有退缩，迎难而上。最终，合作社成为滑县食品安全追溯示范点，使自身的产品有了完整的可溯源机制；成立了大学生就业见习基地，解决了人才的需求量大、引进难的问题……

杜焕永常说:"产业的振兴,归根结底是人才的振兴。"他招揽专业的高水平人才,组建了农残检测实验室,建立了农产品深加工研发和销售团队。他充分发挥原粮质量稳、价格低、供给保障有力的优势,在优质原粮的基础上进行深加工,线上线下相结合展开销售。

如今,杜焕永已快速、精准地向市场投放了玉米糁、黄小米、红薯粉条、高油酸花生油等20多个优质产品,先后与滑县的100余家超市、门市部建立了长期、稳定的战略合作伙伴关系。2023年的销售额预计会突破500万元。

改变单一的种养模式,推进农牧一体化进程。

杜焕永所在的滑县,耕地面积为201万亩,是河南省粮食生产第一大县,每年所产生的秸秆就有上百万吨。现实中,人们对粮食生产极为重视,对农作物的秸秆却不怎么关心。杜焕永经常想:"能不能通过某种方式把秸秆利用起来,变废为宝呢?"

自2021年开始,他先后投入近百万元,购入了麦草捡拾机以及秸秆揉丝、除尘、打包机等大型农机具,开始了农作物秸秆的收储、加工业务。他还把加工出来的饲草供应给了周边的养殖场,帮助其解决饲草短缺的问题。

2022年,为进一步拓宽农民的增收空间、积累更为丰富的农牧结合经验、提高乡亲们的生活质量,杜焕永新建了2个存栏500只的羊场。这样一来,作物秸秆过羊腹后还田，培肥了地力，实现了农牧结合、优势互补，推动了循环农业的新发展。"其实就是一个不断变废为宝的过程。"杜焕永高兴地说。

共同致富

2017年，在农广校的支持和指导下，杜焕永成立了自己的电教培训室，定期对社员、农机手、周边农户等进行免费技术培训，与广大农业爱好者交流经验、总结教训。他毫不藏私，耐心细致，鹤壁、焦作、濮阳等周边地区的群众纷纷慕名而来。截至2022年底，杜焕永已陆续接待学员20 000余人次。

提起未来，杜焕永说："干农业就是要有不安于现状的精神，我会不断创新，探索新的领域和模式。希望能用我的小创新促进农业的大发展，推进农业全产业链的加速融合，带领更多的人共同致富，助力乡村振兴！"

码上链接典型人物

郭新霞:"苹果姐"的苹果情

推荐语:郭新霞,灵宝苹果姐电子商务有限公司法人、总经理,灵宝市农夫果品专业合作社总经理,三门峡市乡村实用人才,享受政府津贴。她通过参加三门峡市农广校组织的中职教学班和高素质农民培育,学到了技术,开拓了思路,促进了产业的发展。她是学科学、用科学的典范,也是果农中的"巾帼英雄"。她做的电商很有亮点,不但销售了自家苹果,还带动了当地的苹果销售,带领父老乡亲走上了一条依靠电商带动产业发展的致富之路。她的事迹被新华社、中央电视台和《河南日报》等各级媒体多次宣传报道。

新角色遇见新天地

对于郭新霞来说,回乡种苹果,是一种机缘巧合,也是一种无奈选择。

2006年,由于所在医院改制,郭新霞和爱人双双回到老家灵宝市寺河乡姚院村,开始经营自家的几亩苹果园,从医务人员变身成为农民。

一切,都得从头开始。

姚院村地处"亚洲第一高山果园"的核心区,海拔800~1200米,土质肥沃,雨量充沛,日照充足,昼夜温差大,气候条件得天独厚。但是,到年底夫妻俩一算账,发现赔了30 000多元!看来野把式不行,光有热情也不行,要想干出名堂来,还真得有"硬核功夫"。

2011年,郭新霞参加了三门峡市农广校的专业培训班,把自己还原成为学

生,用两年时间充电,专心学习果树管理技术。回来后,她白天在果园里劳动,将所学知识应用于生产实践;晚上带着问题在灯下继续看书,在网上查询相关资料,寻求解决之道。随着时间推移,她渐渐熟悉并掌握了疏花、套袋、剪枝、防治病虫害等果树管理技能。

学无止境。2013 年,郭新霞参加了灵宝市农民专业合作社带头人培训班,继续充电。越学眼界越宽广,越学越觉得农村生活有奔头。

2015 年,郭新霞信心十足,带领果农牵头成立了灵宝市农夫果品专业合作社。从此,"新农人"的身份正式确立,她追求的梦想和目标也越来越明晰、越来越具体:做最美"新农人",种最好吃的苹果。

"新农人"展现新形象

苹果园是郭新霞夫妇生活的全部依靠,苹果树也成了他们的"家庭成员"。更令郭新霞感到欣慰的是,在侍弄苹果园的日子里,她也跟着获得了成长。

2011 年时,她便注册了网店,起先没怎么用过,后来发现在网上销售苹果效果很不错,从此一发不可收。2016 年,她以网店运营为基础,果断创办灵宝苹果姐电子商务有限公司,打破传统销售观念,在寺河乡开启灵宝苹果线上线下同步销售新模式。

同时,她还在灵宝苹果公共区域品牌下注册了"醉美苹果姐"子品牌,加入阿里巴巴"满天星"计划,以灵宝苹果农产品质量溯源体系为依托,大力实施"品牌营销"策略,运用各种方法开展农产品网络推广销售工作。

为宣传推介灵宝苹果,"苹果姐"多次到郑州、北京、上海等地参加展会。

她的足迹到哪里，哪里就有好吃的灵宝苹果、好听的苹果故事。

销量上来之后，郭新霞发现仅凭自家的量已经很难满足市场需求，便成立了农夫庄园合作社。合作社以"特色优先、绿色发展"为指导，按照"合作社+基地+电商+农户"的模式进行标准化生产，在产前、产中、产后认真落实"管理技术统一、生产资料统一、采收包装统一、果品销售统一、品牌商标统一"的"五统一"标准。不久之后，合作社网络年销售额达400万元以上，线下批发销售额达500万元。由于业绩突出，合作社和电商公司双双获得"河南省电子商务企业"认证。2019年，合作社2500亩标准化果园通过中国绿色食品发展中心审核，获得了国家绿色食品认证。

在奋斗的过程中，荣誉也接踵而至。

2016年10月，在灵宝市委、市政府举办的第六届灵宝苹果鉴评会上，合作社选送的红富士苹果荣获金奖。

2017年1月，在灵宝市总工会、灵宝市园艺局举办的果树管理技能竞赛中，合作社代表队被授予"团体二等奖"，她本人被授予"灵宝市苹果十大务果能手"称号。

2017年11月，合作社被授予三门峡市"巧媳妇创业就业工程示范基地"。

2018年1月，郭新霞被授予"三门峡市农村优秀实用人才"。

2020年1月，合作社被评为三门峡市级农民专业合作社示范社。2月，郭新霞被河南省妇联授予"河南省乡村出彩巧媳妇"。

2021年，合作社注册商标"姚院村"被河南省农业农村厅授予"河南省知名农业企业品牌"，被中国果品流通协会授予"果业振兴百强品牌"，获得中国好苹果大赛2021年总决赛"种植能手奖"。

2022年，合作社被评为"河南省农民专业合作社示范社"，郭新霞被灵宝市妇联命名为灵宝市"最美巾帼榜样"。12月，郭新霞被评为三门峡市乡村实用人才，享受政府津贴。

2023年1月11日，郭新霞被授予"灵宝市道德模范"。

新农人有故事更有情怀

2019年4月12日，相关领导来到郭新霞家，与她亲切交谈，并对她扎根农村，创新发展，积极响应市委、市政府号召，围绕"种好灵宝苹果、讲好苹果故事、卖好灵宝苹果"所做的生动实践，以及取得的显著成效给予了高度评价。

郭新霞很喜欢习近平总书记的《念奴娇·追思焦裕禄》，尤其是"生也沙丘，死也沙丘，父老生死系。暮雪朝霜，毋改英雄意气"。当初，面对生活的转折一筹莫展时，是家乡敞开臂膀温暖了她，她心怀感激。做最美新农人，种最好吃苹果，回报家乡，和家乡人民共同富裕，成了她的使命。

码上链接典型人物

徐红飞：让高素质农民成为体面的职业

推荐语：徐红飞，高级农艺工、高级农作物植保员，河南省农民田间学校联盟副理事长，内乡县裕鑫种植家庭农场主，先后被评为第二届河南省优秀实用人才、第十届全国青年致富带头人、河南省劳动模范。

放弃高考，南下打工

徐红飞出生在南阳市内乡县灌涨镇刘岗村，一家五口住在一间土坯房里。

"小时候几乎没有吃饱过，除了春节，一年都吃不到肉。俺们3个孩子经常饥肠辘辘地趴在锅台边，眼巴巴地等着吃饭。"回忆起童年岁月，徐红飞热泪盈眶。

姐姐初中没上完就外出打工去了。凭借着她每个月给家里寄的钱，徐红飞坚持上到了高中毕业。尽管他很有希望考上大学，但大学学费对这个拮据的农村家庭来说是不可逾越的高山，徐红飞无奈之下放弃了高考，选择南下广东打工。

他进过工厂，当过保安，卖过酒，挖过金矿……无论走到哪里，家乡的小山村一直让他魂牵梦绕。他不明白：为什么种庄稼不能挣大钱，为什么很多人看不起农民？

2010年3月，一次偶然的机会，他参加了河南省农广校举办的阳光工程培训班。半个月的专业学习让他对国家的惠农政策有了深入了解，他终于明白了农民赚不到钱的原因：一是没有规模种植，二是没有科技支撑。他决定重返农村当一名"职业农民"。

成立合作社、联合社

看到他要回家种地,父母和姐妹都说他"神经了"。但红飞的梦想已经起航,不可回头。

2010年5月,徐红飞接过父亲的锄头,开始经营家里的5亩地。4个月后,他带头成立了内乡县兴华农业种植专业合作社,流转了本村200亩耕地,又承包了200亩荒地,种植传统的玉米和小麦。人努力天帮忙,这年风调雨顺,徐红飞赚到了人生第一笔"巨款",父母惊诧得老泪纵横。

徐红飞尝到了规模化种植的甜头,决心甩开膀子大干一场。

他开始四处向朋友借钱,向金融部门贷款,购买了刘岗村从来没有过的大型旋耕机、播种机、脱粒机。他还把"势力范围"扩展到其他乡镇,在全县设立了12个土地流转服务部、27个村级服务点,形成了县乡村三级服务网络。

2011年,徐红飞在灌涨、马山、赤眉等乡镇流转土地5 000亩。他利用贷款和相关政策修建了储藏仓库、购买了烘干设备,在本县师岗镇、灌涨、大桥等乡镇建立千亩粮食高产示范方、百亩攻关田、花生高产示范方、突尼斯软籽石榴基地、紫色马铃薯繁育基地。他还把流转的5 000亩耕地建成全县的高效农业示范园,其中小麦、玉米、花生的单产连创新高,比全县平均亩产高出20%以上。

经过多年的辛勤劳动,他的专业合作社注册资金由5万元增加到1 985万元,资产总额达1 100多万元,入社成员380人,带动农户1 900多户,拥有各类大中型农业机械36台(套),成为内乡县最大的种植专业合作社。

种地终于赚到了大钱,他昂起了头、挺起了胸,穿起了西装,购买了轿车,还在县城给父母买了新房,圆了老人当"城里人"的梦想。

要想加快农业农村现代化,必须加速提高农民的素质,把管理、推广的事情交给专业人才来办。

随着兴华合作社实力的日益壮大,徐红飞理事长的"目标"也一天天"膨

胀"。2016年，徐红飞联合内乡县的全丰农机合作社、香满园种植专业合作社等4家合作社，成立了内乡县第一家农业联合社——皓星农业种植（农机）服务联合社。

他想让乡亲们活出个模样。

联合社推出了"你在外安心挣钱，我保你农田丰收；我付出百倍努力，你收获万分满意"的服务承诺，在师岗、灌涨、王店等7个乡镇16个行政村开展全程粮食托管服务，统一品种、统一整地播种、统一肥水管理、统一病虫害防治、统一机械收获。每亩每年保底收益1 200元，比农民自己种植多出400多元。

联合社就像航空母舰，大大提升了农业抗御自然灾害的能力，实现了农民和联合社的双赢。目前，托管的土地已达9万亩，涉及10个乡镇4 000多户，解放富余劳动力5 000多人，让他们安心外出打工，切实解决了群众"种地打工两头忙"的难题。联合社的固定资产也达到2 000多万元，农机具发展到近百套。

成立帮扶队，精准扶贫

从2010年开始，徐红飞以合作社和联合社为阵地，以田野为课堂，累计投入资金 7 万多元,把自己学习到的和摸索出来的实用经验制作成 10 万多份种植技术明白卡,免费发放给群众。他还聘请郑州、南阳等地的农业专家给社员们讲课,培养出了 3 000 多个"庄稼筋"。

2018 年,徐红飞在马山口镇唐河村开展产业扶贫。他的合作社采取树苗赊销、包技术、包销售、包收益的扶贫政策,联合 35 户贫困户种植 300 亩高标准突尼斯软籽石榴,同时辐射带动周边 5 个贫困村 129 户贫困户种植石榴近 2 000 亩。

徐红飞以同样的模式,在赤眉镇王堂等村种植 4 000 亩朝天椒、2 000 亩黑花生、3 200 亩紫色马铃薯,亩收益不低于 3 000 元。

为了保证群众的利益不受损失,徐红飞自掏腰包,以每亩 15 元的价格给抗御灾害能力差的 4 000 亩朝天椒买了自然灾害险。2016 年,这 4 000 亩朝天椒遭受局部涝灾,大幅度减产,徐红飞把保险公司赔偿的钱全部给了农户。农户没有损失,他亏了 10 万元。

多年来,徐红飞把自己和合作社正常收益中的 20% 让利给社员,金额达 100 多万元。

习近平总书记说,要就地培养更多爱农业、懂技术、善经营的新型职业农民,要通过富裕农民、提高农民、扶持农民,让农业经营有效益,让农业成为有奔头的产业,让农民成为体面的职业,让农村成为安居乐业的美丽家园。

畅想未来,徐红飞无比自信。

码上链接典型人物

李民杰：凤凰涅槃，浴火重生

推荐语： 李民杰，濮阳县清源种植农民专业合作社理事长，濮阳市鼎森泉农业发展有限公司董事长，濮阳绿色农业发展联盟财务总监。他承包土地550多亩，在农业创业的道路上摸爬滚打11年，前5年亏损300多万元，后来通过不断参加培训班学习，提高了技术和能力，终于拨云见日，实现年净收入数百万元。

入行农业，开局不利

2011年，李民杰结束16年的军旅生涯，复员回乡。当时农业领域还是一片蓝海，大家都在创业，李民杰也心里直痒痒。

2012年底，李民杰在濮阳县清河头乡接手了一个550亩地的园子，压上全部积蓄，入行农业。

李民杰注册了濮阳市鼎森泉农业发展有限公司，自己担任董事长、总经理。他兴冲冲地购买了苹果树苗、梨树苗、桃树苗、樱桃树苗、核桃树苗……发展林果业；搭建了30个塑料大棚，种植辣椒、番茄、茄子、豆角等蔬菜。他凭着一腔兴趣，带领工人吃住在园区，起早贪黑，一身泥一身水，干劲十足。

李民杰不懂果树管理技术，像什么修剪、病虫害防治根本无从谈起，结果遍地是杂草，果树疯长，生产的水果几乎全部是小果、烂果，没有销售市场，全部烂在地里。2012年亏损60多万元。

2013年下了一场大雪，30座塑料大棚全部被压塌，直接损失100多万元。

入行农业第五年,他生产蔬菜、水果卖的钱还不够给工人发工资,公司连年亏损,一共亏损 300 多万元。妻子天天抱怨他,婚姻也亮起了黄灯。李民杰深深感叹:看起来简简单单的农业水太深了,要想盈利赚钱,比登天还难,以后的路该怎么走呢?是放弃这个园子还是继续坚持下去?

李民杰特别迷茫,人也变得又瘦又黑,跟当初创业时相比,简直判若两人。

不断学习,浴火重生

2018 年,李民杰参加了濮阳县农广校组织的设施农业中专班。通过学习,他才知道自己多么缺乏农业技术和管理技术,也明白了自己年年亏损的原因:不懂农业技术,产业结构不合理。

看来,要想农业创业成功,必须不断参加农业专业培训,学习农业专业理论知识,尽快从门外汉变成行家里手。从此,李民杰先后参加了中央农广校在烟台组织的大田培训班、河南农业大学组织的"乡村振兴领头雁"培训班、省农广校在郑州举办的农业经纪人培训班,以及濮阳县农广校组织的各类培训班,共计 15 次,多次随培训班参观考察国内各类成功的农业企业、合作社。

通过培训学习,李民杰对病虫害综合防治、配方施肥技术、农作物化学调控技术、农作物品种特性、农机配套技术等都有了系统了解,基本上掌握了小麦、玉米及各类蔬菜从整地到种植结束的生产全过程技术规程;结识了大批同行高手,大家在微信群里相互交流,取长补短,共同发展;认识了各个专业的授课

老师,他聘请老师作为自己的技术后盾,邀请老师前来现场指导,以少走弯路。

通过培训学习,李民杰的园区管理水平有了很大提升,对国家农业政策有了更深刻的了解,对农业行业的发展有了独特的见解。

2019年,李民杰下定决心转型。他压缩了经济作物的种植面积,拿出200亩地改种小麦和玉米。其中,小麦亩产675千克,玉米亩产750千克,当年止损30万元。

2020年,他将小麦和玉米的种植面积扩大到350亩,实现盈利30万元。

2021年,他将550亩土地全部种上小麦和玉米,盈利50万元。

2022年,李民杰成立了濮阳县清源种植农民专业合作社,流转耕地1420亩,托管农户土地2600亩,在农广校校长和老师的指导下,科学种植、科学管理,实现小麦亩产750千克、玉米亩产850千克,合作社实现盈利360万元。

李民杰终于找到了属于自己的成功之路,凤凰涅槃,浴火重生。

共谋发展,共同富裕

2019年6月,在农广校郭春生校长和任课老师的支持下,李民杰邀约其他4家农民专业合作社,成立了濮阳县绿色农业联盟。

联盟采取"四统一"的运营方式,即农资统一团购、生产统一标准、技术统一服务、产品统一销售,实现了农药、化肥减量增效,降低了生产投入成本,提高了经营者的生产能力,提升了土地产出效益,增加了农民收入,基本形成从土地整理、农资供应、机械服务、金融服务、技术服务、联合收获、产品销售等全产业链发展模式。

截至2023年上半年,联盟拥有成员31家,其中合作社12家、家庭农场13家、农业企业6家;累计开展土地整理1.6万亩、农资供应1.32万吨、农机服务55万亩、金融服务4 600万元、技术服务1 100人次、产品销售0.75万吨;累计开展社会化服务32万亩,亩均节本增效260元,多增加农民收入8 300万元。

2023年3月20日,国家及省、市的相关领导来到联盟视察工作。3月24日,联盟组织的"农事服务一站式"活动上了《河南日报》头版头条,省内多家农业企业和农业农村部门前来参观学习。

一个人成功不算成功,大家成功才算真正的成功。

李民杰积极研究大豆玉米带状复合种植技术,尤其是相关化控技术、除草技术、配方施肥技术、病虫害综合防治技术。2022年,该项技术取得圆满成功,亩产值达到3 400元以上。他响应国家号召,积极推广这项技术。

李民杰带领会员开展小麦、玉米高产攻关。他认为,只有提高单产、向技术要产量,才能实现高产高效。2023年5月,他制定小麦亩产700千克、玉米亩产1 000千克的高产目标,根据亩产目标,制定新的高产攻关技术规程。目前,联盟会员中已经有50多户参加了玉米超高产攻关活动。

天高任鸟飞,海阔凭鱼跃。李民杰坚信能和大家一起,取得更大成功。

码上链接典型人物

赵德平：返乡种葡萄，共谱致富梦

推荐语：赵德平，濮阳葡樱生态园总经理，中原果蔬联盟理事长，2023年河南省第十四届人大代表。他是一个农业技术"大咖"，凭借"一年种植，次年丰产盈利""阳光玫瑰现代化栽培"等自有核心技术，大幅提升了家乡的葡萄品质，在全国葡萄生产、销售圈内树立了"豫北濮阳有好东西"的好口碑。他是一个有梦想、有情怀的人，通过平台带动137家合作伙伴的6 279亩合作园区种植葡萄等，为当地群众打造了一条增收致富的"甜蜜"产业链。

为农业梦想而读书

1981年，赵德平生于濮阳县郎中乡大赵占村。从儿时开始，他就对农业产生了浓厚的兴趣。

在初中毕业填报高中志愿的时候，听说濮阳县职业技术学校有种植专业，他很想报。他当时的学习成绩是班级前三名，有望读重点高中。在当时的农村，早日跳出"农门"是绝大多数父母对孩子的共同愿望。不出所料，赵德平的父母竭力反对，他的姐妹们也很不理解，大家联合起来苦苦劝了他一整天，让他放弃填报职高。但他坚持自己的本心，毅然决然地填报了濮阳县职业技术学校的种植专业。

在濮阳县职业技术学校读书期间，赵德平应用课堂上学到的知识改良了老家20多个村子的盐碱地，使小麦亩产从六七百斤突破到了1 000多斤。这小小的成就，更加坚定了他用科学技术改变农民命运的决心。在校期间，他经常利用课余时间跟随教授们去田间、园区一线学习。毕业后，他先在中国农科院郑州果树研究所进修两年，又远去日本水乡园艺研修4年，系统学习葡萄优质高效丰产栽培技术，积累了扎实的理论基础和丰富的实践经验。

肩负使命返乡创业

2010年初，赵德平听说豫北地区的葡萄种植户陷入困顿：辛苦种植的葡萄销路不畅，也卖不出好价钱，有人甚至血本无归。他毅然放弃了在日本的大好前程，回国创业。

葡萄没有销路，主因是没有优质产品，而优质产品又需要高效的管理技术。家乡其他的水果品种也面临着同样的困境。

为了寻找最适合中原地区的品种和技术，赵德平自费建立了拥有130多个品种的葡萄实验园、拥有70多个品种的实验圃，实验圃里有蟠桃、李、杏、大樱桃、红心火龙果、番石榴、莲雾等果树。

为了尽可能规避单品种带来的市场风险，赵德平还种植了100亩的大樱桃、200亩的蟠桃、"丰园红"杏、"大红袍"李子，60亩的红心火龙果、番石榴。

一番折腾之后，赵德平不仅花光了在国外挣的钱，连600万元的贷款也赔了进去。有乡亲认为他瞎胡弄，赵德平的父母甚至都不敢出门见人了。

但赵德平抗住了压力，痛定思痛，多方总结经验。他认为，虽然自己专业技术过硬，但品种繁杂、人手不足，导致没有拳头产品，产品也因没有标准化的质量而没有效益。

赵德平沉下心来，参加了河南省农广校濮阳县分校举办的培训班。在农广校老师的帮助下，结合中原地区气候条件和土壤状况，赵德平从实验圃里筛选出高端葡萄品种"阳光玫瑰"，潜心研究。他先后到郑州果树研究所、上海交通大学及浙江、安徽、云南等地请教相关专家、一线专业技术人员。经过多方考察，他终于摸索出一套适合中原地区的葡萄栽培管理技术，产出的葡萄香甜可口、入口无渣，得到了市场的认可。自此，情况好转起来。

  赵德平始终未放弃对技术的追求，在提高投资回报率和育种方面持续加大研究力度。终于，他和自己的技术团队研发出一套"一年种植，次年丰产盈利"的核心技术，实现了"一棵葡萄藤上只留一串果实，每串果实的颗粒控制在60~65粒，每亩产值6万元以上"的目标。从种苗选择，到自己研制有机肥配方，再到严格控制浇水、施肥、打药、打权等时间节点，有了一系列科学精准的标准化管理措施。

  经过几年打拼，赵德平的采摘园事业也发展得红红火火。但受到当地土地规模制约，无法再扩大生产，他决定另觅新址发展。家乡是他的第一选择。当时，濮阳县正在大力实施乡贤返乡创业工程，县委、县政府和五星乡党委政府大力支持他，项目从签约到落地开工，仅用了不到半个月时间。最终，他建立起了占地570亩的"阳光玫瑰"优质果核心基地。

  说起当时的场景，赵德平仍然很感动："县、乡政府为项目建设提供了征收拆迁、道路建设、土地租赁、银行贷款等方面的优惠政策，我们只管操心项目建设就行，真是很幸运。"

  2021年初葡樱生态园开建，3月种葡萄苗，2022年已实现正常挂果丰产盈利。而一般情况下，葡萄苗的结果时间为2~3年：移栽的苗株大约2年后才能结果，扦插的枝条则需要3年才能结果。

乡村振兴共富路

为将自己研发到的先进管理生产技术传授给农户们，赵德平采取"合作社+农户"的经营模式、"3+7"的分成模式，让工人也成为股东，使其年收入由过去的2万元增长为8万元以上。在濮阳县农广校指导下，他牵头组建葡樱技术团队和中原果蔬联盟，带动濮阳及周边地市6279亩合作园区种植"阳光玫瑰"葡萄。在他的带领下，农户们不断改进种植技术，通过精细化管理让葡萄品质和产量越来越高，每亩收入能达到7万元以上，打破了豫北地区种不出好葡萄的旧观念。

"阳光玫瑰"葡萄是高端品种，需要大量的疏果工人。两年来，赵德平利用自己的技术优势，在当地培养了679人的疏果队。除了濮阳当地，疏果队还为周边的安阳、新乡、鹤壁、菏泽、聊城及辽宁地区提供服务。疏果队的女工，最高可以挣到1000元的日薪。

河南葡樱种植有限公司也已发展至四期，总占地846亩。2023年葡萄销售额预计突破5000余万元。带动周边园区农户实现产值3亿以上。

"我要带领家乡父老一起种好果子、打造濮阳果蔬地方品牌、建立中原地区阳光玫瑰葡萄集散包装中心。"心向远方，脚下生根，赵德平正朝着自己的梦想大步迈进。

码上链接典型人物

马文昌：年利润500万元的家庭农场

推荐语：马文昌，新乡县七里营镇永昌家庭农场负责人，辛勤耕耘的"粮二代"，河南省农村青年致富带头人，新乡市优秀乡村振兴青年乡土人才，全国农业农村劳动模范。2011年投身于种粮事业，2015年参加了新乡县农广校组织的新型职业农民培训班。流转土地数千亩，种植小麦、玉米、大豆、甘薯等多种粮食作物，仓储面积10 000平方米，硬化晒场2 000平方米，拥有各类现代化大型农业机械设备。繁育了优质强筋小麦品种"新麦26"，为农场带来了质的飞跃，辐射带动了周边的新型农业经营主体及农户共同致富。

让专业的人干专业的事

"很多人都说做农业很辛苦，还不赚钱。其实不然，以2022年为例，我的农场流转土地面积5 017亩，利润突破了新高，达到524.7万元。"说这话的是马文昌——新乡县七里营镇永昌家庭农场的负责人。

其实，他说的"很多人"也包括他自己。小时候，马文昌跟"很多人"一样，认为在农村老家种地没什么出息，更没什么成就。同时，他也有个疑惑：父亲就是个种地的农民，在老家流转了160亩土地，虽然供他兄弟两个吃穿、上学花了不少钱，但家里依然很殷实，好像也挺有成就的。

大学毕业后，马文昌在城市待过一阵子，开过饭店，干过微商，白白净净的，跟黝黑的父亲完全是两路人。后来在父亲的影响下，他回到农村开始种粮。

当年，父亲又去隔壁村流转了473亩土地，家里流转的土地达到了633亩。为了节本增收，父亲购买了小麦收割机、农用三轮车及播种拖拉机，让马文昌学习使用。马文昌雄心勃勃、信心满满，打算好好和父亲一起干一番事业，很快就学会了。

但是，干事业仅凭一腔热情是远远不够的。

马文昌低估了干农业的辛苦程度。在农忙的时候，季节不等人，一刻值千金。为了及时收割成熟的小麦，他每天早上5点就要起床驾驶收割机开始作业，夜里要忙到12点。麦收时节的天气干热难耐，收割机驾驶舱里只有个小风扇，马文昌每天都是汗如雨下，汗碱蜇得皮肤都是疼的。一连5天折磨，好不容易把自家的小麦收割完了，马文昌长舒一口气，打算躺下来休息两天。但为了让收割机尽快收回成本，又被父亲派去给其他农户作业。一周后终于忙完了，马文昌心想："这下总可以休息了吧？"没想到的是，播种拖拉机的用武之地来了，他只好又早出晚归地忙活了半个月。对于一个刚毕业的大学生来说，马文昌的肩膀还很稚嫩，中间有好几次他都累得想放弃，但最终还是咬牙坚持下来了。

经历了这个完整的农忙季节后，马文昌深深体会到了农民的辛苦、好生活的不易。同时，他也陷入了沉思。

马文昌找到父亲，围绕经营思路，父子俩展开了第一次讨论。

马文昌："我们为什么要买这么多农机具？"

父亲很自豪："收割、运输、播种都需要花钱，咱买了农机具，既可以省钱，也可以开出去赚钱。省钱又赚钱，多好！"

马文昌并不赞同："我们是做什么的？我们是种粮的。我们怎么赚钱？靠多收粮食赚钱，对吧？"

父亲点点头，很认同。

马文昌："这么多农机具，熟练操作和维护需要耗费我们很多的精力。既然买它们是为了赚钱，那我们为什么不把这些耗费掉的精力用于流转更多的土地？"

父亲有点不明白他的意思。

马文昌接着说:"应该让专业的人干专业的事,否则就是浪费时间、浪费钱。我们是种粮食的,要想多赚钱,就要扩大规模。"

父亲想了想,觉得很有道理。

第二年,马文昌甩开膀子干了起来。他先把所有的农机具都卖了,然后成立了新乡县七里营镇永昌家庭农场,接着又流转七里营镇龙泉村的 1 400 余亩土地。加上原有的 633 亩土地,他们农场的流转土地面积已达 2 033 亩。最后,马文昌"让专业的人干专业的事",把以前认识的农机手等农业服务人员组织起来,成立了播种队、运输队、施肥队及收割机队。这些农业服务队伍成立后,大家皆大欢喜:农场的活儿有人干了,服务队的作业量也得到了保障。

2013 年,农场 2 033 亩土地的净利润达到 160 多万元。马文昌和父亲"乘胜追击",继续扩大生产规模,流转的土地面积最多时达到了 6 836.7 亩。

种子与 500 万元

农业领域更需要科技。虽然自己是个大学毕业生,但学的是计算机,马文昌不敢放过学习的机会。多年来,他参加了很多次相关的培训,结识了众多农业"大咖",学到了不少节种增效等小投入、大产出的管理办法。

和小麦种子公司签订了协议。2022 年,平均每亩增收 150 元,5 000 亩就是 75 万元。

在有了一定的规模后,马文昌开始思考如何提高亩收益。经过比较,他把方向锁定在了小麦种子繁育上。2016 年,马文昌接触到了"新麦 26"。"新麦 26"属于优质强筋小麦,每千克的售价比普通小麦高 0.3~0.5 元。马文昌便和一家种业公司签订"新麦 26"订单，为其生产小麦种子。订单种子的价格更高，以 2022 年为例，5 000 亩小麦直接增收 150 万元，农场利润实现了质的飞跃。

由于他种出来的"新麦 26"商品性好，种业公司很满意，加大了订单。马文昌便发动翟坡镇齐越合作社等身边的种粮大户一起种，增加种植面积 2 万余亩，2017 年直接增加收益达 506 万元。周边群众也跟着他们一起种植，到 2019 年，种植总面积达 5 万余亩。

2021 年，看到强筋小麦市场越来越好，马文昌成立了新乡市茁壮种业有限公司，向新乡农科学院购买强筋小麦"新麦 45"的品种经营权，当年就通过售卖"新麦 45"种子实现净利润 137 万元。他现在种植的小麦品种全部是"新麦 45"。

中央电视台知道后，过来拍摄了他的事迹，放在了大型专题纪录片《种子 种子》的第四集《万物生长》中。

马文昌想，既然小麦能有这么多增加收益的方法，大豆应该也能行。他轻车熟路，联系上两家种业公司，为其生产"中黄 301"和"洛豆 1 号"两种大豆种子。2022 年，平均亩产 220 千克，5 000 亩大豆种子共收获 110 万千克。普通大豆售价每千克 6 元，他的大豆种子售价每千克 6.6 元，马文昌一举增收约 66 万元。

2022 年，马文昌的农场全年的净利润达 524.7 万元。

码上链接典型人物

王豪歆：转型筑未来

推荐语：王豪歆，中共党员，河南盛亚牧业有限公司总经理。公司先后被评为河南省奶业协会副会长单位、新乡市农业产业龙头企业、新乡市扶贫龙头企业、乡市四星乡村旅游单位等。从一名教师到涉农企业的管理者，王豪歆发出了3个灵魂拷问：为什么要放弃相对社会地位较高的教师从事农业？企业的发展优势、未来发展方向是什么？涉农企业如何为广大群众做出更大的贡献？

干农业，就要把双脚扎进泥土里

王豪歆的父亲王光利是老一辈的养牛人，喜欢与奶牛打交道，对奶牛养殖有着深厚的情结，深深影响了王豪歆。

2013年，王豪歆大学毕业，原本找到了一份稳定的工作。有一次，王豪歆回家时发现，家里的奶牛养殖方式依旧很传统，社会辐射面有限。

2015年，王豪歆毅然辞职返乡，任职盛亚牧业总经理。其实，那时的他是凭一腔热血回来的，对企业的发展方向、发展模式都很迷茫。

他决定深入一线，扎根牧场，从一名挤奶工做起，深入了解牧场的每一个环节，不断学习奶牛和牛奶的专业知识。

经过七八年的磨炼，他成了工厂里的"全能手"。他深刻地意识到，农业行业投资大、回报慢，必须提升企业管理水平，以实干促效益，以科技促发展。

抢抓政策机遇，打赢创新发展硬仗

牧场的发展，既要紧跟国家政策，又要立足科技创新。

王豪歆从提升产品质量、延伸产业链两个方面着手，推动企业长足发展。

提升产品质量方面的工作如下：

奶牛品种的选择、奶牛培育过程的标准化程度是决定牛奶品质的关键。

王豪歆从优化奶牛选种开始，以加强标准化生产为抓手，建立生产规范，加强产品抽查，以详细完整的产业体系，保证产品质量。

优化奶牛品种。在奶牛品种的选取方面，经过实践比较，他选择培育国外较好品种的奶牛，其中包括澳大利亚的荷斯坦牛、英国的娟姗牛和美国安格斯牛。这些品种的牛所产的牛奶中，优质乳蛋白含量更高。例如，娟姗牛的乳蛋白含量可达 3.5% 以上。

培育过程标准化。他坚持采用科学的饲养方案，善待每一头牛。针对不同年龄阶段的牛，搭配出不同的"饲养套餐"，如奶牛的"保健套餐"、牛妈妈的"营养套餐"、牛宝宝的"活力套餐"等。在饲料方面，他选择了全株青贮、燕麦草、麦秸、压片玉米等几十余种饲料，科学搭配，合理喂养。

生产标准化。牛奶标准化，就是通过分离机、均质机把牛奶中的脂肪、蛋白质等指标做到一个乳企规定的标准比例，然后将其放到贮奶仓用于加工不同的乳制品。他始终坚持采用巴氏灭菌法，对新鲜产出的牛奶进行加工。巴氏奶是在较低温度、较短时间的条件下对牛奶进行处理，最大限度地避免牛奶的色、香、味及营养成分遭受破坏。所有产品在出厂前都是要抽样检测合格后才能出厂，切实保证牛奶品控。

延伸产业链方面的工作如下：

2019年来，国家要求依托农业农村资源，发展农村二三产业，延长产业链，提升价值链，推动乡村产业发展向深度和广度进军。

经过缜密研究，王豪歆决定转型，发展二三产业。

2019年建成第一条牛奶深加工产业链，2020年建成奶业休闲观光牧场，使公司成为一二三产业深度融合的现代产业。

发展奶业休闲观光牧场，是农业农村部推进奶业振兴的重要举措之一，也是宣传奶业新技术新成就、普及奶业科普知识的重要抓手。公司作为新乡市农业产业化重点龙头企业，积极响应国家政策，利用自身优势建成1 600平方米的奶牛科普教育馆、400平方米的传统农业科普教育馆，并以"发展研学教育、促进奶业发展、增强国民健康"为经营理念，融合奶业和旅游业的优势，集现代化牧场、生态文旅、研学体验于一身，实现从奶牛养殖到观光旅游及牧场体验的链式发展。目前，河南盛亚奶牛科普研学基地开设可视化挤奶、犊牛饲喂、制作奶制品等多种奶业观光项目。让大家能够看到牛的饲养过程、一杯牛奶的产出过程、乳品生产流程。研学教育活动的发展增加了企业的透明度，扩大了产品的影响力，促使企业发展更加规范化、精细化。

顺应党心民意，坚守企业责任之道

作为一名乡镇企业负责人、一位共产党员，王豪歆始终不忘坚实服务大众、奉献社会的初心："帮助他人不在身份，而在于坚持。只要愿意，无论何时何地和何种身份，都可以奉献爱心。"

自担任总经理以来,他坚持孝老敬亲,每逢春节就早早地登门为周边70岁以上老人送上慰问品。

他坚信学生是家乡的未来,每当听到贫困大学生为学费担忧的时候,总是在第一时间为贫困大学生献上爱心。

他自觉肩负企业责任,提供更多就业岗位,带动周边村发展。在脱贫攻坚工作中,他多次深入古固寨镇建档立卡贫困户家中进行调研,了解他们脱贫中遇到的问题。利用盛亚牧业17年的奶牛养殖优势和经验,打造"公司+村集体+贫困户"的产业链条,即以村集体入股购买奶牛,形成生物化资产,并按照各村需求在本村固定资产中进行等级备案,按照分配方案进行分配。

他还积极带动周边农村的特色农产品销售,积极吸收贫困户进公司务工,在带动附近乡村女性就业,增加就业岗位,缓解就业压力中发挥主动性和创造性。他实现了从"新农人"到"兴农人"的升级转变,助力乡村振兴事业,拓宽农民收入渠道。

民族要复兴,乡村必振兴。

实施乡村振兴的战略,是党交给广大青年党员的重要使命。如今已过而立之年的他,用自己的实际行动回答了那3个问题。

未来,他将同千千万万的农民群众一起,为实现乡村振兴做出更大贡献。

码上链接典型人物

陈培贤：重振"中国第一米"

推荐语： 陈培贤，中共党员，原阳县利众种植专业合作社理事长。种好原阳大米，是他孜孜不倦的追求。他带领合作社成员，培育"优质、高富硒、零农残"的新品种。在生产中引入"稻鸭共生"种养模式，将刘江村打造成为绿色生态基地，让守护好"中国第一米"成为探索农村经济发展新方向、乡村振兴新的增长点。

"中国第一米"的辉煌与沉寂

说起原阳大米，从小在原阳县大宾镇长大的陈培贤如数家珍。

原阳大米种植历史悠久，相传东汉时期已成为宫廷御用大米。原阳大米晶莹剔透，软筋香甜，是河南省最早获得绿色食品认证和出口创汇的原粮之一，多次获得国际和国家级金奖，先后通过国家著名商标注册、原产地域产品保护审定和河南省名牌产品认证，进入全国名优特产名录，品质超过泰国米，产品畅销海内外。《人民日报》曾刊文称赞原阳大米为"中国第一米"。

然而，红极一时的原阳大米，曾在世纪之交迎来自己的黑暗时刻。原阳本是盐碱地，粮食产量不高，随着原阳大米的爆红，市面上的假冒货多如过江之鲫。加上一些特殊的原因，原阳大米名声越来越弱，从当年的"中国第一米"沦落为价格低廉、真假难辨的普通大米品牌。

辞去公职，带领村民打造原阳大米品牌

面对原阳大米的艰难挣扎，陈培贤看在眼里，急在心里。他不顾家人的反对，毅然辞去被称为"金饭碗"的公职，在原阳县大宾镇种起了水稻，立志让原阳大米再度回到大众视野。

经过一段时间的摸索，陈培贤逐渐找到了原阳大米在市场上日渐没落的原因。因为原阳大米并不是具体企业和品牌，所以市面上很多大米都打着原阳大米的旗号，甚至一些原阳本地厂商为了提升利润，在原阳本地的大米中掺杂大量其他品种的大米一同售卖，最终导致冒牌的原阳大米大行其道。

陈培贤发现，屡禁不止的假冒原阳大米，不但伤害了原阳大米的口碑和信誉，也极大地伤害了乡亲们种植原阳大米的信心。由于假冒原阳大米的恶性竞争，导致真正的原阳大米也卖不上好价钱。然而原阳大米的种植成本一直偏高，付出和回报不成正比，越来越多的乡亲们不愿意种植水稻，原阳县水稻种植面积锐减，更进一步加剧了假冒原阳大米的现象。

为了和村民们一起树立品牌意识，陈培贤联合当地政府在大宾镇为原阳大米树碑立传，在碑文中陈培贤写道"中国第一米是刘江庄村为国家献出的一份厚礼，中国第一米是原阳人的光荣和骄傲。今立此碑，以示纪念"。陈培贤希望借助矗立在田间的纪念碑，时刻提醒村民们要铭记原阳大米历史，一起打造"天下第一米"的口碑和品牌。

探索合作社模式

功夫不负有心人。依托于特殊的黄河沉积土，加之用富含有机化合物和微量元素的黄河水浇灌，陈培贤带领乡亲们种出晶莹透亮、软筋香甜、香味纯正的黄金晴等优质原阳大米。在致力于提升原阳大米品质的同时，陈培贤带着自己种出来的原阳大米去四处拜访客户，让客户亲自品尝真正的原阳大米，让自己的大米和市场上的假冒伪劣产品区别开来，提高稻米溢价。

经过不懈努力，陈培贤逐渐帮助大宾镇的乡亲们解决了卖米难、米价低等问题。没有了后顾之忧，乡亲们种植原阳大米的积极性大大提升。为了加强对品质的把控，让原阳大米重新获得市场的认可，陈培贤又趁热打铁，成立原阳县利众种植专业合作社并自任理事长。

借助合作社的形式，陈培贤带领广大社员积极搞好稻米特色种植及产前、产中、产后服务，全力发展绿色稻米产业，改善稻米品质，增加社员收入，带领乡亲们一起致富。

合作社自成立以来，在原阳县、大宾镇党委和政府的正确领导及省市县农业部门水稻专家技术团队的大力支持及指导下，按照"保险公司＋合作社＋农户＋客户"的生产经营模式，充分发挥合作社位于黄河流域生态圈的核心区位优势、得天独厚的天然资源、农业资源优势以及有"中国第一米"原产地的品牌资源，大力发展原阳大米特色产业，取得巨大成功。

2022年4月，中国绿色食品发展中心为合作社水稻种植基地颁发了绿色食品证书；2022年6月10日，《河南日报农村版》以《原阳大米从论斤卖到论克卖》予以深度报道。

目前，陈培贤的合作社共流转、托管土地3 800余亩，带动农户200多户，以全产业链模式使农户每亩多增收500~1 000元，每年累计增加农民收入800多万元，重振了原阳大米的名望，助力乡村振兴。

打造绿色生态基地

合作社的成功,为陈培贤带来数不胜数的荣誉,如"创业致富带头人""优秀新型职业农民""农业农村部实用人才带头人""河南农大优秀学员奖""河南省2021年高素质农民创业创新大赛初创组优秀奖""城乡融合发展助力乡村振兴高级研修班优秀学员"等。

然而,陈培贤对此并不满足。作为一名原阳人,陈培贤时时刻刻都在渴望把原阳大米发扬光大。在发扬"中国第一米"原产地这一特色优势之外,陈培贤还根据消费者对于健康安全食品的需求,与行业专家合作,汲取国外种植经验,一起培育出"高富硒、零农残"的绿色新品种,让原阳大米不但好吃而且更加绿色、更加健康。

另外,陈培贤在水稻种植过程中引入稻田鸭,实现水稻种植和鸭子养殖结合在一起,将合作社打造成为绿色生态基地,探索农村经济发展的新方向,寻找乡村振兴新的发力点。

码上链接典型人物

吴振邦：稻鳅共作，共同富裕

推荐语： 吴振邦，旺盛种植专业合作社负责人，河南省农民工返乡创业之星，原阳县农村青年创业带头人。作为绿色生态稻田综合种养带头人，他生产富硒有机米、有机生态稻田养小龙虾、养泥鳅，走出了生态循环农业发展模式。他的"鳅米香"大米先后获评为绿色食品、全国农产品加工业博览会优质产品奖、河南省知名农业品牌。合作社先后荣获"农业产业化市重点龙头企业""国家农民合作社示范社"等荣誉称号。

找准本地优势，明确发展方向

曾经的吴振邦，是一个成功的房地产商人。小小年纪就外出务工，在多种行业摸爬滚打，从普通的务工农民一路做到房地产承包商，可谓人生赢家。

可是个人的成功并没有给他带来持久的快乐。他忧心村里的落后面貌，忧心有很多村民还在温饱线上摇摆。痛定思痛，他决定返乡"务农"。

原阳大米有"中国第一米"之称，太平镇是原阳县优质水稻主产区，水利条件非常好。如何利用这一有利条件顺势而为，成为吴振邦日思夜想的问题。他在日记中写道："只有凭借原阳县太平镇这一区位优势，立足'原阳大米'这张名片，做大做强，才能走上一条发展之路。"

2007年，一天晚上，35岁的他从新闻报道中了解到了外地有稻田里养虾、养蟹、养泥鳅的模式，不仅提高了水稻的品质，还多了一份"水产品"的收入。

这给吴振邦带来了深深的启发。儿时捉泥鳅的画面不时在脑海中显现。他

也深知当地的土壤、水质和气候非常适合发展泥鳅养殖，自然优势非常优越。而此时市场上泥鳅供不应求，每斤价格20元左右，前景非常广阔。

能否在稻田里养殖泥鳅呢？

吴振邦多次跑到农业院校、农科院，向专家教授请教。

专家们论证后一致认为，将水稻种植、泥鳅养殖有机结合起来，通过有效发掘物种间相互循环利用的机制，能够实现稻谷、泥鳅同步增产，取得良好经济生态效益。

吴振邦喜出望外，决定在稻田养殖泥鳅。他多次到外地学习稻田养殖泥鳅技术，聘请了新乡市著名的水稻专家王书玉进行技术指导。

功夫不负有心人，经过几年的探索，吴振邦的300亩稻田养殖泥鳅立体种养模式（简称稻鳅共作模式）终于试验成功。

通过稻鳅共作模式种植的水稻不用化肥、农药，而是通过利用稻田内养殖泥鳅种植有机水稻，同时在稻田内安装太阳能诱捕灯，诱捕田间害虫。利用泥鳅消灭稻田中的害虫和杂草，抑制虫害和草害发生。而泥鳅排泄的粪便是很好的有机肥，杜绝了化肥的使用。这种模式不仅达到了水稻、泥鳅绿色生态种养共生，更达到了"一地多用，一季多收"的效果。

创立自主品牌，稻鳅米华丽登场

菜吴村大力推进土地流转，加快农业结构调整。2012年成立了原阳县旺盛种植专业合作社，吴振邦任理事长。

合作社申请注册了"迪旺"和"鳅米香"商标。其中"鳅米香"获评为河南省绿色食品，入选2017年度全国名特优新农产品目录，获得全国农产品加工业博览会优质产品奖、河南省知名农业产品品牌，成为全省绿色稻米的领跑者。在原阳县第二十三届大米博览会上，"鳅米香"被选为原阳大米的典型，得到与会的国家和省、市、县领导的一致赞扬，"原阳大米又谱写了一个新篇章"。在会上，尚在田间的"鳅米香"就被预订一空。

目前合作社注册资金800万元，拥有员工30余人，入社会员65户，带动农户2 000户。通过"合作社＋示范基地＋农户"的经营模式，建立了稳定的稻鳅生态共作基地600亩，稻虾生态共作基地1 000亩，绿色食品生产基地2 400亩，无公害高质高效示范基地16 000亩，示范种植总面积20 000余亩。

致富不忘村民，实现共同富裕

2015年，吴振邦担任菜吴村党支部书记。

脱贫攻坚期间，他采取"合作社+品牌+农户（贫困户）"的帮扶模式，以"稻鳅共作"生产模式为抓手，发展绿色生态产业。

平时，合作社尽量安排有劳动能力的贫困户到稻鳅生态基地务工。合作社与全村62户贫困户签订帮扶协议，有针对性地开展扶贫帮扶工作。仅在2019年每户贫困户家庭增收达3 600元以上。

吴振邦失败过、迷茫过，但他一直心存梦想，不屈不挠。

作为村党支部书记，他尽职尽责，团结带领班子、带领村民走出了一条致富路。作为合作社理事长，他探索帮扶模式，不让一名贫困村民落下。

作为一名高素质农民，他依然怀揣强烈的责任感，不断学习、不断钻研，与时俱进、担当有为。

码上链接典型人物

申彦兵：先人一步，与众不同

推荐语： 申彦兵，延津县宏兴林业专业合作社理事长，"林果达人"，全国科普惠农兴村先进个人、河南省优秀科技工作者、河南服务"三农"创新人物。他的合作社建有苹果、酥梨优良品种示范园（采摘园）及苗木繁育基地，共计260亩，主要从事苹果、梨优良品种的示范与推广，注册有"宏兴林业"商标，建有100吨果品保鲜库。合作社被认定为国家级合作社示范社，2018年获得无公害食品标志使用证书。谈起致富经，他微笑着说："很简单，走在别人前面，与众不同。"

别人种大路货，他到处找"稀罕"

申彦兵生于延津县王楼乡申湾村，小时候家里就有一片苹果园，父亲总是在果园里忙碌着。

1993年高中毕业后，父亲安排他前往陕西杨凌，去投奔一个亲戚。那位亲戚在西北农业大学的果树基地里担任技术员，父亲希望他能在那儿学到扎实的种植技术，同时能有个更好的出路。

3年的时间里，申彦兵与亲戚同吃同住同劳动，熟练掌握了苹果、梨、桃、杏等果树的全套种植管理技术。

1996年，申彦兵回到家中，从父亲手里接过了苹果园。当时正值大力发展苹果种植之际，看着很多人都在种苹果，他有了自己的想法：本地的苹果品质差不多，价格很难提上去，经济效益有限。经过市场调研，他创建了小杂果示范基地，引进了金太阳杏、乌克兰大樱桃等果树新品种，新品种一上市就赢得了满堂彩，他赚到了第一桶金。

搞过农业的都知道，品种很重要，新品种总是很抢手。谁掌握了新品种，谁就抢占了先机，谁就有主动权，市场效益就好。因此，申彦兵加强了同相关院校、科研单位的密切联系，每年都要拜访几次，时刻掌握新品种的动态。

在新品种的引进上他从不含糊，舍得花大钱。

2005年彩色乔木中华红叶杨刚问世，申彦兵就花了35万元买了700个芽子。

彩色苹果是市场新宠，瑞士红肉苹果"红色之爱"里外全红，早产、丰产、适应性强、易管理，果肉抗氧化能力强，口感好。

"黑钻"苹果2~3年挂果，5年进入盛果期，亩产可达8000斤。10月初成熟，平均单果重260克，糖度达18度。果实完熟后，果面为黑色，有青香蕉苹果的香味；果肉黄绿色，肉细多汁，脆甜爽口。

新香梨大苗种植当年可挂果，糖度达14度，单果重200克，最大350克，果实成熟前1个月即可食用。这种梨高抗病害，可以全年不打药，是生产有机水果首选。果树不需要修剪，极丰产。

这些品种，申彦兵都是如获至宝，以每芽100~200元的价格购买过来。

别人露天种，他在棚里种

随着果园逐步走上正轨，他不再满足于传统的果树种植。

1999年，他去山东果树研究所办事时，看到大棚杏长势喜人，收入可观，随后就进行了市场调查。他上门咨询了有关专家，得知栽大棚杏虽然效益高，但投资大、风险高，特别是技术不好掌握，最好是先小规模试种后再扩大面积。

为了稳妥起见，他多次跑山东、去郑州拜师取经，人都跑瘦了。他冒着风险建起了延津县第一座杏树日光温室，每天潜心研究，细心观察，几乎是住到了棚里。最后，他的大棚杏取得了极大成功。2000年5月下旬，2.2亩大棚杏被一家批发商全部收购，收入近3万元，引起了轰动，河南电视台《致富快车》栏目等还专门做了报道。

别人的果树"宝塔型",他的果树"柱状型"

延津县土壤偏碱,比较适宜梨树的生长,但种植梨树见果慢,"桃三杏四梨五年",从种到结果需要5年时间,投入时间长,见效益慢,极大影响农民种梨积极性。

能不能让梨树提前结果呢?他又动起了脑筋。

经过思考和多次试验,将梨树形状由"宝塔型(主干分层型)"改为"柱状型",增加了种植密度,少短截,多缓放,在主干上枝接培养结果枝组,达到了当年结果三年丰产的效果,果品质量也提高了。后来,他将这一方法用到苹果树种植上,也收到了满意的效果。

别人卖果品,他卖苗木

种果树的人多了,苗木自然需求就大。申彦兵便顺势而为,育起了苗木。他按照传统的繁育办法,头年播种砧木,第二年嫁接,第三年出圃。

能不能当年播种,当年嫁接,当年出圃呢?

申彦兵从嫁接技术和栽培管理上大胆猜想,不断探索,摸索出一套苗木快速繁育方法，从而实现了当年播种，当年嫁接，当年出圃，比别人的苗木起码早出圃1年。比如，他引进了红肉苹果，2012年秋天引进2 000个芽，2014年春就有苗木出售，2015年出售10万余株，2016年育成苗360万株，快速满足了市场需求，也加快了资金回流，经济效益可观。

别人窝在地头嫁接，他坐着飞机去嫁接

在多年的果蔬种植实践中，他练就了一套过硬的果树嫁接技术，不但接得快，成活率高，而且不受时间限制一年四季都能嫁接。省内外一些同行邀请他去指导嫁接、传授技术，他总是有求必应，走到哪里就把技术传授到哪里，就把技术骨干培养到哪里。2007年，重庆海博园林有限公司聘请他去嫁接全红杨，"坐着飞机去嫁接"成为新闻，被传为美谈。

别人发财顾小家，他却帮起了"穷乡亲"

多年来，申彦兵靠自己过硬的种植技术、勤奋好学、不怕吃苦的优良品质和敏锐的市场嗅觉，钱袋子鼓了起来。脱贫攻坚期间，他看到周边还有群众在贫困线上挣扎，心里特别不是滋味，自觉地承担起带动贫困群众致富的社会责任。

他把自己的合作社作为延津县产业扶贫基地，共安排建档立卡贫困户10人作为合作社长期用工，每人年收入达到15 000元以上。

他从王楼镇建档立卡的贫困户当中筛选出43户，为他们的203.2亩土地免费提供价值100余万元的红肉苹果苗42 204棵，长期义务技术指导，保底回收苹果，保证贫困户的收益。

别人果树种在家，他把示范园种在了内蒙古

近年来，为切实稳定粮食生产，牢牢守住国家粮食安全的生命线，按照党中央、国务院决策部署，采取有力举措防止耕地非粮化。在这样的情况下，果树种植用地审批越来越困难。

急需扩大种植规模的申彦兵，把眼光移向了内蒙古。2020年，他在内蒙古流转1 000亩土地，种上了红肉苹果。为解决风沙干旱问题，用上了滴灌技术，实现了水肥一体化管理。如今已经3年了，果树长势良好，果实品质也有了很大改善。他计划在那里帮助更多的人种上彩色苹果，逐步发展成为国内较大的彩色苹果基地，丰富国内水果市场需求。

下一步，申彦兵又把目标盯在了工厂化育苗上。工厂化育苗不仅可以实现无土化育苗、节约土地，还可以消除连作带来的病虫害、加快苗木的繁育时间。

码上链接典型人物

张淑琴：田园梨大姐，直播带货达人

推荐语： 张淑琴，长垣市智开种植家庭农场负责人，直播带货达人。她勤奋好学，乐于接受新鲜事物，积极参加学习培训，及时改变果园种植方式和经营模式，从缺少销路到成为电商直播带货达人，在农村广阔天地尽情飞翔。如今的张淑琴不仅把自己的产业越做越扎实，还成了长垣市乡村振兴带头人，帮助带动更多的人勤劳致富。

创业失利，一筹莫展

张淑琴生于1970年，是长垣市满村镇新庄村的一位普普通通的农家妇女。

以前，她和丈夫一直靠种田维持一家人的生计。随着两个孩子步入大学的门槛，家里开支越来越大。为了增加种田效益，她和丈夫决定种果树，把自家的10多亩地改成果园。

2012年入冬，经人介绍，他们从外地引进了一批梨苗。为节约用工开支，她和丈夫起早贪黑在地里忙活，整地、挖坑、栽树、浇水，足足忙了半个月，像呵护自己的孩子一样来管理它们。

即使这样，2013年春天仍有近三分之一的梨苗没有发芽。不知道是梨树苗的问题，还是自己种植技术的问题，张淑琴很苦恼。可农时不等人，她赶紧借钱又购了一批梨树苗补种。

梨树逐渐长大，梨园管理越来越重要。从种粮食改种果树，种植技术发生了巨大的变化，但他们没有一点经验，修剪、嫁接、疏果、套袋、病虫害防治、水肥管理……张淑琴感到力不从心。几年间,他们日夜劳作,结果不但没有收益,还把原来积攒下来的十几万元钱都砸了进去。

为了掌握梨树种植技术,张淑琴拜访了多位果树种植户,还跑到新乡市农科院果树基地去请教专家。2016年秋天,终于收获了3万多斤梨。可新问题随之而来,由于缺乏销售途径,当年有一多半的梨都烂在果园里,白白赔了几万元,更别说挣钱了,一家人心痛不已。

随后的两年里,为了开辟销售渠道,她跑超市、找商贩,甚至自己摆地摊……即使这样,随着产量的增加,加上梨水分大、不耐储存,每年还是有将近一半的梨卖不出去,这都是她始料未及的。

抓住机遇,学习技能

转眼到了2018年秋天,张淑琴看着即将成熟的梨,又开始犯愁了。到了11月,天气越来越冷,看着园里成堆的梨开始出现烂斑,张淑琴心急如焚。她安排丈夫给客户送货,自己则起早贪黑骑着三轮车游街串巷去叫卖。

一天,她听到一个买主说要去村里的会议室报名参加学习。她一打听才知道,原来是长垣市农广校主办的农民教育培训班。她有点好奇地来到班级咨询,农广校工作人员给她介绍了讲课模式、学习内容和报名条件。当她得知这个班级的主题是"农村电子商务"时,顿时眼前一亮,当即决定报名学习。

以后的10多天里,她每天利用早起和午休时间出去卖梨,上课时间从不耽误。但网络直播带货这新事物,对年近50的她来说还是有一定难度的。她知道自己在年龄上不占优势,可这是她急需的本领,必须抓住机会。

课堂上她认真听、用心记,大胆展示自己;课下虚心向老师请教,和年轻学员交流。老师们了解到她的情况后,给她介绍了目前国内林果业的发展形势、市场行情、种植管理模式、产品原产地直播带货的优势,以及别人的成功经验等。

老师们的话让她豁然开朗,更坚定了她学好这项本领的信心。在培训班老师的指点下,经过半个月的学习实践,张淑琴学会了视频拍摄、剪辑、制作等技巧,还注册了抖音账号,取名"田园梨大姐"。她现学现用,开始通过网络直播卖梨，遇到问题就给老师们打电话请教。在她的努力和同班学员们的帮助下，到当年年底，除了有烂斑的梨，园里的梨销售一空。这是种梨几年来首次盈利，她激动得流下了眼泪。

利用平台，做大做强

张淑琴通过网络直播卖梨的视频，很快在当地传开了，关注她的人越来越多。她也很感激网友们对她的鼓励和信任，珍惜每一次和大家交流互动的机会。她把自己每天在果园劳作的场景都做成视频发到网络视频平台上，让大家一起见证梨树从开花到成熟、收获的全过程。在发布视频的同时，她还适时给大家讲解有关果树施肥、浇水、修剪、嫁接、套袋、病虫害防治等方面的技术知识，分享她的成功经验和失败教训。她的粉丝越来越多，销量越来越大，上门采摘的、订货的、慕名来"取经"的人络绎不绝。

2019年8月，她报名参加了河南省网络直播大赛长垣赛区直播大赛活动，在5天时间里通过直播销售指定农产品近万单，取得大赛第二名的好成绩。之后的张淑琴变得更加自信、勇敢和坚定。同年，她注册成立了长垣市智开种植家庭农场，开发出一款梨的深加工产品——秋梨膏，深受老人和儿童的喜爱。她在果园里养了鸡、鹅，用来帮助除草除虫。鸡、鹅的粪便可以作为果树的肥料，既可减少化肥、农药的使用量，提高梨的品质，还可以通过卖鸡蛋、

鹅蛋增加收入。

张淑琴越干越好，名气也越来越大，不少外地的果农向她请教技术，有的还邀请她去现场指导，她又从中看到了商机。2020年冬，她把附近村庄有经验的果农组织起来，成立了果树种植技术服务队，抽空为有需要的果农开展嫁接、修剪、套袋等服务。由于技术好、收费合理，她的客户越来越多。服务队曾受邀到商丘、驻马店、周口、濮阳、安阳，甚至山东、黑龙江等地的果园搞技术服务。队员们不但得到了报酬，还开阔了视野、增长了见识。

引领致富，惠及乡邻

现在的张淑琴已成为"网红"，平台粉丝有6万多，她和丈夫不再为卖梨发愁了。她在自家果园内通过网络直播，每天足不出户就能接到鸡蛋、鹅蛋、秋梨膏等产品订单，梨更是还没成熟就被订购一空。

经历过磨难的人，更能体谅身处困境之人的不易。富起来的张淑琴，时刻惦记着周围需要帮助的人。

她优先安排家庭负担大、生活困难的劳动力到梨园做工，甚至采取预支工资的办法来解决他们的燃眉之急。对家中没有劳动力的果农，她组织果树种植技术服务队为其免费服务。邻村果农种的桃子、苹果滞销了，找她帮忙，她二话不说就到果园进行直播带货，很快就销售一空。

在前进的道路上，张淑琴还在不断学习新的技术和经营模式，同时也在细心观察新农村的商机，深入思考产业发展前景。提及今后的规划，张淑琴表示，想借助乡村振兴的东风，流转一些土地，扩大农场规模，把附近果农联合起来，做到品种多样化，打造集种养、休闲采摘、精深加工、综合服务于一体的现代农业综合体，带领乡亲们共同富裕。

"过去摆地摊、游街串巷，手和脸都冻烂了，还是年年赔钱。现在是人家找上门要咱的东西，咱在家就把东西卖完了，省工省时还不受罪。知识改变命运这句话一点儿不假，真心感谢国家的好政策！"张淑琴边说边笑，灿烂的笑脸就像果园盛开的梨花。

码上链接典型人物

王宏业：做深土地文章，谋求共富道路

推荐语：王宏业，卫辉市常青种植专业合作社、河南省韬晟农业开发有限公司负责人。他参加了卫辉市2016年新型职业农民培训，并授予新型农民创业标兵称号，多次被中组部、农业农村部评为优秀学员、省级田间学校优秀校长。合作社被评为河南省农民田间学校示范校，2023年被农业农村部审定为"国家级示范社"。王宏业被卫辉市政府编入唐庄镇镇志。

"三跑田"成了"三保田"

2010年，家乡的旧村拆迁，土地复耕。

王宏业看着一块块被复耕的土地，深受吴金印书记精神力量的感染，更基于对生养自己的土地的无限热爱与眷恋，义无反顾地投身农业，响应党和国家的号召，成立了农民专业合作社，流转了2 000多亩复耕地。

这些年来，他投入了全身心的热情和力量，经历了想都不敢想的重重困难，承受了无法言喻的种种心酸，终于把跑土、跑水、跑肥的"三跑田"变成了"三保田"；把原来的靠天收，变成了现在的稳产田；把原来的亩产二三百斤，提高到了现在的亩产千斤以上。

成立合作社，带动周边群众

2014年，王宏业发动周围农户成立卫辉市常青种植专业合作社，并担任合作社理事长。

合作社所在区域是唐庄镇荒坡造田、旧村复耕的重要项目区,总造田面积 3 600 亩,常年种植小麦、玉米、谷子、苹果、桃等十几种果树。辐射带动农户 101 户。取得了谷子、大豆、玉米 3 项无公害基地认证,各种果树果实通过了农残检测,并申请通过了"金农情""唐公山""公仆心"3 个商标认证。

大田全程滴灌水肥一体化

2016 年王宏业了解到了大田滴灌,于是就自行改装,并实现小麦、玉米全程滴灌。

在职业农民培训观摩时,他看到了蔬菜水肥一体化,就自己摸索改进,成功实现大田水肥一体化,真正实现 1 人管理 1 000 亩地的目标,在保证产量提升的前提下,大大降低了用工成本。他向广大种植户推广,得到了河南省农科院领导的好评。

注重品牌建设,提升产品价值

王宏业自己成立农业农村科研小组,推进小麦良种繁育,注册了"金农情""唐公山""公仆心"3个商标。其中的"金农情"于2021年被省农业农村厅评为"知名农业品牌"。

引进无人机飞防技术第一人

2015年,王宏业租用无人机、聘请技术人员,第一个尝试用无人机喷洒农药,并经过多次试验,成功实现了无人机化学除草,被卫辉市政府授予新型农民创业标兵,编入唐庄镇镇志。

做一个懂技术、会经营、善管理的新型职业农民,带领乡亲们共同致富,是王宏业内心坚定的信念。

为当好群众致富的"领头雁",他为自己设定了更高的发展目标:在原有的发展模式上,创新生态农业、休闲农业、智慧农业,为农业产业的可持续、高效发展做出长远谋划!

码上链接典型人物

李治国：种粮大户有担当

推荐语：李治国，中共党员，卫辉市城郊乡国奥种植家庭农场农场主，河南省粮食生产先进个人，卫辉市劳动模范。他的农场被认定为新乡市级示范家庭农场。

学知识，学技术

2018年，李治国流转了村里的530亩土地，其中430亩地种小麦、30亩地种花椒树、70亩地种石榴树。

由于缺乏知识和经验，花椒树成活率只有60%，李治国连忙请新乡的专家来现场指导。专家说他栽种的时节不对，要等春天时花椒树苗根部生长之后再栽种，而他是11月栽种的。

经过这件事，李治国明白现在搞农业不能光凭感觉瞎干、蛮干，应该多听专家、行家的意见，还应该多学点知识。

于是，李治国积极参加省、市举办的各种相关培训活动，不断提高自身素质。慢慢地，他成为学科技、用科技的标杆，收成一年比一年好。2020年6月，他创造了300亩连片小麦整体平均亩产超650千克的纪录。2022年，300多亩夏粮小麦平均亩产达到670千克，秋粮平均亩产超过700千克。

好家风，克时艰

2021年，他遭遇了创业道路上的至暗时刻：1月初遭遇罕见的低温天气，

气温骤降至零下十五六摄氏度,石榴树冻死1 000多棵,损失10多万元;2月24日遭遇特大暴雪,钢结构温室大棚和农机损失达6万余元;5月20日遭遇特大冰雹,310亩小麦全部绝收,损失50多万元;7月21日遭遇特大洪水,310亩玉米绝收,损失40多万元。

面对接二连三的打击,李治国没有让自己沮丧太长时间。他迅速调整心态,告诉自己,既然选择了职业农民这条路,就要坚定地走到底。

他这种不怕困难、永不服输的性格,与他的家庭教育是分不开的。

李治国来自一个有着四代党员的家庭,爱党爱国、耕读传家是家风家训。作为家族的长孙,他从小就被寄予厚望。在他小的时候,爷爷就告诉他"有智吃智,没智吃力""吃不着苦的苦,比吃着苦的苦还要苦"……朴素而深刻的道理,深深影响着他。

自助者天助之。党和政府积极出台相应的政策,加上农业保险,李治国挽回了不少损失。同时,李治国也积极向农技部门的专家求教,做了很多应对极端天气的调整措施,如怎样起垄、怎样用药、怎样防治病虫害、怎样排水……不断向高标准农田靠近,尽量打破"靠天吃饭"的被动局面。

经过一年的不懈努力,2022年,夏粮小麦的平均亩产达到670千克,秋粮的平均亩产达到700千克。2023年,在诸多不利的情况下,夏粮小麦的平均亩产达到550千克。

如今,他常常这样教育自己的儿子——"不论学习还是工作,只要是下辛苦就一定能够成功""一个人能吃多大的苦,就意味着他能享多大的福""能在苦难中咬牙坚持、苦中作乐的人,他前进的每一步都是幸福"。

眼光远,挑重担

说起李治国,村民都竖起大拇指直夸"中"。脱贫攻坚期间,他优先将园区中的活儿安排给村里的贫困户干,先后带动100户贫困户实现增收。2018年,经过市农林局、乡政府考察,李治国的园区被确定为农业产业扶贫基地示范园。

2019年,经过选举,他担任了村干部。2021年,他担任村支部委员。

粮食安全是"国之大者",一头连着国家战略,一头连着百姓生活。牢牢守住保障国家粮食安全底线,不仅仅是职能部门的责任,更是每一位职业农民义不容辞的责任。

曾经,有些年轻人表示种地不挣钱,不愿意自己种,还说可以买美国、加拿大的粮食,那里的粮食便宜、质量又好。

李治国觉得他们天真又可笑。但当时没有过多争辩,现在,他以自己的实际行动向他们证明:做一个职业农民不仅责任重大、使命光荣,更是能挣钱、能致富的!

码上链接典型人物

高波：特色西瓜致富梦

推荐语：高波，夏邑县高翔种植专业合作社理事长，夏邑西瓜协会副会长，中华农业科教基金会农技推广奖获得者，河南省2022年高素质农民创业创新大赛成长组二等奖获得者。他创新"四棚五膜"栽培模式，营造了类似新疆地区昼夜温差大的小气候；他推广增施有机肥、绿色防控等技术，提升西瓜品质。合作社流转土地种植西瓜、辣椒、茄子等瓜果蔬菜3 000多亩，有效带动周边7个行政村、12个自然村的农业增效和农民增收。合作社被评为全国农民合作社示范社、河南省西瓜产业科技特派员产业示范基地、河南省农科院设施西瓜示范基地。

"不安分"的打工仔返乡创业

高波初中毕业后，进入一家酒店做学徒。

高波："世界那么大，我想去看看。说是打工，但我换了几个地方，我就想到处看看。"

不安于现状的他又换了几份工作，都不如意。

2010年，高波在张家港打工时，遇到了一个在当地租了120多亩土地种植西瓜的夏邑老乡。他深入了解了这位老乡的种植模式、收益情况，心里想："夏邑水土更好，种出来的西瓜品质一定会更好。"

高波决定返乡创业，却遭到家人的一致反对。

父亲说："种地一年能挣几个钱？现在的年轻人都想着出去，你却要回家种地。"

高波耐心地说："我把土地租过来,开展规模种植,效益会高很多。"

后来,高波到山东寿光等地进行考察,回来后更坚定了做"新农人"的理想。

爱钻研,种瓜成功

一开始种瓜觉得没啥难的,但实际中遇到了许多麻烦。

当年种植30亩,但由于技术跟不上,裂瓜、畸形瓜多,结出的西瓜又小又歪,不太好销售,所以也没挣什么钱。高波找到了县农广校,下定决心学技术,先后参加了高素质农民培育,后来又参加了郑州大学头雁项目培训、河南农业职业学院的高职教育等。通过学习,高波提升了种植能力和水平,并扩大了种植规模,提高了经济效益。

看到高波种地搞出了名堂,周边群众纷纷过来取经。高波毫不保留地向他们传授西瓜、辣椒等的种植技术。2012年,他成立了高翔种植专业合作社,把感兴趣的村民吸纳进自己的合作社。2013年,他又申请成立了家庭农场,为自己的农产品注册了"高波优绿康"的商标。通过几年的发展,高波的合作社入社群众达20多家,入社土地900多亩,带动种植大户10多户,年增加本村群众的收入180多万元。

种瓜，种苗是关键。

为了提供优质种苗，高波建立了标准化育苗基地，多次承担完成省西瓜、辣椒"四优四化"项目。长期聘请郑州果树研究所、河南省农科院、夏邑县农广校等专家教授为技术顾问，主要采用穴盘基质育苗技术培育西瓜实生苗、嫁接苗和辣椒苗，年可育苗达千万株。引进了早熟的"711"、晚熟的"美都"等新品种，拉长了西瓜上市时间。

在生产管理上，推广增施有机肥，采用绿色防控技术等，提升西瓜品质。

在关键技术上，创新"四棚五膜"栽培模式，营造了类似新疆地区昼夜温差大的小气候。

每年都举办西瓜大赛，树立西瓜典型，促进经验交流，提高整体生产水平。

为杜绝生瓜上市，引导瓜农对每个西瓜都标记坐果时间，不但到田间审瓜、验瓜，还在交易点配备专门验瓜师，绝不让一个生瓜上车。实现了"小寒育苗立春栽，清明开花立夏卖。品质优良无公害，每亩收入超万块"。

合作社120名社员，去年每户平均收入65万元。社员们骄傲地说："拱棚种西瓜，买了货卡买宝马。几十亩地几十万，给个乡长都不干。"

有担当的高素质农民收获颇丰

2014年，高波吸纳周边种植户成立了高翔种植专业合作社。其他村有群众来学习，高波也照样传授。几年间，镇里的孙庄、唐双庙、关仓、王厂、王酒店、崔楼等村都发展了数量不等的种植大户。全镇的大棚西瓜、蔬菜等高效作物种植呈现出星火燎原之势，种植面积迅速发展到7 000多亩，年增加群众收入1 500多万元。

为推进全县西瓜产业快速健康发展，他参与成立了夏邑西瓜协会，被聘为副会长。作为乡土人才参与制定了商丘市地方标准——"8424"西瓜拱棚标准化栽培技术规程。短短几年，夏邑西瓜迅速发展，被评为全国第三、河南第一的"中国西瓜之乡"。合作社创建了"夏邑西瓜"公共品牌，2021年品牌价值达到25.53亿元。目前，全县优质西瓜面积达18万亩，产值20多亿元，全县有

12万多人从事西瓜种植销售。西瓜产业成为农民增收致富的优势特色产业，拱棚西瓜变成夏邑农民脱贫致富的幸福瓜！

2017年高波获得了中华农业科教基金会农技推广奖，2018年被评为夏邑县"种瓜能手"、2019年被聘为特聘农技员，2021年被评为夏邑西瓜"十佳经纪人"。

合作社也成为河南省农业专业合作社示范社、河南省农科院设施西瓜示范基地。

他带领农户种瓜致富的故事，被中央电视台《田间示范秀》栏目专题报道，新华网等多家媒体也对他进行了宣传。

"规模种植、发展优质高效农业是农业现代化的必由之路，我将在这条道路上砥砺前行！"高波信心满满地说。

码上链接典型人物

徐方子：现代农业技术创新应用的"领头雁"

推荐语： 徐方子，获嘉县艳阳天农业服务专业合作社负责人，河南省粮食安全先进个人。他一直致力于粮食生产，流转3 000多亩土地，全部种植小麦、玉米、大豆等作物，粮食单产在获嘉县一直名列前茅，实现了种植效益最大化。他带动周边农户及获嘉县其他经营主体，辐射面积10余万亩，为粮食安全做出了自己应有的贡献。

流转土地，助力国家粮食安全

1997年，徐方子毕业于河南商业高等专科学校。

2012年，他积极响应"大学生回乡创业"号召，将户口从郑州市迁回家乡获嘉县位庄乡大位庄村。

回到家乡后，他专心从事农业生产，热衷于培育高效优质农产品，成立了获嘉县艳阳天农业服务专业合作社。

合作社自成立之初就一直致力于粮食生产，所流转的3 000多亩土地，全部种植小麦、玉米、大豆等作物。

2015年，合作社与中粮集团签订优质小麦订单回收协议，当年为中粮集团提供优质强筋小麦1 200多吨。

2016年，合作社又组织其他经营主体和农户，生产优质强筋小麦8 000多吨，中粮集团以高于市场价0.15元/千克的价格全部回收。

由于掌握了过硬的农业专业知识和先进的市场运营理念，合作社发展迅速。

2018年,他成立了河南新高现代农业发展有限公司,使农业生产进入到企业化运营阶段。

寻找技术支撑,实现效益最大化

合作社积极与各大高校及科研单位合作,不断提高自身的专业素质。

2015~2019年,与中国农科院新乡灌溉研究所共同实施"豫北潮土区节水灌溉"试验项目。

2018年,承接了全国农业技术推广服务中心"小麦绿色高质高效生产模式与技术集成示范"项目。

2019年,与河南农业大学共同试验"华北两熟农田豆茬冬小麦根系对施氮的响应及氮高效机制"项目。

2021年,参与了河南省农业技术推广总站的"粮食作物集成栽培技术模式示范"项目。

由于得到了科研单位的技术支撑,合作社所流转土地的粮食单产在获嘉县一直名列前茅,实现了种植效益最大化,并带动周边农户及获嘉县其他经营主体,辐射面积10余万亩。

大豆玉米带状复合种植模式

农业创业项目前期投入大，回报周期长，怎样才能突破瓶颈，打造品牌呢？

经过全面细致的考量，从2022年开始，徐方子有了一个更大胆的设想：用河南新高现代农业发展有限公司参与农村土地大规模流转，然后同各村集体以入股形式与获嘉县艳阳天农业服务专业合作社共同托管土地，使村集体和农户从土地中获得更大的收益，拓展乡村产业，让资金、技术、人才等要素加速向农村汇聚，为乡村振兴提供更强劲的动力。

2022年6月，农业农村部在全国范围内推广大豆玉米带状复合种植模式。该模式可以大幅提高我国的粮食单产水平。

由于技术难度大，风险较高，所以很多农业经营主体不敢尝试。

徐方子以过人的胆识，在流转的土地上一口气种了266亩试验田。2023年，徐方子将该模式的推广面积扩大到了530亩。玉米采用"三角定苗增密播种技术"，大豆采用"免耕覆秸精量播种技术"，并全部采用水肥一体化的灌溉施肥技术，努力打造大豆玉米带状复合种植的"获嘉模式"。

农业农村部、河南省农业农村厅的领导及专家亲自到该试验田考察并指导工作，新乡市农业农村局、获嘉县农业农村局领导及专家更是将技术直接送到了田间地头。在各级领导的关怀下，徐方子的大豆和玉米取得了双丰收，实现了每亩多收 500 元的惊人壮举。

作为乡村振兴的领头雁、现代农业的践行者，徐方子拥有强烈的责任感和使命感，他用自己所掌握的专业知识，为获嘉县的乡村振兴事业尽了自己最大的努力。

码上链接典型人物

术志闯：颍水仙桃，甜蜜致富路

推荐语：术志闯，登封市嵩少种植专业合作社理事。他流转土地800余亩，种了500余亩桃树，专门从事农业休闲、体验采摘、赏花等项目。每当桃花盛开、果实成熟的时候，络绎不绝的游客从天南海北涌入术村，为这个小村庄增添了生机与活力。在发展产业的同时，术志闯也没有忘记他的家乡，他四处奔走，在政府的支持下，引资700多万元，建成水利灌溉工程。现在，合作社流转土地1180余亩，术村也成为一个和谐美丽的水利示范乡村，术村村民的腰包也逐渐鼓了起来。对于如何发展农业产业、带领村民致富，他有着自己独到的见解和深刻的感悟。

四处学习圆种桃梦

术志闯是登封市石道乡术村人。

1997年，年仅18岁的他就去北京闯荡了。他经营过服装，也搞过外贸……虽然做生意很辛苦，但锻炼出了坚韧不拔的毅力。

2005年，术志闯回到家乡，干起了酱菜的生产加工。

2016年，他的生意进入了瓶颈期。经过调研，他决定开拓发展渠道，发展新的产业，正式成立了嵩少种植专业合作社，主要种植桃树。

为此，术志闯特意到河南农业大学学习了桃树的种植和管理技术。学到技术后，术志闯回到家乡，挑选村里半荒芜的北坡山坡地，作为种植桃树的基地。山坡地通透性好，呈中性的沙质壤土适宜种植果树，病虫害也少。

选好土地后,术志闯多次外出考察,实地察看桃树品种。经多方论证,最终决定引进新品种的水蜜桃、黄桃、蟠桃等。这种多品种化种植的方式,可以避免桃子集中成熟给销售造成难题,拉长了成熟期,也解决了人们对不同桃子品种的多样化口味的需求。

定好种植方向后,术志闯同村委协商,流转了村北坡的500余亩山坡地。对山坡地进行了统一规划后,就开始种植桃树苗。

桃树种上后,首要解决的问题就是浇水和防涝。桃树相对比较耐旱,一般集中在早春、秋末浇水,夏季高温天时也要适当浇点水,其余时候都不用浇水。术志闯在上级领导的帮助下,挖了蓄水井,购买了灌溉设备。遇到连续多天的暴雨天气,他亲自到园区冒雨查看排水情况,及时通畅排水。

掌握种植技术助丰收

桃树喜干燥向阳的环境。种植桃树时,他规划好了间距,使每棵桃树都能够沐浴到足够的阳光,增加通风。

桃树的生长期需要大量的有机养分。施肥工作就成了种植桃树的重要环节,术志闯四处打听,到附近的养殖场收购动物的粪便,定期给桃树施加有机肥料。

种植果树,还要有丰富的防治病虫害知识。术志闯提前防病驱虫,经常到园区认真观察。给桃树造成伤害最大的害虫是蚜虫,发生快、发生猛,害虫多在花萼背面、叶背面或在枝、梢裂缝处危害。在发生初期,他就喷施新型防蚜虫剂。

桃树园区的除草管理也是个大工程。桃树种植基地原为山坡地,草根深,品种多，稍大意就会出现杂草丛生的现象。这些杂草的生长会占据桃树的生存空间，影响桃树的生长。为了不污染环境和土壤，术志闯花费十几万元购置了大型除草机，对桃树园区进行除草作业，然后将除掉的杂草集中掩埋发酵后二次还田，当作绿肥。

桃子成熟前，术志闯精心策划，举办了"欢聚颍河畔，桃醉咱家园"仙桃采摘节活动，邀请了多家新闻媒体进行实地采访报道，扩大了园区的影响力。

多项举措助销售

为迎合年轻群体的消费喜好，术志闯购置直播设备，开设了嵩少品牌绿色水果销售抖音网店。聘请网红到果园进行直播销售，吸引全国食客到园区摘采体验。

他与郑州地区多家水果超市和生鲜便利店进行合作销售，让人们吃到了美味可口的水果。

由于管理得当，桃子品相好、口味鲜美，加之宣传得力，术志闯种植的桃子刚一开园就有顾客前来采摘、批发销售，短期内就销售一空。

在发展乡村种植的道路上，术志闯用自己的亲身实践，闯出了一个没有标准答案的成功案例。同时也证明了，现代农业不能蛮干，只有选对了方向，掌握了过硬的种植技术和管理经验，肯付出，才能获得成功。

码上链接典型人物

牛超：扎根沃土"正阳牛"

推荐语：牛超，正阳县正美农业科技有限公司总经理，河南省人大代表，"全国百名杰出职业农民"。他返乡创业后，靠着一股牛劲建立了"正阳牛"植保队，针对实际问题自主研发了高地隙三轮打药设备，还在每个村都建立了植保队，为曾经的贫困户提供免费打药服务。在正阳230万亩土地上，"正阳牛"植保队成了村民口中的放心人、农田里的"牛人"。

返乡创业不容易

牛超，正阳县慎水乡人，生于1985年，毕业于河南农业大学，学的是生物化学与分子生物学。毕业后，他在广东发展了一段时间，手里有了一些积蓄。

2013年，在回乡收庄稼时牛超发现，群众在对农作物打药过程中存在打药累、量不准、不对症等问题，就产生了返乡干农业的想法。雷厉风行的他在慎水乡台天村搞起了农资经营，主要卖农药。

刚开始时，他引进了一批适合夏花生用的拌种剂。由于专业不对口，他错误地将其推荐到了春季花生拌种上，当时又赶上了低温，结果花生出芽率低，农户到他的店里闹得不可开交，其中有不少人还是他的亲戚。最后，他按每亩地150元的标准进行了赔偿。

提起这事，牛超总是欲哭无泪："没有专业的技术人才，专业防治就是空谈。"

自主研发植保机械

牛超联系了5名农业专业大学生，经过多方筹备，于2014年8月牵头成立了正阳牛团队，开展综合农事服务植保业务。

万事开头难。没有人信任他们，业务开展得很不顺利。牛超就在本乡的每个村庄选择两户人家免费打药，让群众看看植保效果。下雨天机械不能下地，为了完成承诺，几个小伙子背着喷雾器，光着脚打了3天的药，然后都累得病倒了。

后来，群众看到植保效果好，就慢慢地给了他们订单。订单多了，带来了新的烦恼：打药机械不合适，效率跟不上。牛超下决心自研更接地气、效率更高的打药机械。

经过反复设计、测试，牛超团队成功研发了3WPZ-1000型高地隙三轮植保喷雾机。这种机械不轧苗，重量轻，转向灵活，操作方便，价格实惠，被群众称为花生种植的"保姆型喷药神器"。中国工程院院士张新友、农业农村部南京机械化研究所的专家们等，都给予了充分肯定。该机械通过了国家植保机械强制性3C认证并享受国家补贴，入选了全国花生全程机械目录，受邀参加了农业农村部在正阳县举办的正阳花生全程机械化展示会，走进了郑州国际会展中心……目前，牛超的公司建立了两条高地隙植保喷雾机生产线，产品远销山东、安徽、新疆等地。

现在，"正阳牛"植保队拥有打药分队159支、打药车辆397台、植保无人机116架。2021年，累计服务正阳耕地面积145万亩以上，跨区作业184万亩次。其综合农事服务能力，得到农业农村部和省市县各级领导的高度认可和肯定。

抖音小课堂

2023年的小麦春管时期，牛超驾驶着公司自主研发的"正阳牛"牌植保机械在田里纵横驰骋，为小麦生长保驾护航。

这次，他带来了"新农具"——手机、直播支架、补光灯、音响等，原来他在录制抖音课堂。因为他有一个新身份——河南省优质互联网创作者。牛超操着一口略带口音的普通话,对着手机镜头侃侃而谈:"啥是土地托管?今天我给老乡们讲讲。"

"无人机洒农药的效果好不好?大家来看一组数字……"

"农民种一亩小麦到底能挣多少钱?咱们来算笔账……"

每条60秒的小视频,满满都是"干货"。

牛超是一名新型职业农民,同时也是中国青年创业导师。从那时起,他便把青春足迹烙印在了田间地头,同时致力于传播创业经验和"三农"知识。他经常应邀前往各个高校和乡村讲课,把鲜活的农业科技理念带到课堂。新冠肺炎疫情期间,外出讲课受阻,在共青团驻马店市委的建议下,牛超决定把自己的课程搬到网络上。只要不出差在外,牛超几乎保持着"日更"的频率。开始的时候播放量只有几十次,现在他的视频播放量达上百万次、点赞量过万。牛超觉得很有成就感:"原来讲一次课,受众只有几十个,现在传播技术更先进了,我们搞农业的也要学会拥抱新媒体,把自己的声音更广泛地传播出去。"

在牛超看来,农业前景广阔,农村大有可为,农民很有奔头:"其实,我无意做'网红',只是想用自己的所学所长让大家了解'三农',让咱农民也成为体面职业。"

码上链接典型人物

马元志：用心种出"放心粮"

推荐语：马元志，巩义市南河渡绿康家庭农场负责人，河南省优秀农民田间学校校长。他善于学习，通过购买农业书籍、在线学习、参加农业技术培训班，增长了能力。他通过不断扩大种植面积、更新种植品种、运用新的种植技术，实现了增产增收。他的家庭农场小麦平均亩产1 450斤，最高亩产1 580斤；玉米平均亩产1 630斤，最高亩产1 860斤，2022年被认定为河南省示范家庭农场。2023年3月，因为采用水肥一体化滴灌技术进行麦田春管，促进了小麦增产增收，被中央电视台作为典型案例进行报道。

流转土地，兴办家庭农场

马元志原先从事运输行业，2017年受到乡村振兴战略的鼓舞，认定农业是有奔头的产业，便毅然转卖了手中的2辆重型卡车，筹集资金100余万元，于2018年规模流转土地创办了巩义市南河渡绿康家庭农场。

农场流转黄河滩土地面积535亩，主要种植小麦、玉米、大豆等。农场由郑州市农林科学研究所提供科技支撑，巩义市农业技术推广中心提供日常技术支持服务。

马元志热爱学习，购买了很多农业书籍，如有关小麦、玉米生产技术的，有关病虫害防治的，有关智慧农业的，有关家庭农场管理的等。他还通过各种APP、网站、公众号，进行在线学习。

另外,他积极参加各级农业部门组织的农业技术培训班,开阔了视野,丰富了知识,更新了理念,也更加坚定了运用新知识提高产量挣钱的决心。

他觉得,农业也是有奔头的行业,只要用心学,用心干,多向专家请教,多与农业部门沟通,不怕苦不怕累,干农业也能挣大钱。

2022年,他的家庭农场实现农业总产值214.5万元,净利润64.5万元。

现在,他的家庭农场拥有拖拉机等农机具23台套,灌溉用机井8孔,管理用房面积160余平方米,架设电力线路1.2万米,铺设灌溉管网54万米。

推广应用新品种、新技术

马元志喜欢新东西,喜欢将学到的新技术、新知识应用到粮食生产中。通过不断扩大种植面积、运用新的种植技术、更新种植品种,近几年,他实现了增产增收。

他累计引进、示范推广了"郑麦1860""秋乐368""郑豆196"等新品种17个,应用优质小麦全环节高质高效生产技术、大豆玉米带状复合种植技术、化肥减量增效技术等农业新技术12项,在园区全部采用滴灌模式进行灌溉。

2022年,他种植的小麦平均亩产1 450斤,最高亩产1 580斤;玉米平均

亩产 1 630 斤，最高亩产 1 860 斤。小麦、玉米的平均亩产，高于周边平均水平 15% 以上。

2023 年，小麦成熟期遭遇连天阴雨，整个巩义市小麦受损较大。马元志采用的是新品种，成熟期晚，受到的损失较小，平均亩产达到了 1 200 斤，超出周边平均亩产 20% 以上。

他不仅自己学习农业科学技术，还积极开展农业新品种、新技术示范，带领周围群众科学种田。他定期把周围群众召集起来，有时请外地的专家来传授技术，有时把自己所学的技术传授给大家，有时进行现场观摩、现场实习，取得了非常好的效果。

在他的带动下，周围几个村的群众纷纷引进新品种、应用新技术、使用先进农业器械，提高了农产品的品质，有 20 余户增产增收。

因示范作用突出、农民培育效果良好、藏粮于技的意识强，2022 年，马元志的农场被认定为河南省示范家庭农场。2023 年初，马元志被评为河南省优秀农民田间学校校长。因为采用水肥一体化滴灌技术进行麦田春管，促进了小麦增产增收，2023 年 3 月，中央电视台新闻频道和农业农村频道将其作为典型案例，进行了报道。

知恩图报,奋进未来

马元志说,他的产业能有今天的成绩,离不开国家的高素质农民培育工作,离不开巩义市农委的帮助和指导。

他认为自己是个知恩图报的人,在乡村振兴的道路上,他要把自己掌握的技术应用到实践中,带动周边村民共同富裕。

码上链接典型人物

孙学朋：庄头岭上的领路人

推荐语： 孙学朋，巩义市康店学朋家庭农场农场主，巩义市农民田间学校理事会理事长，河南省劳动模范，巩义市优秀乡土林果专家。他的农场占地173亩，年产水果80余万斤，年销售收入200余万元。他积极探索新的种植模式，学以致用，对基地产业结构进行全面升级。他利用自己掌握的果树种植实用技术，为周边果农解答疑惑，帮助附近果农提升种植技术。在他的带领下，附近果农们的腰包慢慢也都鼓了起来，他所在的庄头村成了远近闻名的果树种植专业村。

新型职业农民培训，让事业驶上了快车道

2001年，23岁的孙学朋开始种植果树。由于前期不懂技术，五六年的果树上还挂不了几个果子，七八年后长出的果子质量也不高，只能贱卖。

他媳妇怀第一个孩子时，快要临产了，还挺着大肚子在果园里干活；怀第二个孩子时，在去医院做剖宫产的路上得知客户要买水果，两口子又返回果园摘了2 000斤果子。

即使这样努力，日子过得仍然紧巴巴，债台高筑。

孙学朋开始整理思路，总结教训：这一切都源于没技术。

于是，他开始从牙缝里省钱买书学习种植技术。2014年，他参加新型职业农民培训，获得新型职业农民证书。农场被认定为巩义市农民田间学校，从此他的事业驶上了快车道。

孙学朋利用在课堂上学到的知识，严格控制产量，实行果实套袋。

他把传统的"一炮轰"施肥，改为多次施肥，秋季摘完果子后施足"月子肥"（有机肥加速效肥），让果树迅速恢复体能，贮存养分。第二年开春追施速效肥，为展叶、抽梢、幼果生长及时提供养分；接下来在每个果实膨大期前为果树追肥，做到多餐少施。

在病虫害防治上，以农业防治为主，清除枯枝落叶及僵果、刮除老翘皮、绑诱虫带，以降低越冬害虫虫口基数。

这下，他终于迎来了丰收的硕果。由于又大又红、口感好，果子卖出了前所未有的好价钱。之后，农场生产的水果总是供不应求。慢慢地，他的腰包鼓了起来，他成了远近闻名的种植能手，并且被巩义市评为乡土专家、优秀人才等称号。

自己富不算富，大家富才是真的富

在农场被认定为农民田间学校以后，在巩义市农委的支持与帮助下，孙学朋请来专家，为庄头岭及周边果农讲课，受益果农达1 000余人次。

他以田间学校为纽带，认识了好多热心的果树专家、教授，如"中原第一剪"刘建枢教授、郑州果树研究所梨树科研组组长李秀根老师……正因为有了众多热心专家做支撑，果农在生产中遇到问题都会来问他。遇到不会的问题，他就给专家打电话。这样一来二去，问专家他学了一遍，给果农解答他又温习了一遍，他的农业技术越来越突出，也越来越喜欢大家提问。

由于形成了好的学习氛围，果农的种植技术都得到了整体的提升，果品质量得到了长足的发展，果农们的腰包慢慢也都鼓了起来。

现在，他们庄头村成了远近闻名的种植专业村。

积极探索产业结构升级

目前，孙学朋积极探索产业结构升级，预计在2~3年的时间里完成全面升级，其中包括种植模式升级、技术升级、市场升级、管理升级。

他采用 M9 矮化自根砧进行宽行密植建园，符合当今国际水果产业发展趋势。采用省力化树形——细长纺锤形，更容易实现"傻瓜式"简化操作，促进幼树早成形、早挂果、早丰产，实现标准化管理。

他积极打破我国传统水果产业清耕制，实行"行间自然生草＋人工种草＋人工收割"模式。果园生草能改善果园小气候，有效避免太阳直接暴晒地表、减少水分蒸腾，为益虫提供栖息场所，增加益虫种群数量，达到以虫治虫的目的，保护水土流失。收割的青草能转换为有机质来培肥地力，减少清耕制的人力投入。

眼下，果园机械化与半机械化已成为现代化水果产业的趋势。果园的主要工作有土壤耕作、果树施肥、树体修剪、灌溉、中耕除草、病虫害防治、疏花疏果、套袋、果品收获、果品分级。由于种植模式的改变，孙学朋农场的小中型农机具便可顺利开进果园，实现农事的机械化与半机械化，大幅度降低劳动强度和生产成本，提高生产效率。

目前，我国水果产业已悄然进入品质激烈竞争时期，要求对果品个、形、色、香、味、包装等进行一系列改变。孙学朋视果品质量为生命，努力提高采后商品化处理，贮藏保鲜、包装、错季供应市场增加果品附加值，坚决杜绝混级、混质包装，按消费者喜好对不同大小、不同颜色的果品分级包装，提高农场水果品质档次，增加农场知名度、好感度、信誉度，注册商标创立自己的品牌形象。

展望农场的未来，孙学朋说，他愿为巩义的水果产业发展起到领航作用，带动群众致富，为乡村振兴贡献全部力量。

码上链接典型人物

张甲庚：走好新时代农业发展之路

推荐语： 张甲庚，唐河县康元农作物种植专业合作社理事长，南阳市十佳农民标兵、唐河县劳动模范。合作社先后被评为河南省农业生产社会化服务示范组织、全国统防统治星级服务组织、第四批河南省"星创天地"、国家级示范合作社等。合作社共流转 4 500 余亩土地，带动农户 1 200 余户，增收 400 余万元，加速了唐河农业从单一种植向专业社会化服务转变；发展绿色高产高效农业，辐射带动周围农户种植面积 3 万亩，其中水稻面积 12 000 亩地，实现经济价值 4 000 余万元；承办 46 期新型职业农民培训班，累计培训 2 340 人次，夯实了乡村振兴的人才基础，促进农业农村产业升级。

加快推进农村土地流转，打造万亩示范方

唐河县康元农作物种植专业合作社现已规模化流转土地 5 018 亩，托管土地 30 000 亩，通过推广绿色、高产、高效种植新技术，年种植优质酿酒小麦 4 100 亩、富硒彩稻 1 300 亩、酿酒高粱 3 718 亩，年总产值达 1 800 万元。

合作社通过订单种植辐射带动周围农户种植面积 3 万余亩，在脱贫攻坚期间带动和帮扶贫困户 225 余户，实现直接经济效益 4 000 余万元。

创新智慧农业机械服务模式，实现农业社会化服务

合作社现拥有沃得、雷沃、东方红、中联重科等国内知名品牌农机，拥有

用于耕地、播种、收割、植保、农产品烘干等作业的农机农具及配套设备150余台（套），实现贯通机耕、机耙、机播、植保飞防、机收、烘干、秸秆还田、深耕等农业生产整体环节的农业社会化全方位服务模式。

在管理模式上，采用"五个统一"的运行机制，即统一作业标准、统一作业流程、统一管理模式、统一监督制约、统一结算体系。通过"五个统一"，使平台与各参与主体统一模式运营，实现规模化、标准化、智能化的运营目标。

在服务模式上，拓宽服务渠道，延伸服务触角，通过订单作业的形式，积极参与农业综合开发项目，提高了合作社的专业化程度，实现了农业产业化、智能化经营，加快了农机作业服务的社会化和市场化进度，实现了经济效益和社会效益的双丰收。合作社坚持服务到田间地头，日均整地及播种1.2万亩，日均植保作业能力3万亩；可调动400余台无人机，日均植保作业能力20万亩。

做好社会化服务工作，为乡村人才振兴赋能

自2019年起运营中心举办了多期新型职业农民培训班，培训内容主要包括种植新技术、国家最新惠农政策、农产品电商销售、种植大户经验交流等。近3年合作社承办46期新型职业农民培训班，累计培训2 340人次，培育了一

批爱农业、懂技术、善经营的新型职业农民队伍，提升了新型职业农民的综合素质、生产技能和经营能力，壮大了新型农业经营主体队伍，有力地夯实了乡村振兴的人才基础，促进了唐河县农业产业振兴、农民增产增收。

扎实开展农产品深加工，打造农产品新品

为推动农产品就地转化升值，确保农产品营养功能成分不减，运营中心建设冷链前端仓储面积2 320平方米，有采用螺杆式制冷设备的冷库4 000立方米，一次储存能力达7 000余吨。

为让更好的农产品走上百姓餐桌，运营中心在自营的万亩绿色示范田地上，对自种水稻、甘薯进行深加工生产，打造了"泗洲福"红薯和"泗洲福道"水稻等知名品牌，并获得了河南省农业绿色食品认证。

运营中心是省级"三品一标"示范基地，在郑州、南阳等城市设有特色产品专卖店。

码上链接典型人物

朱传海：育良种，多种粮

推荐语：朱传海，夏邑县福海种业农业合作社理事长，商丘市"十佳农民"，全国粮食生产先进个人，全国农民教育培训"百优保供先锋"，全国农业农村劳动模范。他善学习，重科技，积极参加各种培训；他善经营，会管理，领建高标准农田，定制配方肥，促进粮食高产稳产，实现智能化、现代化、生态化于一体，扛牢粮食安全的责任；他以粮为媒，联合13家种植合作社组建联合社抱团发展，采取"七统一"生产模式，覆盖13 000多亩土地，年产粮食1.6万吨，年均增产3 000多吨，累计增收2 800多万元。

以粮为业，返乡创业不忘本

朱传海是农家子弟，高中毕业后就致力于粮食高产开发。

他发现，粮食要高产，良种是关键。1997年，他创办了兴达种子经营站，购买种子繁育材料，找农户种植，提纯复壮，回收加工后推广。

经过多年的生产历练，朱传海体会到了科技的重要性。2001年春，他参加了夏邑县农广校举办的绿色证书培训班。时任班主任的夏邑县农广校校长王留标评价说："传海是学习很认真的学生，他对小麦栽培和育种知识有一种发自肺腑的热爱。"

为进一步学习小麦育种技术，2003年他进入省内育种企业务工。

经过多年的学习和技术积累，2011年他返乡创业，参加夏邑县高素质农民培育班和农广校职业教育试点班,积极学习科学种田本领。之后,他流转土地260亩种植粮食,领建高标准农田,他发挥自己熟悉市场的优势,繁育小麦良种,收益颇丰。在村委的支持下,他以"合作社+村集体组织+农户"的模式,统一把土地从农户手中整合过来,形成"一块田",创办夏邑县德农先锋种植专业合作社,做到六个统一:统一农资、统一耕种、统一管理、统一灌溉、统一收割、统一销售。他还致力于托管模式的示范推广,探索出一条壮大村集体经济、促进农业节本增效和农民增收的特色之路,创新现代农业托管服务模式,助力乡村振兴。目前种植规模达1 200亩,年产商品粮1 500吨。

以粮为媒,抱团发展共致富

朱传海说:"现在,我只要打开手机,就能随时查看到我们良种基地的玉米长势、气象信息、土壤墒情、病虫害情况等。不仅改变了过去一块地、一块地检查,一行玉米、一行玉米检测的监管难题,而且提高了种地质量和效益。"

2017年,朱传海看到周边60多家种植合作社问题很多,有的合作社虽是规模经营,却不怎么赚钱,究其原因在于机械化程度低、人工费用高等。

为破解难题,他以自己的合作社为龙头,联合13家种植合作社、家庭农场组建联合社抱团发展。联合社加大"硬件"投入,成立了夏邑县农机农保农

机专业合作社，配备价值1 200多万元的植保无人机、自走式植保拖拉机等大型农业机械80多台（套），并新购置粮食烘干设备1套，日烘干能力90吨。

有大型农机作支撑后，抢收抢种效率提高了，作业费用降低了，在农资上也有议价权。联合社依托夏邑县农广校、商丘市农林科学院等开展技术培训和技术服务，采取统一深耕深松、统一测土配方施肥、统一种子包衣处理、统一推广使用生长调节剂及病虫害防治、统一良种供应、统一为作物投农业保险等"七统一"的生产模式，稳定提升粮食质量和产量。

目前，联合社流转土地13 000多亩，年产小麦、玉米等商品粮1.6万吨左右，带动群众增收2 800多万元。

以粮为介，稳粮保供争先锋

在种植粮食取得长足发展的同时，朱传海始终没有忘记自己的种子强国梦。

2017年，他积极与农业科研院所合作搞小麦育种，整天泡在麦田里。2019年以来先后培育出"华伟303""华伟305""华伟306""华伟307"等优质小麦新品种，并通过国审。特别是优质强筋小麦"华伟305"，千粒重和容重高，容重平均达到850克/升，远超国家一级小麦标准，打破了小麦品种"高产不优质，优质不高产"的魔咒，五得利面粉、益康集团、华龙集团等面粉业龙头企业均

加价0.2元/千克收购,"华伟305"也成了种粮群众抢手的"香饽饽"。2022年"华伟305"小麦机收实打验收亩产908.9千克,创造了商丘市小麦单产最高纪录。

朱传海:"作为新时代的'新农人',我们要积极应用现代农业科技,推动良田、良种、良法、良机相结合,带动广大农户多种粮、种好粮,一起为保障国家粮食安全做贡献。"

夏邑县德农先锋种植专业合作社2019年被评为"河南省社会化服务组织";2021年被评为"国家农民合作社示范社"。

码上链接典型人物

姜丽丽：在"多彩田园"里"种教育"

推荐语： 姜丽丽，郑州元容农业发展有限公司（多彩田园家庭农场）负责人，河南省优秀农民田间学校校长，河南省农业经理人培训优秀学员，河南省高素质农民创业创新大赛优秀奖获得者，河南省乡村出彩巧媳妇。她的农场挖掘农业多功能性，用体验式劳动教育理念，将农耕文化二十四节气及自然课堂和亲子教育相结合，开发设计农业相关课程。农场先后获评为全国三星级休闲农场、河南省农民田间学校、河南省爱国拥军基地、郑州市科普教育基地、郑州农业科普教育基地、郑州市巧媳妇创业示范基地等。

敢尝鲜

姜丽丽怎么也没有想到，她这个软装设计师竟然办起了农场，还把农场打造成了农业科普基地。

姜丽丽与农场结缘，与孩子有关。

2018年4月，孩子班主任的一个电话，打破了她的生活节奏。

当时，她的孩子正值叛逆期，不服管教，老师建议长期在外出差的她尽快回家陪伴孩子，以免孩子出问题。姜丽丽立即从外地往回赶，与孩子沟通后，发现孩子更需要的是家长的陪伴和关怀。

在继续发展自己的事业和陪伴孩子的天平上，她坚定地选择了后者。

孩子说，最幸福的时光就是回农村姥姥家，白天可以挖野菜、赶鹅、下河捉鱼，晚上可以捉知了……

在陪读的过程中，姜丽丽发现城市里的孩子很少了解农业，他们不知道农作物的由来，有的甚至以为花生是长在树上的。

她顿时萌生了做休闲农业的念头，决定开办"农业+教育"形式的体验式农场。

说干就干！

首先是选址，姜丽丽到周边县市逐一进行了充分的考察研究，综合分析开发难度、建造成本、交通条件、地理环境、村风村貌等要素，最终选择在家乡新密曲梁镇创办农场。这里处于郑州市近郊、新密市、新郑市连接地，交通便利，覆盖区域广，目标客群丰富。

然后是规划设计和建造。2019年，占地103亩的"多彩田园"农场终于建成。

搞产业

农场以绿色无公害为生产前提，打造让消费者物质满足、思想信赖的健康农场。农场露地农业占40%，设施农业占35%，种植了各种叶类蔬菜、小番茄、黑玉米、紫蒜、大葱、火龙果、樱桃、葡萄、桃等蔬菜水果，还种植了金银花、葛根、蒲公英、赤松茸等特色产品。

农场运营逐步走上了正轨。

正当姜丽丽充满憧憬时，2021年7月的一场特大暴雨让她措手不及，望着被毁的大棚和几十亩农作物，姜丽丽倍感痛心。

现实再"骨感"，也怕实心干。她很快调整心情，重整旗鼓，排涝、修大棚，重新规划排水系统，制订风险预案，经过复工复产，农场重新开始了运营。

姜丽丽："每一次挫折都是我们成长过程中的财富，这次极端天气灾害暴露了我们农场风险管控上的短板。这次事件后，我们优化了排水系统，完善了风险管控。从农场的长远发展来看，是大自然给我们上的一课。"

谈及农场的创办过程，她颇有感触："因为没有系统学过农业知识，所以刚开始时有些迷茫。2020年底接到通知，河南省农广校要培训一批农业经理人，我立即报了名。通过培训,我了解到政府有很多支持返乡创业的政策,也学到了很多管理农场的专业知识,开阔了视野。"

姜丽丽创办的农场为周边农民提供了30多个就业岗位,带动20多户农户致富。

种教育

目前"多彩田园"农场不仅具备生产功能,还有休闲观光、生态功能及有深远意义的农业教育功能。

姜丽丽:"让更多的孩子从一粒种子中观察生命的奥妙,用鸟语花香装扮多彩人生,是我作为一个新农人的理想。"

"'采薇采薇,薇亦作止。曰归曰归,岁亦莫止。'诗中被反复咏叹的'薇',是豆科野豌豆属的一种。又叫大巢菜,可食用……"在多彩田园农场里,农场主姜丽丽正在给来农场游玩的孩子们讲课。孩子们听得津津有味,不时向她提问。

姜丽丽把农场划分为农耕体验区、百果园、农具坊、草道等区域;开发了《诗经与山野菜》《农耕食育》等系列农业课程;创办了少年农学院,把田间变成孩

子的体验课堂，为学生提供劳动实践课和各类农耕体验。诸如体验种蒲公英、挖野菜，制作鲜食的蒲公英菜，炒制蒲公英茶；体验种豆、榨油、磨豆浆、做豆腐；体验饲养小动物；体验制作农业创意植物画、种子画……

每年5月，在多彩田园的那片桑树地里，到处都是孩子们忙碌的身影。

"小满乍来，儿童养蚕。"处处都有孩子们的养蚕活动也由此开启。从一个小黑点慢慢成长为"虫子"一样白胖的蚕宝宝，再长大、结茧，孩子们也从好奇到害怕、从紧张到靠近。在蚕宝宝的成长过程中，他们学会了照顾弱小，学会辨别多大的桑叶适合喂几龄蚕，了解什么时候蚕要结茧，认识蚕宝宝身上的花纹是呼吸器官。在看到春蚕蜕变成蚕蛾的情景时，"春蚕到死丝方尽"所代表的意义也让孩子有了新的感悟。朗朗上口的"蚕宝宝，脱衣裳，脱一件，变个样""卖菜哥哥要落雨，采桑娘子要晴天"等谚语也在姜丽丽的引领下无痕渗透。养蚕活动把蚕桑文化转化为孩子们乐于参与的、具体的、可操作的活动。

在多彩田园这个天地课堂里，每一个节气都有一个故事。在每一个故事中，都能听到熟悉的乡音旋律、闻到浓郁的文化气息。"种教育"的理念，已然在这片沃土上不断生根、发芽、壮大！

码上链接典型人物

杨天其：天赐蔬菜，助力乡村振兴

推荐语： 杨天其，河南省优秀共产党员，博爱县天赐蔬菜种植专业合作社理事长，河南省农民工返乡创业之星。合作社发展产销一条龙的订单模式，提供"保姆式服务"和"懒汉式管理"，先后流转土地500多亩，建成日光温室68座，推广小麦和辣椒间作、辣椒与洋葱套种、怀菊花种植与加工、辣椒种植与加工等模式，被周边的县市群众借鉴。合作社被认定为国家农民合作社示范社，已成为博爱县特色产业、现代设施农业发展的一张名片。

胸怀抱负，追逐梦想

杨天其出身农家，中专毕业后他干过装修、跑过运输，却从未"亏待"过自家的几亩薄田。

2007年，杨天其流转了村里的百余亩土地，进行蔬菜种植。因欠缺技术，市场也不好，他赔本了。从此，他下定决心学技术、闯市场，增长本领。

2009年，他报名参加了农广校学习。通过两年的学习，他开阔了视野，也认识到农业大有可为，更坚定了干好农业的信心。

2013年，他注册了博爱县天赐蔬菜种植专业合作社。流转土地500余亩，建成日光温室68座，推广小麦和辣椒间作、辣椒与洋葱套种、怀菊花种植与加工、辣椒种植与加工等模式，被周边的县市群众借鉴。

他和河南农业大学、焦作市农林科学研究院、焦作市科技局等机构合作，开发新品种、引进新技术，经过共同努力，他选择了小麦和辣椒间作模式，小麦与甜玉米、娃娃菜种植模式，一举获得成功。

稳步推进，不断壮大

这些年来，合作社稳中求胜，不断完善硬件设施：购进一台辣椒全自动播种机，进一步缩短了播种时间、加快了辣椒育苗进度、有效提升了种苗质量；购置了4台大型耕作、起垄、铺设地膜、铺设滴灌等设备；建成水肥一体化自动喷灌浇水系统，节约人工成本200元/亩左右，保证了农作物水肥的及时供应，提高了作物成熟的一致性，促进农作物标准化生产进程；配置了烘干车间、厂棚，以及日加工量50吨的烘干线2条、日加工量50吨的剁椒生产线1条、色选机2台、去把机4台；建成了1 000吨冷库1座。形成了从播种到田间管理、初加工、贮藏的全方位服务链条，有效保证了农产品质量，为农户增收奠定坚实基础。

合作社实现了统一组织耕作、种植、田间技术指导、收购、加工、销售为一体的社会化服务。

总结经验，精准指导

杨天其的成功经验主要有两点：

一是发展产销一条龙的订单模式，与农户签订全程服务和保护价收购合同，实施订单农业，确保品种优良，销路通畅。

二是提供"保姆式服务"和"懒汉式管理"。合作社负责产前、产中、产后的一条龙服务。实现种植、管理、收获、收购、加工、销售"六统一"。杨天其自己也把种植户的日常管理时刻挂在心上，长年累月奔波在田间地头，为种植户提供各种指导与服务。

合作社常年与安徽亳州保银农业、四川鸿椒食品有限公司、孟州市掌柜食品有限公司等知名企业建立稳定的合作关系，种植了6万辣度的"保银819""829"系列和10万辣度的"011"辣椒系列等，常年与保银农业签订保护

价回购协议。2017~2021年，合作社收入达到600万元，确保订单农户年收入不低于4 000元/亩。

合作社不断引进先进技术，赴漯河临颍、商丘柘城学习套种辣椒、菊花技术，在当地种植成功，积累丰富的种植技术。

在自身发展的同时，合作社发挥企业辐射带动作用，利用全市首家拥有小麦套种辣椒、洋葱套种辣椒等的技术优势，在博爱、武陟、沁阳等6县（市）创新推广种植。

目前，合作社推广辣椒、怀菊花种植面积5 000余亩，为农户增收1 600余万元，实现农村劳动力3 000余人就业。以天赐蔬菜种植合作社为龙头，带动6个合作社联盟经营，辐射500余户3 000余亩，推广辣椒和怀冰菊种植服务4 000余亩。

在乡村振兴的道路上，杨天其决心将继续砥砺前行，带领更多群众实现致富梦想。

码上链接典型人物

刘威风：蔬菜致富之路

推荐语：刘威风，博爱县留村威志生态种植专业合作社理事长，焦作市新长征突击手，焦作市"三创一带"上档升级活动先进个人。他流转土地240亩，建成日光温室13座、钢结构大拱棚100座，设施蔬菜种植面积达到200亩，2022年实现销售收入492万元。他积极引导推动合作社向现代化、标准化、规模化发展，不断带动社员致富增收。合作社被全国农民合作社发展部际联席会议认定为"国家农民合作社示范社"。

寻良种

2009年夏天，刘威风从博爱县工商局辞职返回留村。

适逢留村240亩集体土地对外承包，年纪轻轻的他下定决心，向银行贷款46万元，又想方设法筹措20万元凑齐了承包费，于2009年7月开始进行蔬菜种植。

成功的路从来不是一帆风顺的。

一开始，他种小麦、香菜、萝卜，由于没有相关的种植经验，损失较大。经过请教县里的农技专家及本地的土专家，刘威风咬咬牙又向银行贷款50万元，于2009年10月1日开工，建设13座日光温室大棚，2010年又建了100座大拱棚，力争打造一片现代化设施蔬菜种植园区。2016年，他自费赴鹿邑、天津等地学习设施农业种植模式，引进钢结构大拱棚。

5年间，他每天与西葫芦、茄子及化肥、农药打交道，但是由于入行晚、渠道窄，仍然是入不敷出、濒临倒闭。

穷则思变。

2015年初，他远赴福建考察，引进台湾青梗有机花菜品种（俗称散花菜），在孝敬地区进行推广。

第一年种植，技术、管理上有所欠缺，有机花菜品相不好，加上当时北方地区有机花菜种植处于萌芽阶段，尚未形成有机花菜销售市场，没有销售渠道，菜品备受冷落；蒋村市场仅有一名来自郑州的蔬菜商贩识货，每天收购500斤左右有机花菜。

一同包地的人都说："叫威风包地都是浪费地了。"

还有老人说："这孩儿咋会把菜种成这样了，真可惜了。"

面对周围人的风言风语，他就是不服输，自己开着面包车拉着几百斤有机花菜，到郑州寻找客户销售。经过不懈努力，他终于找到一家专门经营有机花菜的蔬菜经销商，多次沟通后，与其达成了50亩有机花菜的购销合作协议。

2017年，经过他的大力推广，周围农户开始少量种植有机花菜，并且获得了极好的收益，每亩单季收入达1万元左右。看到他的成功经验，附近农户纷纷效仿，刘威风为带动全村蔬菜产业发展，按照成本价将优质有机花菜种子提供给有需求的农户，并且全程提供技术服务、帮助联系销售渠道。在他的带动下，孝敬镇传统的花菜已全部被有机花菜替代，种植有机花菜的农户达6 000余户，

每年种植面积达 1 万亩以上，社员每亩增收达 12 000 元。

2022 年，他又引进了浙江勿忘农种子公司的青花菜品种台绿 630（一代台绿 3 号，二代台绿 6 号），打破日本青花菜种子公司耐热品种炎秀、耐寒品种优秀的垄断，推动国产蔬菜走向市场、走上餐桌。

改良法

博爱县原来建造的大拱棚都是老式竹架大棚和圆管大棚，抗风抗压能力差，也不方便机械化作业。

2016 年，刘威风先后到鹿邑、天津考察钢结构大棚新式材料椭圆钢管，经过对不同管径钢管的反复试验，他选择了合适管径的椭圆管。这种椭圆管可以抗 11 级大风、60 厘米厚大雪，且最具性价比。

经过引进和推广，越来越多的新式钢结构大拱棚代替了曾经的竹架大棚，经过多年的摸爬滚打，最终确定了顶高 3.5 米、肩高 1.5 米、跨度 9 米、长度不限的钢结构大拱棚规格。新的大棚不仅抗风抗压、坚固耐用，而且外观大气、美观简约，同时也极大地方便了群众在棚内劳作，提高了群众种植积极性。

他立志于打造孝敬蔬菜知名品牌，鼓足菜农腰包。2018 年 1 月，他注册"蔬适"牌蔬菜商标。2019 年 1 月，成功与河南电视台建立战略合作伙伴关系，为合作社搭乘新闻媒体直通车，更好更快走进市场、迅速提高市场认可度提供了强力支撑。

他始终坚持标准化生产，走绿色发展道路。2022 年 3 月，其主导产品花椰菜、青花菜通过绿色食品 A 级认证。目前合作社已经成为国家级农民专业合作社示范社、绿色食品生产基地、河南省农业标准化生产基地。

成良师

他长期坚持以市场为导向，及时调整蔬菜种植结构，满足市场的发展变化要求，提高蔬菜附加值，保证菜农持续增收，积极培育新品种、引进新技术，增强产品的市场竞争力。他与厦门中厦蔬菜种子有限公司合作，在博爱县建立蔬菜新品种试验、示范基地，积极开展蔬菜新品种的试验和试种，对社员统一提供种子和技术服务，取得显著成效。产品广受市场欢迎，附加值高，产销两旺，农民增效明显，2022年实现销售收入492万元，利润34.7万元，每亩增收1 440元。

他坚信科学技术是第一生产力，定期组织社员奔赴山东、北京等全国蔬菜种植先进地区进行技术交流，与农业科研院所、大专院校建立产学研合作，举办蔬菜种植专业技术培训班，提高社员蔬菜种植技术水平，提升"蔬适"牌蔬菜的科技含量，以先进的种植技术保证蔬菜的品质。

他坚持普惠发展，实现共同富裕。脱贫攻坚期间，他不断扩大合作社规模，带领本村群众尤其是贫困户入社共同生产经营。

他积极开展对外技术交流，举办蔬菜产业发展论坛，定期组织合作社成员和周边农户开展蔬菜生产技术培训、技术交流，帮助他们解决问题，增强合作社的辐射带动能力。

同时，他积极参与社会慈善事业，扶危济困，踊跃捐款，实现企业社会价值。合作社已经成为博爱县第三届慈善协会会员单位，为全县的慈善事业做出了突出贡献。

码上链接典型人物

李彩霞：靓红石榴，点亮乡村

推荐语：李彩霞，1983 年出生于平顶山市汝州市焦村镇梁窑村，2005 年外嫁湖南。2013 年，她放弃高薪工作，和丈夫一起返乡创办汝州市士博生态农业发展有限公司，并担任总经理。在焦村镇的荒坡上，她创建了汝州市士博生态石榴基地，探索出地上种石榴、林下种牧草、养大雁和乌鸡的生态循环种养模式。她研发创立了绿色生态石榴种植体系，配套建立了可视化数字化可追溯管理体系，蹚出了一条以石榴产业带动乡村振兴的发展新路。她和基地先后被授予"河南省乡村出彩巧媳妇""全国首批生态农场"（全国石榴行业唯一一家）等多项荣誉。

返乡创业种石榴

2013 年 10 月，李彩霞从丈夫口中得知，娘家的荒坡地与世界著名的突尼斯软籽石榴主产区同处于北纬 34°，且光照充足、通风良好、昼夜温差大，是石榴生长的天然"良港"。她激动不已，要和丈夫一起在家乡创业。

当时，这里的土地租金很低，多的也不过 200 元 / 亩，不少都是白送人。但考虑到农民的长远利益，她给出了 500 元 / 亩的价格，一次性流转土地 600 亩，涉及农户 300 户，其中贫困户 59 家。

她签订了 30 年长期合同，种植 66 000 棵突尼斯软籽石榴树。

当小指粗的石榴苗栽种后，附近的村民开始质疑："一下弄这么多地，摊子铺这么大,种石榴能挣住钱?"

在一片质疑声中,她带领团队,铺设地下高压管道5 000米,新打300米深井3眼,新修蓄水池5座,建成了喷滴灌系统,全园实现喷滴灌。

经过4年长达1 400多个日日夜夜的艰辛努力,首批石榴终于成熟上市。

在2016年10月10日的开园仪式上,参会嘉宾现场品尝试吃。最大单果重1.98斤、糖度高达16%,靓红诱人、汁多核软的石榴深受大家喜爱。同时,经权威机构检测,石榴的各项检测指标均合格。百果园等国内大型水果生鲜超市现场签约,把昔日贫瘠的荒坡地变成了花果山,把普通的石榴变成了农民的致富果。

生态种养新模式

为创建绿色生态石榴园,她从种养模式和种植体系两方面入手。

一方面,探索出生态循环种养模式,基地采用地上种石榴、林下种牧草、养大雁、乌鸡的生态种养模式,通过"全园种草、大雁控草、乌鸡捉虫、机械灭茬、粪草还田、物理防治"的生态循环种养理念,在园区内建立起生态循环系统,从根本上杜绝了农药、化肥、除草剂的使用,为生产者提供可复制、可推广的生态循环种养模式,为消费者生产健康生态产品。

另一方面,研发创立了绿色生态石榴种植体系,制订了《汝州市士博生态农业发展有限公司生态石榴生产种植技术规范》,实现关键技术流程化、规范化管理。

为了做好病虫害防治工作,李彩霞探索出了全园消毒、抹白防冻杀虫、自制糖醋液、杀虫灯、黄板诱杀等物理杀虫10法,乌鸡捉虫、益虫灭虫、向日葵引流等生物防治5法。

为了规范园区石榴生态种植技术,李彩霞集成了疏花疏果控产、人工掏花丝、人工去针刺、去叶片、全园套袋、别枝控光、冬剪夏剪等生产技术12法,并印成小册子,人手一份,全园推广。

科技赋能，打造新标杆

为打造生态农业新标杆，她先后投资 680 万元，配套建立了可视化数字化可追溯管理体系。

她建成了基地可视化追溯管理系统。投资 220 万元，安装高清摄像头 64 个，全园无死角，可远程直播、调度、管护，管理效率提高 3 倍以上；会员客户可授权远程直播、追溯，提高用户体验度，实现客户与基地"零距离"接触。

她建立智慧气象站。投资 58 万元，首批引进的 5 台智慧化气象站亮相园区，实现园区墒情、果树营养成分等生产数据实时上传，实现数字化指导生产。

她引进以色列全自动喷滴灌系统。这是河南省首家引进该系统，一期投资 300 万元，覆盖面积 500 亩，于 2021 年 12 月建成投入使用。该系统采用以色列全自动数控技术，核心部件全部从以色列空运进口。该系统的优点是：无论地势高低，距离远近，所有滴口的出水量基本一致，保证每棵树的水分、养分的供应量基本一致，从而保证果品的一致性，提高果品商品价值；500 亩全部滴透一遍，只需 7 天，而且无须任何人力参与；在泵房设置好程序后，最多可同时滴施 5 种不同的水溶肥，而且浓度基本一致，提高滴施效果。与传统方法相比无须人工，省时 86%，省水 67%，效率提高近 1 倍。

文旅结合，修通致富路

基地先后被评为河南省休闲观光园区、河南省旅游扶贫示范户、河南省四星级乡村旅游扶贫示范户等荣誉。

为把基地打造成文旅打卡地，她通过向上争取、基地自筹等方式，先后筹资 500 余万元，对基地观光旅游道路进行规划设计，整修旅游观光采摘道路 2 条，共 1 万米、生产道路 3 条共 8 000 米，开挖土石方 2 万余立方米、铺垫石子 8 000 余立方米，打通了基地与山汝线、基地与汝州市紫云山景区、风穴寺等旅游资源的有效衔接。

宣传推广，带出新优势

上榜央视，美誉度名扬全国。基地创建过程中，先后被中央电视台、学习强国、《河南日报》、《大河报》等媒体广泛报道。

2019年2月23日，产品被中央电视台军事农业频道《乡约河南汝州市》栏目选中，成为上榜品牌，她手持"拾榴花果山"牌生态石榴代表汝州接受主持人肖东坡访谈报道34次。

2021年9月12日，基地同时被中央电视台等媒体在丰收节当天同时直播报道，产品知名度、美誉度名扬全国，李彩霞也成为全国石榴网红、生态石榴代言人。

她积极参加全省各类创业创新大赛，先后荣获河南省2019年新型职业农民创业创新大赛决赛二等奖、河南省2021年度"凤归中原"返乡创业大赛总决赛乡村振兴组三等奖等。通过参赛，公司被河南省返乡创业股权投资基金（省财政控股）发现。经过层层筛选和严格尽职的调查，2022年，公司获得第一期投资300万元，第二期投资正在评估中。

一村一品,育出新产业

基地占地以水沟村为主,原是省定深度贫困村。经过9年的发展,基地的种植面积也从最初的600亩发展到现在的2 000亩,2022年产石榴1 200吨,销售收入1 200万元,基地目前是全国首家连片面积最大、可视化程度最高的国家级生态农场(全国石榴行业唯一一家)。已成为汝州市知名的生态休闲、观光赏花的旅游胜地,水沟村被评为国家级一村一品示范村。

在基地发展的同时,她通过技术扶持、种苗扶持等方式,新发展石榴种植户6户,面积1 200余亩。围绕石榴生态种植,地上种石榴、林下养殖和种植生态甘薯、中草药模式,石榴初加工、石榴务工、石榴营销等新业态正在形成。

李彩霞的目标是,到2025年基地面积达5 000亩,年产生态石榴3 000吨,开发生态石榴芽茶、石榴汁等系列产品,实现营业收入1.2亿元,建成可视化追溯平台,实现"一果一码"销售,让消费者吃到的石榴都能溯源,惠及周边5 000农户,建成全国最大的生态石榴基地。

码上链接典型人物

娄洪滨：千年小米醋，酿出致富路

推荐语： 娄洪滨，河南应河醋业有限公司董事长，宝丰县工商联副主席，宝丰米醋领航人。短短几年时间，他把一个默默无闻的小醋厂发展为一家集生产销售、科技开发、教育研学、旅游观光为一体的综合性国家高新技术企业，年产食醋3 000吨，成为河南省最大的小米醋生产基地和宝丰县最重要的支柱产业。他的公司先后取得科技成果专利25个，获得"国家级高新技术企业""AAA级景区""河南省'星创天地'""河南省科普教育基地""平顶山市小米调味醋工程技术研究中心""农业产业化市级重点龙头企业"等荣誉。

品牌塑造，开拓市场

娄洪滨从商已有30年了。

最初，他在郑州开了个糖烟酒小卖部，慢慢将其发展为一家商贸公司，赚得第一桶金。后来，娄洪滨决定返乡创业，在宝丰县产业聚集区投资建设了汇众产业园孵化示范基地。

之后，娄洪滨开始发展家乡传统产业——小米醋酿造，他投资1 000万元注册成立河南应河醋业有限公司。

2 000多年以来，河南宝丰酿造的小米醋名扬故里，口碑相传，经久不衰。公司沿袭宝丰县娄氏应河小米醋酿造的悠久历史，聘用从事多年酿醋工作的民间手法艺人作师傅，在传承娄氏应河小米醋酿造的基础上，守正创新，酿制符

合现代人口味的小米醋。

应河小米醋采用纯优质小米、优质酒曲和富含多种矿物质的地下深井水酿造，经过几十道工序，历时百天的蒸、酿、制、淋、熬、配，精作而成。原辅料经过各种工序的配制发酵后，形成的醋醅在缸体内通过半年以上的自然状态储存，待深层次发酵至各种有益成分和相关微量元素含量达标，才开始出淋。淋制的生醋经过熬炼、消毒和调醋师的调理配制，各项卫生指标检验完全符合要求后，才包装出厂销售。

产业化发展现活力

近年来，我国的食醋业发展迅速，但是除了少数强势品牌是以本省向外渗透外，其他大多数食醋都是以所在城市为核心向外渗透的。河南省还未形成本土品牌食醋，宝丰米醋在我省具有较大的知名度。

公司从最初的单品，发展到现在的调味醋、礼品醋、口服液醋3大类20多个品种系列。产品先后获评为宝丰县优质特色农产品、平顶山鹰城礼物、第二十二届中国农产品加工贸易洽谈会"优质产品"奖、河南省农业知名品牌特色农产品品牌、第22届河南（郑州）国际农业博览会金奖等。

目前，宝丰县有大小酿醋企业作坊100多家，米醋年产量约8 500吨，已初步形成集原料、生产、销售、研学观光为一体的产业发展新业态。

三步走，发展谋新篇

宝丰米醋历史悠久，质量上乘，但此前大多是村民自家作坊式生产，小门店销售，产量低，品牌影响力也小。公司近年来先后与2 180户农户签订了小米供应协议，采取"公司+农户"的方式，整合资源，优化配置，在推进企业整体发展的同时，也进一步提升农民收入。

2019年，应河小米醋供应链项目启动建设，总投资2 790万元。在宝丰县委、县政府的引导下，公司积极推动农商互联合作，在自有小米醋成熟的销售渠道和配送供应链基础上，积极带动农产品的产销对接，与宝丰县金牛种植专业合作社农业经营主体进行深入、精准联合，向农产品生产环节延伸产业链条，逐步实现订单农业主体企业。

随着网络营销的迅猛发展，公司迅速招聘专业人员，采用批发零售、电商团购、直播带货、"大客户+分销商"相结合的营销模式，以市场为靶向，全方位销售，扩大市场份额。

深化校企合作，走"科技+人才"的发展道路。2023年7月，宝丰米醋博士科研工作站暨河南科技大学教学实践基地在河南应河醋业有限公司揭牌。博士工作站的成立，标志着公司与河南科技大学成功开展全面校企战略合作。这既是对以往合作的肯定，也是对未来双方产学研合作的进一步深化，相信双方的合作将进一步加快科技成果的转化。

码上链接典型人物

王绿坡：高素质农民，乡村振兴带头人

推荐语： 王绿坡，中共党员，叶县绿坡家庭农场负责人。他扎根农村，刻苦钻研科学技术，发展特色产业，推广优良品种 10 多个，建立科技种植示范农田 1 300 亩，示范带动周边农户 2 000 多户。他在仙台镇引进推广了 1 万亩以上的"三黄一红"特色高产作物，成为当地较大的产业园，形成了仙台镇特色产业支柱。

瞄准特色产业

王绿坡是叶县仙台镇辛楼村人。

2000 年，他在杭州打工，月薪 9 000 元。一次回家探亲时，他发现村里年轻人都外出打工了，村里只有留守老人和妇女，心里很不是滋味。

2016 年，他辞去高薪的工作，决定返乡创业。

他选准了适合仙台镇农村产业发展特点的"三黄一红"特色产业：花生、大豆、高密植玉米、露天草莓种植。

争做高素质农民

前些年，仙台镇农民种植花生总也富不起来，原因是采用传统种植方式，一亩地只有 200 千克左右的产量。

为了改变花生种植的落后局面，王绿坡积极参加叶县的高素质农民培育，多次到山东及开封、南阳等地取经，还结识了河南省农科院的花生育种专家董文召。

王绿坡将原来的平地种植方式改为起垄种植,既改善了土壤结构,又便于抗旱防涝。

在病虫害防治方面,他精准把握打药时机。开花时及时打营养剂,让花生多开花、花开齐,不误授粉。在花生坐果时再打一次营养剂,以增加果实、延缓花生衰老,使花生茎变硬,成熟后不落果,果实不发芽。

结果,他的夏播花生亩产高达 500 千克。

推广科学种植经验

通过学习和实践,王绿坡逐渐积累了丰富的科学种植经验。

他并不藏私,带动仙台镇 51 个行政村 2 000 多户种植户种植花生 18 000 余亩,成为全县赫赫有名的花生示范园。

在老樊寨村大豆示范园,王绿坡种植的黄金大豆田里叶茂枝肥,豆花盛开,长势喜人。王绿坡兴奋地给农户介绍:"这个品种是'郑1659'黄金大豆,颜色金黄,籽粒重,高产。这个品种的大豆分枝多,茎粗,生长中期抗病能力强,挂角稠,比种植其他品种经济效益高。"

2023年，王绿坡扩大推广农作物种植面积，率先种植高密植玉米480亩，这种新的种植模式可使亩产提高20%～30%。这480亩玉米，预计可增收15万元。

发展乡村特色产业，要让产业活起来，要让农民富起来。近年来，叶县农业农村局大力发展"一镇一业""一村一品"。王绿坡抓住机遇，率先在仙台镇崔王村建立露天草莓示范园。2022年，全村种植露天草莓220亩，今年扩大到35户680余亩。王绿坡为农户统一供种、统一移栽、统一技术指导、统一采摘、统一销售。成熟后的草莓，远销日本、韩国等国家，供不应求。此举既保证了农民增收，又巩固了脱贫成果，每年安排就业人员达650余人。

乡村振兴离不开产业发展，产业发展与科技人才息息相关。

近年来，王绿坡在特色产业发展中呕心沥血，埋头苦干，每天跑两个村庄，工作勤勤恳恳、兢兢业业，以实际行动落实党的二十大提出的乡村振兴、建设和美乡村的奋斗目标。

码上链接典型人物

薛皓：用柴鸡蛋打造"金蛋"

推荐语：薛皓，平顶山绿舟鸣农牧开发有限公司负责人。他返乡创业后投入资金1 500万元，流转农户土地1 500亩，带动群众就近就业。公司生产的有机鸡蛋得到了国家颁发的有机产品认证证书、全国名特优新农产品证书、绿色食品认证证书等，拥有实用新型专利15个，先后被认定为"国家科技型中小企业""平顶山市农业产业化龙头企业""平顶山市有机蛋类技术工程研究中心"。

高"财"生的养鸡创业史

2014年6月，薛皓从中央财经大学毕业，回到了老家郏县安良镇任庄村，辅助父亲管理800多亩的竹柳园。

不久，头脑灵活的他决定在竹柳园里散养柴鸡。

他初次购进了1 000多只鸡苗进行试养，成效良好，所产的柴鸡蛋除了自己食用、送给亲朋好友外，还赚了不少钱，这让他对未来充满了信心和希望。

经过几年的探索养殖，薛皓赚取了返乡创业的第一桶金。

共富曙光

2018年，在安良镇党委、政府的大力支持下，薛皓注册成立了平顶山绿舟鸣农牧开发有限公司。他建鸡舍、建车间、修路、打井，在林下散养1.5万多只柴鸡。

但是，这次是他盲目自信了，养鸡规模上来之后，他的技术却没有跟上来，结果柴鸡大面积生病，损失了10多万元。

面对残酷的现实，他不气馁，开始认真从书本上、网络上学习相关养殖技术，还请来了专业技术人员。经过一段时间的克难攻坚，他的事业终于走上了平稳发展的坦途，所产的柴鸡蛋销往全省各地，年产值达300万元。

2019年，薛皓参加了河南省商务厅举办的"三品一标"品牌认证培训班，他的公司被认定为重点帮扶企业。他将原始的柴鸡蛋进行了高科技提升，发展为有机鸡蛋。按照有机标准养的鸡达到了2万多只，年产有机鸡蛋160多吨，实现了线上、线下双渠道销售，所产有机鸡蛋远销北京、上海、南京、深圳等地，年产值达到400多万元。

2021年6月，薛皓投资300万元，新建了鸡蛋清洗杀菌生产车间、饲料加工生产车间、自动化散养鸡舍，将养鸡规模扩大到4万多只。公司生产的有机鸡蛋卖到了3元/枚，供不应求。

公司基地共安置村民就业30余人，带动村民种植有机谷物等1 500亩。

公司生产的有机鸡蛋，先后获得了有机产品认证证书、全国名特优新农产品证书、绿色食品认证证书，公司拥有实用新型专利15个。公司先后被认定为国家科技型中小企业、平顶山市农业产业化龙头企业、平顶山市有机蛋类技术工程研究中心。2022年，公司被认定为国家高新技术企业。

多年的创业，让薛皓和家人都过上了令人艳羡的幸福生活，也给乡亲带来了致富的曙光。

提高农产品价值，品牌是关键

薛皓深刻地认识到农产品要想提高价值，就必须实现品牌化。

未来，他计划把园区内的农产品都做成有机产品，形成有机园区，进一步建立管理体系，做好良好农业规范（GAP认证），大幅提升农产品知名度，提高产品安全系数，拉动郏县农产品的知名度。通过自身的努力，走出一条农业产业标准化的道路，将来向周边庄园推广，建立郏县有机产品联盟或协会，带动整个郏县农产品档次的提升。

码上链接典型人物

张杏杏：青春汗水，浇灌出沃地农场

推荐语：张杏杏大学毕业后返乡创业，于2021年成立了栾川县沃地农场有限公司。她积极投身乡村建设，在龙潭村创办田园综合体欢乐田园，发展生态农业。现已建成种植大棚16个、游乐场地10亩、露营及餐饮区10亩、室外采摘体验区20亩，成为集批发、零售、采摘、体验、观光、研学于一体的田园综合体，带动当地农业规模化发展，年收入达60万元，社会贡献额10万余元，带动20余人就业。她帮助困难员工，积极主动传授技艺，关怀村内老年人，在乡村振兴中发挥了很好的示范带头作用。

"90后"返乡创业

1992年，张杏杏出生在栾川县庙子镇黄石砭村，从小就看着清澈的伊河水从门前流过，望着一片片绿油油的麦田，哼着歌儿去上学。不知不觉间，田园梦悄悄在她幼小的心灵里播下了种子。

2016年，24岁的张杏杏大学毕业了。她回到洛阳市区，在一家银行工作，开始了朝九晚五的生活。

随着家乡栾川县的迅猛发展，田园梦的种子在张杏杏心里生根发芽。2018年，她决定返乡创业。她在栾川县城开了家店，取名巷子里私房烘焙工作室。最好的原材料、新潮的设计、绝佳的口感，使得"私房蛋糕"在年轻消费群体中快速积攒了口碑。一传十、十传百，朋友圈越来越大，一年间客户突破6 000人，最高日营业额过万元，张杏杏成了当地人气最旺的烘焙达人。

新鲜草莓是制作蛋糕的重要原料，张杏杏有时还会帮供货商代卖草莓。看到草莓这么受欢迎，她萌发了自己种草莓的想法，前后到当地有名的孟津草莓种植基地学习种植技术2年。

2021年初，她在栾川县石庙镇龙潭村开始创立沃地农场有限公司，建成了有16个大棚的"草莓农场"。从此，她一头扎进了田间地头，每天日出而作、日落而息，守着自己的一亩三分地，将希望的种子播种在土地里，每一天看着它发芽、成长、收获。

厄运变好运

2021年8月初刚下苗，8月20日一场特大暴雨突袭栾川，河水暴涨，洪水挣脱基地旁边的河道冲入草莓园，大棚全进了水，花了4万多元买来的草莓苗也都打了水漂。

张杏杏却连哭的时间都没有，洪灾过后，她和工人马不停蹄，用5天时间把14个大棚全部清理出来，挖渠排水，整地晾晒，重新栽植。本来春节前能上市的草莓，推迟到节后，错峰销售。

让她没想到的是，这时候的草莓却非常受欢迎，价格涨到了50元/斤，农场里的草莓还是在1个月内被采摘一空。

四句真经

现如今的沃地农场，交通便利，距离伏牛山滑雪场、伏牛山清凉界风景区不足5千米，距离在建的栾卢高速不到3千米。目前已建成种植大棚60亩、游乐场10亩、露营及餐饮区10亩、室外采摘体验区20亩，是集批发、零售、采摘、体验、观光、研学为一体的田园综合体欢乐园。

在经营沃地农场的过程中，张杏杏也总结出了她的四句真经：

第一句，种出精品果，土地是基础。

要想种出精品的水果和蔬菜，一定要有好的土地、好的水源，阳光充足。在建设沃地农场之前，张杏杏也走了很多地方，接洽了很多村，看了很多集中连片的土地，最终选择了石庙镇龙潭村。

在龙潭村，七姑河顺流而下，不远处的上游就是栾川县第四水源的水库，灌溉不是问题。这里土壤肥沃，光照充足，很适合发展农业种植。目前大棚内种植有本地稀缺品种草莓、牛奶小西瓜，棚外种植"阳光玫瑰""夏黑"葡萄、油菜、有机蔬菜等。在种植过程中，她始终坚持使用绿肥、有机肥等，种植出来的水果和蔬菜颜值高、口感好。

第二句，塑造好品牌，营销是保障。

在经过了半年多的辛勤劳作，农场里第一批的草莓就要采摘上市了，眼瞅着一筐筐草莓从农场里采摘出来，该怎么卖出去呢？

没办法，只好自己硬着头皮上了，她开着自己的面包车，一筐一筐地往县城各大商场和超市里送，刚开始也没少吃闭门羹。

市场受冷，怎么办？总不能让草莓都烂到地里吧！

张杏杏又想了个直截了当的办法，在县城最繁华的地段，摆个地摊，将草莓从种植、田间培育到采摘收获一系列的过程向来来往往的人群讲了起来，总算把自己在大学里学的演讲学、营销学、广告学统统都用上了，废了九牛二虎之力，总算在县城打开了销路。

总这样可不行，非把自己累死不可，有没有更好的办法呢？

张杏杏想到了众筹，把农场里的草莓按面积通过宣传、拉动的方式，发动周边的朋友和客户去认领，同时要缴纳一定的认领费用，卖出去的草莓按比例分成，这样一来，就有很固定的人群来帮助自己销售草莓，大力宣传自己的产品了，自己也可以腾出手来更好地经营和管理农场了。

现在的沃地农场不仅可以接待观光采摘，还可以满足儿童娱乐、拓展训练、团建、研学旅行等各个群体不同的游乐需求，让广大的游客远离城市喧嚣，体验农耕乐趣，尽享美好时光。

第三句，竞争力要强，管理是手段。

在企业经营管理的过程中，作为一名青年创业者，张杏杏深知学习的重要性。

她主动带领农场的职工加强政治理论知识的学习，坚定理想信念，努力打造积极向上、开拓创新的企业文化，把自己的个人价值和企业发展很好地融为一体，积极支持、打造、宣传企业新文化和努力提高企业新形象。

同时，她加强对田间管理、种植技术等方面的学习，不断提高员工的种植水平。她还组织员工到周边地区去考察观摩，开阔视野。

她用良好的职业道德、强烈的事业心和责任感，带动周边的有志青年和她一起用青春和汗水浇灌希望之光。

第四句，产业可持续，定位是关键。

作为一个现代化的种植农场，势必要引领潮流。传统的采摘种植模式已经不能满足如今年轻人挑剔的眼光了，怎么办？

既然能够把人都能够吸引到沃地农场，除了采摘之外，还有什么能够让他们都留下来呢？

思来想去，张杏杏又想到了一个高招儿，那就是打造多元化的旅游体验，在沃地农场种植大棚的西边，搭建了十几个帐篷，在帐篷里面打造可以吃烧烤的设备，游客采摘完之后就可以留下来吃烤肉了；为了让小孩子也能够愉快地留下来，她在旁边搭建了秋千架、树屋、沙坑等游乐设施。

未来，张杏杏还计划将目前所租住的豫西民居改造成民宿，到时候她的农场又可以让游客晚上也能留下来了，也就不是农场这么简单了，简直就是一个富有魅力的庄园了。

码上链接典型人物

燕洋洋：岭区小伙儿的致富路

推荐语：燕洋洋，1989年出生，孟州市阳仔家庭农场负责人。他因地制宜发展甘薯种植，通过不断参加职业农民培训、外出学习交流、请教专家，提高了水平；又顺应时代发展潮流，学会了直播带货和短视频营销，走上了成功之路。

参加高素质农民培训，打开新天地

燕洋洋家住孟州市槐树乡燕沟村，是土生土长的孟州岭区人。

岭区偏远落后，燕洋洋家也没有多少资金。他就先从小而精的农业创业模式开始，依托岭区独特的地理环境种植甘薯。

在不断的发展过程中，燕洋洋深切感受到了多方面的因素制约：一是销售渠道不畅，所产的农产品难以卖出好价钱，还会滞销；二是缺乏相应的管理技术，田间管理水平不高；三是缺乏专业技术的指导。

2022年6月，燕洋洋积极参加孟州市的高素质农民培训，受益匪浅：培训班精心设置了理论学习内容和实训项目，聘请了丰富经验的农技讲师为学员传授了大田作物和适合当地的经济作物的种植技术，丰富了种植户学员的专业知识和能力。由于在班级学习中表现突出，燕洋洋被评选为班级"优秀学员"。

通过学习，燕洋洋发现电商直播能有效地拓展农产品销售渠道，便充分利用抖音、西瓜视频、快手各类新媒体平台，建立了多个自媒体账号。在直播间的搭建上，利用平台对"三农"的扶持，以农产品特有的天然场景优势、营销氛围，把直播间搬到自己的大棚里、田间地头，快速实现了销售转化。

种植技术和营销，应该同时抓

燕洋洋说："做农业两个关键点，一是种植技术，二是营销。"

第一步，要把地种好。

要结合自身优势，因地制宜选择适合的农作物，把品质、产量提升上去。还要多出去参加学习，借鉴一下更优秀的方式、方法，多跟经验丰富的人交流学习。

燕洋洋："岭区干旱缺水，水利条件不好，地块小，昼夜温差大，我就选择大力发展甘薯产业。通过外出学习，我意识到岭区种甘薯的老办法不行。比如，人家的夏薯亩产都能达到5 000斤，而我们当地的春薯亩产还达不到5 000斤。"

第二步，要在营销上下功夫。

现在很多农户种出了高品质的农产品，却不会卖。遇到行情不好就卖不上价格，还会出现滞销；遇到特殊情况，比如外地车过不来、没有人批发等，都会导致一年白忙活。在这个短视频盛行的年代，"新农人"也要紧跟潮流，学会拍摄短视频，记录干活日常，找到适合自己的拍摄风格，让更多的朋友关注到自己。通过时间的积累、粉丝的积累，找到更多喜欢农产品的朋友。

燕洋洋："要尝试学会直播，学会做短视频，要一直做，尤其是收获的时候。带货直播和短视频，是必须要上手做的事，要与时俱进。"

一起奋斗，未来会更好

燕洋洋在实践中学习，在学习中成长，在摸爬滚打的过程中越战越勇。2023年3月，他成立了孟州市阳仔家庭农场。现在，他承包了100多亩土地种植甘薯，又种植了10余亩大棚甘蔗。

他还义务帮助周边农户，帮他们销售农产品，带领大家共同发展、共同富裕。

燕洋洋："乡村振兴离不开青年人才，需要更多的有知识、有情怀、有活力的青年人才主动参与和倾情奉献。对于我来说，创业之路才刚刚开始，还有很多经验需要摸索。作为新时代的高素质农民,我永远相信一句话——幸福是奋斗出来的!"

码上链接典型人物

董中波：小菜苗，40亿元大产业

推荐语： 董中波，中共党员，内黄县梁庄镇蔬菜协会会长，内黄县众收种苗科技有限公司负责人，安阳市农民技师。他为内黄县先后引进蔬菜新特优品种20个，建起了豫北最大的无公害黄瓜、苦瓜生产基地。他发起成立的蔬菜协会，有会员647名，辐射周边十几个乡镇，连续3年被安阳市政府评为优秀农民经济合作组织。

锲而不舍

1995年，董中波从内黄县井店供销社下岗回家。时逢镇党委、政府大力号召发展温室蔬菜种植，他就建起了村里的第一栋温室蔬菜大棚。由于没有技术，室苗过密，基肥过少，他的蔬菜没有卖上好价钱，当年亏本5 000多元。

1996年，不甘失败的他又建了一栋大棚，因病害防治不当，赔了1万多元。

他没有气馁，几天几夜不休息，连饭也不吃，一心要找出失败的原因。

没技术就学技术。他翻阅了大量书籍，订阅了《河南科技报》《山东科技信息报》《中国蔬菜》等报刊，精心钻研大棚生产技术。

没有经验就去取经。他多次到山东寿光、河南新郑等蔬菜基地学习、请教。

1997年，他的两栋大棚收益都在1万元以上，成了村里有名的"冒尖户"。

无私奉献

可观的经济效益，刺激了村民种植大棚蔬菜的欲望。1998年，村里的温室

大棚一下就建起了几十栋,但因为多数人没有技术和经验,蔬菜长势不好。

遇到有人求教,他总是随叫随到,耐心地讲解技术、现场操作,而自己的大棚里总是留下妻子一个人的身影。在他的指导下,村民们都掌握了技术,亩效益均超过了2万元,个个都成了致富典型。

随后,日光温室蔬菜大棚在全镇各村遍地开花,由原来的几十户发展到现在的6 000多户,每亩平均效益都超过了3.4万元。

随着大棚技术的推广,村民遇到了新难题:家家户户分散种植,蔬菜种类多、总量小,难以与千变万化的大市场接轨,"卖菜难"困扰着大家。

董中波决心闯出一条卖菜的新路子。为此,他自费1万元在村东头建起了一个无公害蔬菜批发市场;发动大家成立了梁庄镇蔬菜协会,号召大家统一种植。这下,大量外地客户慕名而来,彻底解决了"卖菜难"的问题。

一心一意谋发展

2008年6月,董中波发动协会会员,以每亩800元的地价调整土地,建设了新型温室大棚示范区"百亩园":高后坡,大跨度,卷帘机,保温被,全部采用滴灌技术,硬化了生产路,统一了棚房。每亩收入比老式温室大棚净增

15 000元。

2010年7月,经过董中波和协会成员的共同努力,建成了内黄县梁庄镇广发瓜果菜合作社育苗基地。基地占地面积50亩,总投资600万元。生产区建有高档智能五连栋温室4 000平方米,高标准良种示范日光温室5栋13 000平方米。办公区设有农民技术培训中心、标准化无公害蔬菜农药残留检测室、测土配方实验室及办公室、会议室等。

2015年,协会以每亩1 200元的价格流转土地300多亩,建立了新型的日光温室。当年每亩收入突破5万多元。

高效益、高收入激发了农户搭棚的积极性,2021年,协会又流转土地200多亩,建立高标准温室大棚30多栋。

2021年,协会扩大蔬菜市场,新建占地30亩的蔬菜批发交易市场。

目前,育苗基地年可出苗3 500万株,能够满足安阳及周边农民常年订苗的需求。由于采用无土栽培,成苗实现了标准化、无病害;采用自动化、机械化等先进技术,生产率成倍提高,缩短育苗时间5~7天,节约种子30%,提高产量40%以上。

如今,梁庄镇的蔬菜产业已初具规模,形成了蔬菜产业化发展模式,并辐射周边各乡镇。董中波功不可没。

码上链接典型人物

李金海：农业技术送田间

推荐语： 李金海，内黄县哥仁果树栽培专业合作社负责人，内黄县农业农村局特聘技术员。10年来，他不断参加新型职业农民培训、高素质农民培训，坚持学习，成长为一名农艺师。多年来，他推广玉米、花生、瓜菜等新品种7万多亩，引领4000多农户增收致富。

高素质农民培训班里走出来的李老师

10年前，李金海遭遇了一场意外，左手重度残疾。

经历过一阵子的消沉之后，在县农广校的宣传下，李金海参加了新型职业农民培训学习。大家的真诚关怀、多彩的农业，让李金海彻底走出黑暗，爱上了农业。

从此以后，每逢农广校举办培训班，他都要第一个报名。高素质农民培训不建议重复学习，他就作为旁听生参加。经过不间断的学习、培训，李金海成了农业方面的行家里手。

内黄县六村乡郭建刚是当地的种地大户，从花生的品种选择、播种到田间管理，李金海全程跟踪服务。由于花生长势好、产量高，2022年，郭建刚的花生地出现在了中央电视台的农民丰收节直播现场。

郭建刚说："这几年，种这个花生，全程都是李老师在指导。他选择的品种长势好、结果集中，这几年市场价格每斤3块多。我这个产量达到每亩地600斤，提高了不少。这200亩地，仅仅花生一项，净利润就能达到10万块钱。"

种子是农业增收的核心,技术是增产的保障。除了经常参加培训班、田间课堂实训外,李金海还常常拜访农业院校、科研院所的专家,提升自身的农业技术水平。

在玉米已进入抽雄期——玉米转入生殖生长的关键时候,李金海对种植大户进行一对一的精准技术服务,高效发挥技术力量优势。

内黄县六村乡郭桑村村民郭良志说:"今年,我新承包了150亩土地种植玉米,刚开始也不懂技术,没种过。李金海老师不断来我这儿指导。我看着玉米这个长势,特别有信心。"

李金海说:"玉米是我省的主要粮食作物,根据我们县的实际情况,我们引进了合适的新品种,种了将近1万亩。通过三角形错位种植、品字形播种以及合理施肥、水肥一体化,四成都能达到'吨粮田'标准。这样,可以提高我们的粮食产量,提高种植户的经济效益,同时也为国家输送了更多的粮食。"

田间地头是他讲课的教室

如何针对农民的特点进行指导?

李金海平时一有空,就会参观、琢磨其他行业的培训方法。他发现参与式的培训方法具有强烈的激励性,就采用农民田间学校的形式培训学员,收获了良好的效果。

梁庄镇学员董有良说:"我种苦瓜很多年了,最害怕的就是蓟马。这种虫苗期吃苗、花期吃花、果期吃果,怎么喷药都杀不死,这让我很恼火。李金海老师的田间培训,终于解决了困扰我多年的难题。"

通过多年的刻苦钻研和亲身实践,李金海熟练掌握了果蔬病虫害的诊断与防治技术。通过看植株长势,他就能判断出各种植物营养元素的盈亏。通过看土壤地表颜色,他就知道土壤有没有问题、有哪些问题。

为了让技术惠及更多农户,从 2000 年开始,他专职干起了农业技术推广工作。20 多年来,他的足迹踏遍了内黄县各个乡镇、街道办事处,通过集中授课与田间地头具体指导、微信交流等多种形式,线上、线下一体化进行,累计开展农民培训 500 多场,培训农民学员 2 万余人次。

2019 年,李金海被内黄县农业农村局聘为特聘农技员。之后他就开始专攻花生高产优质技术,先后攻克了白绢病、新黑地蛛蚧等新病虫害防治技术。他每年管理内黄县花生 3 万多亩,帮助农民、种植基地创收超亿元。

李金海:"产量和效益的大幅度提升,广大农民的笑脸,是对我最好的评价。"

码上链接典型人物

郭俊玲：果树种植高手的致富路

推荐语： 郭俊玲，一个普普通通的农家妇女，通过在内黄县农广校学习新技术，成为技术能手。为了让更多的农民发家致富，她到各地开展果树管理技术服务。对于桃树管理，她推广了"6-4-2 留枝法"、密植宝塔型等修剪技术，省工、简便。对于苹果树，她推广了矮化密植机械化生产管理技术，还通过修剪破解了苹果大小年。对于樱桃树，她推广了矮砧密植快速丰产技术，使果树年年丰产。

在郭俊玲一代人眼里，没有多大的理想，"顺理成章"就是最大的理想。

郭俊玲出生于"果乡"内黄县豆公镇，很小的时候，她就有了一个梦想：长大后一定要成为一个种果树的高手。

她一天天长大，成了家，种果树的念头与日俱增，就跟家人商量。但是，在那个年代种粮食才是最重要的。她好说歹说，家人只让种 1 亩。那时候种果树的技术很落后，基本上是任由果树生长，能长几个算几个。但好在物资紧俏，只要有果实就不愁销，种果树的收益还是要比种粮食强得多。

跟家人商量后，她扩种了 3 亩。

随着时间的推移，因为管理技术不到位，果树的各种问题接踵而至。她不服输，天天泡在地里观察桃树的生长规律，通过多年的钻研，终于把桃树的脾气摸透了。她种植的桃树无论产量还是品质，都高出当地果农一大截，她种植的 4 亩地比别人的 8 亩地收入还要高。

路虽远行则至，事虽难做必成

看到她成功了，很多人一拥而上，大面积种植果树。市场上果子的数量上去了，品质却没有及时跟上，加上有些人以次充好，很快出现了滞销现象。其实，有不少人是冲着挣快钱来种果树的，出现问题后并不愿意去认真分析、积极应对，而是恼恨地刨树去了。结果，大量已经坐果的果树面临被毁掉的局面。

郭俊玲看在眼里，急在心里，顾不上自家的果树，挨家挨户跑去做工作，让他们在管理上下功夫，向品种、质量要效益。好说歹说，豆公镇的桃树种植面积总算保住了六成左右。

她相信，总有一天市场会好起来的。第三年，一直低迷的果价飙升了起来，新一轮的果树热又开始了。

当初大家都种常规品种时，她上了新品种，现在很多人跟着她换了新品种。当新果子上市时，全国市场基本处于平衡状态，优果优价、次果次价，果子价格开始两极分化。常规品种的果子明显卖不上价，但新品种果子的价格也提不上去了。

"人无我有，人有我优，人优我转"，她认真总结经验后，发展起了反季节果树。

附近果子的总产量上来了，销售成了问题。她就联系全国各地的水果经销商，让他们来内黄拉水果。水果商到来后，她为水果商联系果园，让他们都能够采购到满意的商品果。

但有时候好心不一定有好报。很多经销商唯利是图，随意压级、压价，种植户对她有意见；有些种植户为了赶上市场的高价，不讲信用摘了一些没有成熟的水果，经销商对她也有怨言。

系统的学习，帮她燃起了光

山重水复疑无路，柳暗花明又一村。

迷茫之际，她参加了内黄县农广校举办的果树培训班，学到了专业老师讲

解的专业知识,还随大家外出学习参观,增长了见识、开阔了眼界。

她再次扩大了种植规模,从单一品种发展到多个品种。同时,她发展了自己的管理团队,对果树的修剪、管理、生产、销售,提供全流程、一体化服务。从生产大路货到种植优质高产果实,从传统的管理方法到标准化、系统化、数字化管理,真正实现了种、管、收、销、服的全面升级。

她把自己的技术、管理方法推广给附近的种植户,大家都受益不少。一度离开她的经销商,现在天天打电话求着要果子。她没有记仇,依然笑脸相迎:"只要能够销售内黄的果子,来的都是客,我们都欢迎。"

通过多年不间断的努力,郭俊玲终于实现了儿时的梦想。现在,她不仅成了果树种植高手,还和团队一起,把技术服务开展到了大江南北。

登封市有个果树生产基地,现在发展得如火如荼。但之前不是这样的:果树管理得一塌糊涂,经营者心急如焚。郭俊玲率领团队到达时,基地的经理根本不屑一顾:"男人都搞不好的果树,你一个女人能领着搞好?"经过两年的正规化管理,丰收的硕果压弯了枝头,基地的人纷纷竖起了大拇指。

坚持别人无法坚持的坚持,才能拥有别人无法拥有的拥有。

天赋可以让一个人闪闪发光一段时间,但努力却能让一个人的事业久盛不衰。这,可能就是郭俊玲最可贵的精神吧!

码上链接典型人物

鲁吉学："吉尔木"铺就致富路

推荐语：鲁吉学，河南吉尔木食品有限公司负责人。他通过出国考察发现，在新加坡和日本，他家乡所产的椴木香菇的市场价格，是老家售价的 20 倍，于是便萌生了做外贸的想法。后来，他除了把老家的香菇、木耳等食用菌卖到国外，还投资在老家建设了一座智能化食用菌加工厂，使村里 130 多名村民有了稳定收入。

20 元自行车换宝马

在鲁吉学的记忆中，家中曾经穷得连双雨靴也买不起。

2000 年，鲁吉学结婚成家。为方便照顾妻小，他开始在家尝试养猪、养牛。折腾了几年，不仅没挣到钱，还欠了 20 万元的巨额外债。接下来有 3 年时间，为了还账，妻子连一件新衣服都没买过。

他深知，摆脱贫困，只有依靠自己的奋斗。

2006 年，鲁吉学与妻子一起带着借来的 5 000 元现金，来到江西南昌。

他在南昌，从地摊做起，一步步发展了起来，最后在上海拥有了自己的门店。

返乡创业，踏上脱贫致富路

2012 年，鲁吉学了解到老家鲁山县的返乡创业政策后，当即变卖全部产业，义无反顾地投入家乡的食用菌行业。

在镇政府大力扶持下，鲁吉学创办了河南吉尔木食品有限公司，克服各种困难，成长了起来。

如今，鲁吉学将家乡的菌菇远销到了 10 多个国家，其农产品加工销售量位居全省第三名。2022 年，公司营业收入 8 000 多万元，利税 100 多万元。2023 年，公司被评为河南省农业产业化省重点龙头企业、高新技术企业、头雁企业、省级专精特新企业，产值预计超 1.5 亿元。

鲁吉学致富不忘乡邻。脱贫攻坚期间，他积极履行社会责任，带动周边农户发展食用菌种植，为贫困户提供了就业岗位，直接带贫 400 多户，间接带动菇农 600 多户。

科技创新，推动企业发展

鲁吉学清楚知道，企业的生命在于创新。他与相关科研院所、高校等开展产学研合作对接，带领研发人员开发香菇多糖产品，延伸到保健品领域，产品利润提升 30%。

鲁吉学说，他要让更多的人了解、喜爱鲁山山沟沟里的山珍菌宝。

码上链接典型人物

陈阳阳:"00后"小伙儿的农场

推荐语: 陈阳阳,夏邑县陈阳家庭农场负责人,商丘市优秀青年创业者,焦裕禄干部学院优秀学员,河南省高素质农民。他通过参加农广校的培训班,走上了依靠科学技术发展家庭农场的路子。从对农业生产一无所知,到成为火龙果南果北种的行家里手,他不仅成为致富能手、圆了创业梦想,还带动周边父老乡亲共同致富。

"00后"返乡创业

陈阳阳,2000年出生,夏邑县曹集乡曹西村人。

初中毕业以后,他先是跟随干工程承包的父亲走南闯北。父亲想让他也跟着干工程,可陈阳阳的内心里并不喜欢。

2017年,他跟父亲路过一家种植火龙果的家庭农场,一下就被吸引住了。通过与农场主聊天,他发现家庭农场很有前途,火龙果种植也比较省事,而且产量高、比较挣钱,就动了种植高效农作物的心思。

2018年,看到陈阳阳铁了心要在农村干出一片天地,父亲只好拿出资金,帮助他在曹集乡流转30亩土地,开始种植大棚火龙果。

万事开头难。

农场建起来了,他搭建了10亩大棚,从南方引进火龙果苗开始种植。种火龙果看起来不费事,真要做起来却很难。

正当他发愁的时候,夏邑县农广校让他过去参加农业技术培训班,还安排

了高级农艺师们和他结对，进行技术指导。培训班里有一些学员也是种植火龙果的，大家相互交流、相互学习。通过培训班，陈阳阳学了不少知识，干劲儿更足了。

为了给火龙果授粉，有时他在大棚里一干就是几个小时，从不喊累叫苦。就是靠着这种劲头，陈阳阳逐渐掌握了火龙果种植技术。

后来，为了学到更多的技术，他还报名参加了夏邑县农广校的中职教学班。农广校对年轻的陈阳阳很关心，不仅在技术上给予大力支持，在生活中一样呵护他、帮助他。特别是在他心情低落的时候，农广校的老师及时进行疏导，鼓励他在高效农业发展的道路上继续前行。

有一次，陈阳阳想给火龙果人工授粉。由于是第一次人工授粉，他非常着急，就联系到了农广校的老师。晚上10点钟，农广校领导就带着老师们来到了农场，现场讲解火龙果的人工授粉技术，手把手教授他如何操作。疫情严重的时候，老师们就采取线上授课的方式，录制好技术视频，发布在微信群里，他在家就可以学习技术。

发展产业有办法

陈阳阳爱钻研，在农广校学习期间和学员一起外出考察时，发现有人在火龙果苗上嫁接仙人球等花卉出售，效益非常不错。回来后，他就开始动手操作嫁接，获得成功。如今，他的农场不仅火龙果、草莓采摘受到欢迎，各种绿植、花卉（特别是用火龙果嫁接的仙人球）更受欢迎。

通过在中专班的学习，陈阳阳的思想观念和经营理念有了很大转变，管理起农场来更加科学。

他的农场以种植火龙果为主、林下养殖为副，利用农场产生的青草来养羊，利用羊产生的粪便制作有机肥改善土壤，形成良性生态循环。

看到农场逐渐步入了正规，陈阳心里定下了发展目标：建成一个生态、高效、和谐，兼具观光旅游、生产示范功能的蔬果农业生态园。

共同富裕有担当

陈阳阳致富不忘乡邻。

他采取"公司+农户（贫困户）+基地"的模式，在资金、种苗、有机肥等方面提供支持，带动周边农户种植火龙果70多亩，带动10多户贫困户稳定脱贫。

放眼未来，陈阳阳这名年轻的新型职业农民，将继续在青年中发挥带头作用，为乡村振兴贡献青春力量！

码上链接典型人物

凌冬远："韭菜女王"正青春

推荐语： 凌冬云，柘城县科言种植家庭农场负责人，广西龙州县人，河南媳妇。她建立了100亩优质果蔬绿色发展标准化生产技术集成与示范基地，创新运用了防草布、肥水一体化、轻简化栽培、病虫害绿色防控等先进技术，选种了"平丰22""平丰8号"等6个优质品种韭菜，亩效益提高2 000元以上。她生产的韭菜，被评为全国名特优新农产品，畅销9省区。她常年吸纳10~60名农村妇女来基地务工，为乡亲们增收致富做出了积极贡献。

夫妻双双返乡创业

"韭菜之乡"远襄镇地处柘城县北部，种植韭菜已有40多年的历史，是豫鲁苏皖地区最大的"韭菜无公害蔬菜生产基地""河南省现代农业产业园"。

凌冬远是广西龙州县人，嫁给了柘城县小伙儿陈钦玺，夫妻俩在广州市工作。她的公婆在柘城县承包了30多亩土地办家庭农场，公婆年纪大了，身体也不是很好。

2017年，凌冬远两口子经过认真考虑，双双辞去高薪工作，回到了家乡柘城县袁兵马村。夫妻俩经过千辛万苦，从乡邻手中流转了30多亩土地，加上公婆承包的30多亩土地，创建了柘城县科言种植家庭农场。农场规模化种植大棚韭菜30亩，当年旗开得胜，获得30万元的收益。小两口初步尝到了科技种菜的甜头，凌冬远也很快声名鹊起，成为乡亲们眼中的"女能人""巧媳妇"。

培训班，助腾飞

凌冬远和丈夫虽然都是大学毕业生，但学的都不是农业专业，都是设施农业"门外汉"。

为此，凌冬远坚持边干边学，刻苦钻研，积极主动地报名参加了柘城县农广校组织的高素质农民培训班、河南省乡村治理及社会事业发展带头人示范培训班、河南省乡村产业振兴带头人培育"头雁"项目培训班等。每次培训期间，凌冬远都紧紧抓住难得的学习机会，认真听取专家授课、仔细做好听课笔记，准确掌握每一项技术要点，还虚心向相关农业专家请教，连续两次被评为全省"优秀学员"。

凌冬远头脑聪敏，善于发现机遇、抓住机遇。

在培训中，她积极主动与河南省农科院、平顶山市农科院的专家联系，达成了合作实施河南省"四优四化"科技支撑行动计划的有关协议。

通过不懈努力，2022年，凌冬远扩大流转承包土地，面积达到150多亩，建立了100亩优质果蔬绿色发展专项柘城县标准化生产技术集成与示范基地。

在钻研韭菜种植技术的日子里，凌冬远几乎天天都和丈夫"泡"在农场的4

块韭菜种植基地里,带领和指导工人翻土、搭棚、浇水、铺布、栽种、施肥、除草、治虫、收割、捆把、装车、出售……每一个环节她都严格把关。

凌冬远成功地创新运用了防草布、肥水一体化、轻简化栽培、色板诱杀、生物防治病虫害等先进技术,达到了防旱、保水保肥、提升地温、绿色生产的良好效果。同时,她选种了"平丰22""平丰8号""豫韭1号""航院998"等6个优良品种韭菜。这些韭菜具有抗寒性强、粗壮肥大、紧凑直立、分蘖多、叶浓绿、长势好、产量高的显著优点,用药量比过去减少35%以上,亩产量每年提高了2 000多斤,亩效益提高了2 000元以上。

她所生产的韭菜被评为"全国名特优新农产品",畅销河南、河北、湖南、湖北、山东、山西、吉林、辽宁、黑龙江等9省区,旺季每天销售1万斤以上,供不应求。

献真情,共致富

返乡创业以来,凌冬远两口子依靠科学技术、辛勤劳动,开拓出一条坚实的致富路。他们没有忘记自己的社会责任,常年吸纳10~60名农村留守妇女来基地从事育苗、移栽、除草、收割、装车等务工劳动,为乡亲们找到了一条增收致富的可靠门路。

青春筑梦,乡村飞歌。凌冬远立志发展绿色农业,延伸产业链条,计划加工生产韭菜面条、韭菜酱、韭菜花酱等系列食品,提升韭菜的综合效益,带领乡亲们共同富裕。

码上链接典型人物

王向东："柘桑王"，传统的新生

推荐语： 王向东，河南柘桑生态园科技有限公司负责人。他利用自己所掌握的制茶技术，在家乡伯东村建成了一座面积200余亩的柘桑生产基地，实行从种植到制茶一条龙产业化生产，成功研发出了桑叶茶、桑菊茶、桑叶面条等柘桑系列绿色健康食品，取得不俗的成绩。他的基地被确定为河南省科技扶贫培训服务基地、柘城县产业扶贫基地，引领带动了当地50多户农民脱贫致富。

毅然返乡创业

2006年夏天，王向东大学毕业。

他去了名茶铁观音的产地——福建省泉州市安溪县，受聘于一家茶园，从事采茶制茶工作。他从小工干起，通过多年的刻苦学习、潜心钻研，逐渐成为一个制茶能手。

随着年龄的增长，王向东的思乡之情愈加浓烈。2017年，他谢绝了茶园老板的高薪挽留，毅然回到了家乡柘城县伯东村。

艰苦创业路

柘城县历史悠久，因盛产柘丝而得名，明代时就有以炒茶工艺生产柘桑茶的传统。

王向东敏锐地发现了这一市场机遇，深入挖掘、整理柘树历史文化，筹资

15万余元，在家乡伯东村创办了河南柘桑生态园科技有限公司，注册了"柘仙叶"商标。他建成了一座占地200余亩的桑树生产基地，购置了现代化的柘桑茶加工炒制、包装设备，开始了桑树种植、桑叶产品加工之路。

创业之初，王向东刻苦钻研桑叶茶加工技术，他将传统制茶工艺与现代工艺相结合，改进了桑叶茶生产工艺流程，从早到晚待在生产车间，经常汗流浃背，衣服都能拧出水来。工人下班了，他还在废寝忘食、加班加点地干，每天只休息2个小时。

经过连续7个昼夜的不懈努力，他终于攻克了制作桑叶茶的工艺难关。桑叶茶茶汤清澈透亮，口感清新回甘、回味悠长，在颜色、形状、口感方面，都达到了铁观音上品茶饮标准。

他的桑叶茶含有丰富的黄酮化合物、糖类、有机酸、生物碱、维生素、氨基酸、锌、钙、磷、锰、铁等，具有降血糖、降血脂、降血压、抑制动脉硬化、抗菌、抗病毒、抗衰老、美容祛斑、清火明目、提高人体免疫力等功效，深受市场好评。

王向东忠实践行绿色生态发展理念，大力推广施用发酵后的牛羊粪、物理化防治病虫害、人工除草等绿色种植管理技术，从种植到制茶实行一条龙全程追溯管理、产业化生产。

他先后成功研发生产出了桑叶茶、桑菊茶、蒲桑茶、桑叶面条等柘桑系列绿色健康食品,畅销河南、新疆、浙江、黑龙江、云南5个省区,逐步打响了"柘仙叶"农业品牌。

与此同时,王向东积极拓宽思路,多元化开发利用桑园资源,发展桑园鸡鸭养殖和羊肚菌种植循环经济,既增加了土壤肥力,又提高了经济效益。

爱心乐奉献,带富众乡亲

在生态园中,王向东采取"公司+种植基地+农户"的模式,吸收本地300多名农民来桑园干活儿,为附近村民解决了增收难题;为本地50多户种桑户提供桑苗、肥料、技术指导,并以每斤2元的价格回收桑叶,让种桑农户获得了每亩5 000元的稳定收入。

码上链接典型人物

姚新领：创新农业服务模式

推荐语：姚新领，61岁，遂平县常庄为农服务有限公司党支部书记、董事长，遂平县常庄为农服务中心主任，遂平县绿野种植合作社董事长，河南省第十四届人大代表。常庄为农服务中心探索本区域不同种类农作物种植管理新模式；与农资生产厂家常年合作，减少了化肥的中间流通环节；推动农业科技深度融合，把传统的农资供应打造成"农业科技+农资物联网"型农业社会化服务新模式；通过智能配肥机，形成靶向精准全营养掺混肥，确保农作物按生长过程施用不同的肥料，既逐步修复土壤肥力，减少化肥、农药使用量，又增产提质增效。

常庄为农服务有限公司是一个以土地托管、土地流转及农业社会化服务为一体的综合型公司。

近年来，公司顺应农业趋势，创新服务模式，提升为农服务技术，完善服务功能，为农业生产提供"一站式"全程社会化服务，与河南省农科院紧密合作，建立河南省优质小麦专家工作站，积极推广花生起垄种植及小麦宽幅条状播种新技术，创建了3 000亩的绿色优质小麦、玉米、花生等示范基地。为遂平县粮油生产及乡村振兴做出了贡献。

公司拥有各种农业机械40余台套，无人机30架，流转土地3 600亩，托管土地20余万亩，新建为农服务中心1座，占地面积20余亩，已具备农民培训、智能配肥、农资直供、统防统治、农机作业、烘干收储等6项为农服务功能，年培训农民600余人次，智能配肥5 000余吨，农资直供6 000余吨，统防统治 16 万亩，农机作业 5.6 万亩，烘干收储 12 万余吨，为农民年亩增收 300 余元。过硬的种植技术、良好的为农服务信誉，受到各级党委、政府及关领导的高度关注，一度迎来了国家和省里的领导前来调研指导工作。姚新领连续 3 年被市委、市政府授予带贫先进工作者，在 2022 年河南省创业创新大赛中荣获三等奖。企业荣获 2022 年驻马店市五一劳动奖。

以土地为"媒"创办合作社，播撒致富种子

针对农民进城务工造成的农村劳动力短缺的实际情况，围绕破解"谁来种地，地怎么种"的难题，姚新领以土地托管为切入点，创新服务模式，实现了小农户和现代农业发展的有机衔接，为当地探索乡村振兴道路树立了"绿野样板"。

加快托管、流转，让土地"生金"。2013 年，在他的组织下，遂平县绿野种植专业合作社应运而生。合作社成功流转土地 3 000 余亩、托管 220 000 余亩，发展社员 712 人、农户 562 户，年销售收入达 9 000 万元，带动 96 户脱贫，实现了经济效益、社会效益双丰收。

合作发展，探索"三位一体"新机制。为探索"三位一体"合作发展新机制，他通过努力，实现了生产合作、供销合作、信用合作，有效地整合了社会资源，稳定了农资服务、供销等渠道，让惠农政策得到了落实。

变废为宝，实现农业绿色发展。他很重视与周边养殖场合作，发展生态农业。他利用畜禽粪便制作生物有机肥料，既解决了合作社用肥需求，又改善了生态环境，生产的小麦、玉米、花生等农作物荣获国家绿色食品认证。

用科技吹奏丰收的欢歌

在姚新领的带领和协调下，建立的河南省农科院小麦专家工作站、庄稼医院使小麦亩均产量突破 698 千克且品质优良。

他抢抓以"四优四化"推进农业供给侧结构性改革的机遇，与省、市、县农科院合作，打造了小麦新品种绿色增效示范基地、优质中强筋小麦"三链同构"

特色示范基地和优质小麦新品种示范基地。

他倾力打造以"半径 30 千米土地服务圈"为目标，集农机服务、农资直供、智能配肥、统防统治、烘干收储、农民技术培训、庄稼医院、土壤化验、农产品质量检测、农产品加工与电商等一体的农业闭环的为农服务中心，实现了"一站式"服务。

筑牢发展根基，带富乡村促振兴

他推行"五统一"生产运营模式，即统一农业生产资料采购和供应、统一标准化生产操作、统一技术培训和指导、统一品牌和包装、统一农产品对外销售，确保为农服务中心运营规范、高效、有序。

他针对生产各环节和不同农作物的生长特性及特点，制定了生产操作规程和生产服务流程，并落实农业各环节倒查追责，有效保证了农产品质量的安全。

多年来，在姚新领励精图治之下，合作社逐步成长壮大先后获评为国家级农民合作社示范社、驻马店市新型农业经营主体带动脱贫工作"先进单位"、驻马店全市供销社系统"十佳农民合作经济组织"先进单位、驻马店市三农工作先进新型农业经营主体奖等。

码上链接典型人物

更多典型

扫一扫，了解更多的高素质农民培育典型人物。

 张艳敏："小梨妹"拉长酥梨产业链

 王林：大棚里面种出金疙瘩

 赵金亮：打造"虎狼爬岭"高端林果产业带

 段玉国：非遗传承，布鞋情缘

 李辉：小香葱，致富增收大产业

 侯兰锋：奋战田野 争做粮食安全守护者

 李明俊：从"国土卫士"到"土壤卫士"

 曹体龙：直播带货带动产业发展

 王书美："葡萄仙子"，专注的力量

后 记

为更好地展示河南省高素质农民培育成果，在河南省农业农村厅科教部门的指导下，河南省农业农村科技教育中心（河南省农业广播电视学校）联手河南农业职业学院，组织以全省农业广播电视学校系统为主的多方力量，从全省高素质农民群体中遴选出百名典型，编写了《高素质农民培育百名典型》一书，并由中原农民出版社正式出版。本书是前期出版的《高素质农民培育通识教程》《高素质农民培育生产技能教程》的姊妹篇，共同构成了河南省高素质农民培育综合素养类基础规划教材。

《高素质农民培育百名典型》聚焦河南省特色鲜明的乡村产业，围绕粮食及大宗农产品生产服务、特色产业和现代设施农业、现代畜牧业、乡村新产业和新业态等，从河南省18个地市推荐的典型案例中精选109个案例结集而成。全书以典型人物、典型组织为主线，以产业项目为载体，以讲故事的方式把其在产业发展项目中的核心优势、关键技术、发展模式等可借鉴、可推广的亮点和做法呈现出来。每个典型案例由标题、推荐语、典型经验（项目亮点）、二维码等组成，辅以必要的图片信息。本书体现了全省高素质农民的探索、成果和智慧，形象、生动地展示了我省高素质农民培育的丰硕成果，是全省高素质农民培育的重要参考教材。

本书由刘源担任总顾问，陶华、张道明、董涛为总主编，吴东良、胡兵、李军安、杨慧娟、刘自军、史风琴、谷振宏、刘长喜、王留标、黄宁、解金辉担任副总主编，连幸福担任执行主编。李晓非、付争艳、王公卿、张晓亚、刘洋、吴双、李婷、马静怡、许倩华担任编写组成员。在本书编写过程中，郑晓杰、李洪歧给予了热情指导。

全省各级农业农村科技教育中心（农广校）和河南农业职业学院的陈功义、宋春丽、王子朋、李应民、谢清华、朱文勇、韩东梅、许毅戈、梁前艳、陈星、马征、夏伟民、訾帅朋、周自亮、胡安新、王道丽、吴亚贞、刘艳、王利民、李家宁、刘晓东、刘战军、任艳芬、杨小花、郭兵兵、张二全、王伟京、黄鹤丽、王双成、张春娟、朱晓波、郭春生、王磊、张福胜、王佩星、冯艳、张长红、马彩云、李国现、邵元方、高秋贞、沈雪芳、黄柯志、张豪杰、宋小芳、高丽、韩志乾、张永阁、姚新领、李子平、寇娇娇、胡久义、潘秀兰、吴红永、丁朝阁、李秋芳等相关人员积极推荐典型案例，参与了案例的组织、遴选、审核，做了大量工作。

由于时间仓促，书中难免有谬误和不尽如人意之处。我们将通过一年一度的修订，不断把这本书打造成高素质农民培育的精品教材。本书采用了一些图片资料，我们已经委托版权机构按规定代理付费，敬请原作者谅解。

《高素质农民培育百名典型》编写组